U0852280

教育部人文社会科学重点研究基地
北京师范大学国际与比较教育研究院
比较教育研究丛书 **顾明远 主编**

高校与城市互动机制比较研究

郄海霞 著

高等教育出版社·北京

内容简介

本书以资源依赖理论和三螺旋理论为基础，构建了高校、政府、企业、社区四主体分析框架，以国际化视野，对欧洲、美国、日本、中国高校与城市互动的历史、现状、互动机制进行了深入研究，并在每个国家或地区选择有代表性的案例进行了详细介绍和分析，试图展现不同国家和地区高校与城市互动的丰富图景。在国别和区域研究的基础上，本书进一步归纳和比较了高校与城市互动的不同模式及其互动机制，最后落脚中国高校与城市互动的现状，并提出了相关建议。本书对推动我国区域发展和国家创新体系建设具有重要参考价值，对新时代我国高等教育的内涵式发展和高校的“双一流”建设也具有启发意义。

图书在版编目（CIP）数据

高校与城市互动机制比较研究／郄海霞著.--北京：高等教育出版社,2019.1
（比较教育研究丛书／顾明远主编）
ISBN 978-7-04-051299-1

Ⅰ.①高…　Ⅱ.①郄…　Ⅲ.①高等学校-关系-城市-发展-研究-世界　Ⅳ.①G649.1②F291.1

中国版本图书馆 CIP 数据核字(2019)第 016511 号

GAOXIAO YU CHENGSHI HUDONG JIZHI BIJIAO YANJIU

策划编辑　王玉衡　　责任编辑　张　召　　封面设计　赵　阳　　版式设计　徐艳妮
插图绘制　黄云燕　　责任校对　李大鹏　　责任印制　耿　轩

出版发行	高等教育出版社	网　　址	http://www.hep.edu.cn
社　　址	北京市西城区德外大街 4 号		http://www.hep.com.cn
邮政编码	100120	网上订购	http://www.hepmall.com.cn
印　　刷	北京市密东印刷有限公司		http://www.hepmall.com
开　　本	787mm×1092mm　1/16		http://www.hepmall.cn
印　　张	14.75		
字　　数	220 千字	版　　次	2019 年 1 月第 1 版
购书热线	010-58581118	印　　次	2019 年 1 月第 1 次印刷
咨询电话	400-810-0598	定　　价	42.00 元

本书如有缺页、倒页、脱页等质量问题，请到所购图书销售部门联系调换

版权所有　侵权必究

物 料 号　51299-00

作者简介

郄海霞，天津大学教育学院教授，密歇根大学富布莱特访问学者，《全球比较教育：世界比较教育学会联合会杂志》（*Global Comparative Education*：*Journal of the WCCES*）编委，中国高等教育学会高等教育学专业委员会理事。主要从事比较高等教育、比较职业教育研究。近年来，在核心期刊发表论文50余篇；主持完成省部级以上课题2项，在研国家社科基金（教育学）1项，参与国家级、省部级课题多项；出版专著1部，参著2部，译著4部；曾获“第四届全国教育科学研究优秀成果奖”二等奖、“天津市第十三届哲学社会科学优秀成果奖”二等奖、全国优秀博士学位论文等奖励；入选教育部新世纪优秀人才、天津市“五个一批”（社科理论）人才和天津大学北洋学者计划。先后到澳大利亚、德国、美国、芬兰、丹麦、冰岛、意大利等国家的高校交流访问。

序

城市是人类社会发展到一定历史阶段的产物，它以人的聚合为根本特征，以一定的生产关系和利益关系为纽带，形成一定区域内的人类社会命运共同体，并对周围的乡村产生巨大的吸附力。很多人都希望生活在城市，因为这里有更多的机会、更好的医疗卫生和教育条件、更完善的公共设施。欧里庇德斯曾说："出生在一座著名的城市里，这是一个人幸福的首要的条件。"这句话虽然有失偏颇，但确实揭示了城市拥有的优越条件以及对人的意义。然而，并不是每一座城市都充满奇妙的魅力，一座城市一定要有自己的特色和内涵，否则就会失去魅力和吸引力。那些充满魅力的城市，总是给人以希望，总是能激发人的想象，而那些平淡无奇的城市，很难在人的心灵深处留下印象。一座城市是否有魅力，并不在于规模之大小，人口之多寡，资源之丰歉，而在于它的独特性和内涵，譬如，雄厚的自然禀赋，独特的民俗生态、曼妙的风景、美轮美奂的建筑、悠久的城市历史、深厚的历史积淀等。如果这座城市还有一所历史悠久的大学，那么它的魅力还会更大更持久，历史和现实已经反复证明了这一点。

俄国钢琴家鲁宾斯坦说过："评价一座城市，要看它拥有多少书店"，这就是文化教育的力量。同样可以说，评价一座城市的底蕴和潜力，要看它拥有多少大学。环顾中外，那些蜚声海内外的城市，大到国际大都市，小到清幽小镇，无不与一所或若干所声誉卓著的大学联系在一起，正如坎布里奇拥有哈佛大学和麻省理工学院、纽黑文拥有耶鲁大学、伊萨卡拥有康乃尔大学、牛津拥有牛津大学、剑桥拥有剑桥大学一样，城市和大学交相辉映，相辅相成。城市的资源和水土滋养着大学，大学的知识和思想滋养着城市。大学的高度决定了城市的格局和高度，城市的发展为大学带来更多的资源和便利。二者的命运已经深深地结合在一起。

星罗棋布的城市，如同一张巨大网格上的一个个节点，将人类社会连接在一起。自从有城市以来,其数量不断增多,规模不断扩大,城市化水平不断提高,形成了许多大型都市圈,显示了不可阻挡的力量。然而,在人类历史长河中,有的城市湮灭了,消失在人们的记忆中;有的城市规模很小,却声名赫赫;有的城市持续快速发展,显示了无与伦比的魅力和吸附能力。为什么有的城市会走向衰败甚至消失?而有的城市则持续充满活力?在支撑城市发展的各种力量中,文化软实力无疑发挥着越来越重要的作用,尤其是历史悠久的大学,不仅成为城市经济发展的强大动力,而且成为城市创新和文化软实力的象征。不同国家、不同类型的高校与所在城市建立了或疏或密的关系,在不同的政策体制、市场机制、文化传统等因素影响下,不同国家的高校与城市之间形成了多种互动模式,体现了各国高校与城市互动的特点。每一种互动模式都有其独特的运行机制,但由于各国的政府、产业界、社区在高校中的作用力大小不同,使得各国高校与城市的互动机制存在差异,这也影响了高校在城市创新和持续发展中的活力和作用力。

郄海霞教授从博士阶段就开始关注大学与城市的互动,并在这一领域取得了一系列研究成果。在已有成果的基础上,作者又推出了新作,可喜可贺。在这本著作中,作者以资源依赖理论、三螺旋理论等为理论基础,致力于探讨欧洲、北美、亚洲不同国家高校与城市的互动机制问题,即二者相互依存的内在机理,并结合具体案例进行深入分析。仔细读来,该专著主要有以下特点。

第一,研究视野广阔。该专著将高校与城市的互动置于城市现代化的宏观背景下,在这一背景下系统研究不同国家高校与城市互动的历史、现状、运行机制,总结不同国家高校与城市互动的模式与特点。该专著不仅研究了不同国家高校与城市互动的模式和运行机制,而且结合当前国际和国内的宏观政策环境、经济环境、产业背景等进行了恰当分析,全面展示了影响高校与城市发展的内外部因素。

第二,研究内容系统、深入。该专著将研究范围置于整个国际社会,对欧洲、北美、亚洲不同地区、不同国家的高校与城市互动的历史、现状进行了深入系统的研究,并分别从政府、企业、社区三个维度对各国高校与城市的互动机制进行了分析。此外,在国别研究的基础上,该专著从国际视野出发对高校与城市的互动机制进行了比较分析。书中的观点不仅对促进我国高校与城市互动发展具有参考价值，而且对我们了解不同国家高校与城市互动的特点也有启发意义。

第三，案例丰富，资料翔实。该专著在分析各个国家的高校与城市互动时，除了从整体上梳理该国高校与城市互动的历史和现状，并分析二者的互动机制，还选择典型案例对高校与城市互动的具体过程和运行机制进行研究，这既是对前面内容的有益补充，又为高校与城市互动提供了可操作性经验。在介绍各个国家的案例时，作者参考了大量第一手资料，具有较强的说服力和启发性。

总体而言，该专著内容丰富，点面结合，对推动我国区域发展和高校与城市的协调发展有一定的启发和借鉴价值。值此专著即将出版之时，聊作数语，以资鼓励，希望作者在今后的研究中，继续深挖，加强调研，取得更丰硕的研究成果。

是为序！

刘宝存

2017 年 8 月

（注：本序作者现为北京师范大学国际与比较教育研究院院长，教授、博士生导师，“长江学者奖励计划”特聘教授。兼任中国教育学会比较教育分会副会长、亚洲比较教育学会会长。）

目　　录

第1章 绪　论

第1节 研究背景

随着高校[1]为社会服务的功能日益凸显，高校与城市的关系变得越来越紧密，甚至成为知识经济时代的核心问题。高校与其所处的城市血脉相连，无论是处于高等教育体系金字塔顶端的研究型大学，还是处于中间位置的地方性高校，以及处于金字塔底部的高职高专院校，都与所在城市有着千丝万缕的联系，特别是地方性高校和高职高专院校，与所在城市和地区的关系更为密切。在当今知识经济和创意城市时代，城市软实力越来越成为提升城市竞争力的关键因素，高校在创新型城市建设和提升城市竞争力方面的独特作用越来越被社会认可。同时，随着高等教育规模的扩大和城市化进程的加快，高

① 高校即高等学校的简称，泛指对公民进行高等教育的学校，包括大学、专门学院、高等职业技术学院、高等专科学校。从层次上讲，包括专科生、本科生、硕士研究生和博士研究生；从性质上划分，包括普通高等学校和成人高等学校。本书中的高校主要指普通高等学校。文中涉及中世纪大学、研究型大学或某所具体大学，及相关语境和约定俗成的用法时，用“大学”表述，在其他情况下，用“高校”表述。在高校与城市的互动中，不同类型的高校与城市的互动内容和互动机制存在差异，在分析具体问题时，本书对不同类型高校与城市的互动进行了分析，但从宏观来看，不同高校与城市的互动都离不开与政府、企业、社区之间的协同和互动，因此本书主要将高校作为高等教育机构这一整体来看待。

校与所在城市之间的竞争和冲突也在加剧，这些竞争和冲突主要表现在土地、公共空间、资金、就业等方面。不同类型的高校与城市政府、企业、行业协会等基于各自的利益形成了既相互依赖，又相互制约的复杂共生关系。尽管在不同国家，高校与城市之间在空间布局、资源分配、权力制约等方面的关系不同，但各国城市与高校之间越来越走向共生和双赢是共同趋势。城市为何需要高校？高校为何不能脱离城市？二者通过何种机制实现“双赢”？各国在高校与城市互动过程中形成了哪些模式？这些模式如何运行并对实践产生了什么影响？这些已经成为迫切需要解决的问题。

目前，我国正处于城市化进程中，建设一个什么样的城市是人们普遍关注的问题。从城市发展的现状来看，传统的工业城市、服务城市无疑已经失去发展潜力。习近平指出：“科技创新是提高社会生产力和综合国力的战略支撑，必须摆在国家发展全局的核心位置。”①强调要坚持走中国特色自主创新道路、实施创新驱动发展战略。《国家教育事业发展“十三五”规划》也明确指出：“教育发展要适应中国特色社会主义现代化建设需要，服务全面建成小康社会和中华民族伟大复兴目标，主动适应和引领经济发展新常态，为国家现代化建设厚植人才优势，培育创新动力。”②在创新驱动发展战略下，创新型城市需要我们用可持续发展的观念建设新型的生态城市和文化城市，说到底就是重视知识、人才、科技在城市创新发展中的作用。

传统的城市创新和发展是以企业创新和产业变革为基础的，高校很少介入企业生产和城市发展的事务。随着知识经济的崛起和后工业社会的来临，高校的知识、基础研究以及技术发明在区域和国家发展中发挥着越来越重要的作用。在创新驱动发展、“中国制造 2025”等战略及“一带一路”倡议下，自主创新能力、高端制造业创新人才和跨文化创新人才成为提升区域和国家竞争力的关键因素。高校的独特功能和内在潜力越来越被社会认可，尤其得到经济界、产业界和政府的青睐，高校已经成为当今

① 《十八大以来重要文献选编》中，中央文献出版社 2016 年版，第 19 页。

② 《国务院关于印发国家教育事业发展“十三五”规划的通知》，http://www.gov.cn/zhengce/content/2017-01/19/content_5161341.htm，2017 年 12 月 22 日。

时代区域创新系统不可或缺的主体。高校推动城市,城市造就高校。高校与城市双向互动发展的模式对加速我国城市现代化进程和区域创新发展尤为重要。

第 2 节　研究目的与意义

系统研究欧洲、北美、亚洲等不同地区高校与城市互动的现状、特点与运行机制,总结不同国家和地区高校与城市互动的模式和特点,为推动我国高校与城市之间的良性互动提供可资借鉴的经验与启示。

一、理论价值

关于高校与城市互动机制的研究对重新认识高校与社会的关系,特别是高校与地方社会的关系具有重要的理论价值。在知识经济社会,高校已经不是独立于社会之外的象牙塔,而是与社会具有广泛联系的社会轴心机构。本书有助于加深对高等教育认识论和政治论哲学之间的关系、高校的职能、高校与社会的关系等基本问题的理解。

二、实践价值

本书对城市和高校的决策者做出合理决策、推动创新型城市建设具有重要的现实意义。通过对高校与城市互动模式与机制的系统研究,本书为我国城市管理者、规划者以及高等教育领导者提供了决策依据;通过案例研究,为我国高校与城市互动提供实践参考;通过对高校与政府关系的研究,进一步厘清部属高校和地方高校与地方政府的关系,推动不同类型高校与城市的和谐发展;通过对高校与产业组织关系的研究,更好地发挥高校作为城市经济发动机和助推器的作用;通过对高校与城市文化的分析,有利于从深层次认识高校与城市之间的合作和冲突,从而尽量避免冲突,增加合作。

第3节 国内外研究现状

一、国内外学术史梳理

20世纪六七十年代以来,高校与城市的关系成为国外相关学者关注的主题,并产生了一些有影响的学术成果,最早论述大学与城市关系的是科密特·帕森斯(Kermit C. Parsons),他在1963年发表了两篇论文,分别是《大学与城市之争的终止:城市大学复兴研究的序幕》①和《大学与城市:二者之争终止的期限》②。这两篇论文主要论述了大学与城市之间的矛盾冲突以及冲突逐渐减少的过程,并阐述了美国城市大学的发展。其他比较有代表性的成果有托马斯·班德尔(Thomas Bender)的《大学与城市:从中世纪起源到现在》③,以及卡内基高等教育委员会在20世纪70年代的两个报告:《校园与城市:使优点最大化并减少不利》④和《大学与城市:八个相关案例》⑤。20世纪90年代以后,关于这一主题的研究成果开始增多。彼得·豪(Peter Hall)对欧洲的大学和美国的大学在选址方面的差异进行了历史的比较和分析,阐述了大学与城市在空间上的关系,并指出第二次世界大战后世界各国的大学都与城市建立了密切联系。⑥ 劳伦斯·布罗克里斯(Laurence Brockliss)从历史的角度对欧洲大学与城市的关系进行了分析,认为在第一个阶

---

① Kermit C. Parsons,"A Truce in the War between Universities and Cities: A Prologue to the Study of City-University Renewal",*The Journal of Higher Education*,1963,34(1),pp.16-28.

② Kermit C. Parsons,"Universities and Cities: The Terms of Truce between Them",*The Journal of Higher Education*, 1963,34(4),pp.205-216.

③ Thomas Bender(ed.), *The University and the City: From Medieval Origins to the Present*,Oxford University Press, 1991.

④ Carnegie Commission on Higher Education,*The Campus and the City: Maximizing Assets and Reducing Liabilities*,McGraw-Hill Book Company, 1972.

⑤ George Nasch,*The University and the City: Eight Cases of Involvement*,McGraw-Hill Book Company, 1973.

⑥ Peter Hall,"The University and City",*Geojournal*, 1997, 41 (4),pp.301-309.

段欧洲的大学位于城市中，但不属于城市；第二个阶段二者的关系愈加密切。[①] 大卫 · 莫拉斯（David J. Maurrasse）[②]和劳伦斯 · 马丁（Lawrence L. Martin）等[③]主张在大学与城市之间建立伙伴关系，并指出了一些具体途径。此外，一些城市规划和城市发展领域的专家也对高校与城市的互动进行了研究，并且发展成了比较有代表性的理论模式，如美国乔治华盛顿大学教授理查德 · 佛罗里达（Richard Florida）以"3T"——科技（Technology）、人才（Talent）、包容（Tolerance）为主要内容的创新型城市理论和哈佛大学教授爱德华 · 格莱泽（Edward Glaeser）的城市发展"3S"理论——技能（Skills）、阳光（Sun）、城市蔓延（Sprawl），都肯定了创新人才对当代城市发展具有重要意义。

随着核心城市和城市群带动下的区域经济和区域创新逐渐成为研究热点，一些国外学者重点研究了大学对区域的影响，包括大学对区域经济的影响、不同国家大学对区域影响的比较研究等。当前学者的研究内容更加细化，更加关注大学的知识生产和转移、技术转让、与工业界合作、创业型大学等内容。

国内对这一领域的研究始于 20 世纪 90 年代，最初主要集中在高等教育对区域经济的影响，城市化与高等教育之间的关系，高校与城市在科技、人才、文化领域的互动，而后逐渐关注大学科技园区、大学城建设、大学在区域科技创新中的作用、大学对区域竞争力的贡献、大学集群与区域协同创新机制等。

二、国内外研究现状

1. 高校与城市互动的理论基础

研究者主要以区域创新体系（Cooke，1996）、三螺旋理论（Henry

---

① Laurence Brockliss，"Gown and Town：The University and the City in Europe，1200－2000"，*Minerva*，2000，38（2），pp.147－170.

② David J. Maurrasse，*Beyond the Campus：How Colleges and Universities Form Partnerships with Their Communities*，Routledge，2001.

③ L. L. Martin，H. Smith & W. Phillips，"Bridging 'Town & Gown' Through Innovative University－Community Partnerships"，*The Innovation Journal*，2005，10（2），Article 20.

Etzkowitz,2002,2005)、区域竞争力理论、城市可持续发展理论等为基础构建理论分析框架。三螺旋理论是分析大学与区域创新的经典理论模式,亨利·埃茨科威兹在该模式中强调了大学在区域创新中的作用,指出"大学及其他知识生产机构正在成为社会主要机构,在某些情况下,它们将取代产业和政府,成为其创新组织者领导作用的核心螺旋线"①。亨利·埃茨科威兹的研究为分析高校对城市创新的贡献提供了理论基础。城市可持续发展理论强调合理利用城市资源,同时满足现在和未来城市居民生存发展的需要,实现城市的科学、合理、协调发展。城市的可持续发展和高校的可持续发展是相辅相成的,在建设创新型城市发展进程中,既要考虑城市自身的可持续发展,也要考虑城市各个领域诸如大学的可持续发展,更为重要的是要考虑城市与大学、产业、科研机构、行政管理部门等诸多领域的协调发展。②

2. 大学在区域经济和城市创新发展中的地位与作用

耶鲁大学校长理查德·莱文(Richard C. Levin)认为,"大学是经济发展的火车头"。他分析了美国政府对大学科研能力的投资如何在全国范围内产生巨大的经济效益,并就此推动城市的发展。③ 约书亚·德鲁克(Joshua Drucker)研究发现,美国高等教育机构的各种活动与区域经济绩效之间正相关。④ 穆雷桑·米哈埃拉(Muresan Mihaela)等认为大学是地区创新文化和竞争力的发动机。⑤ 克里斯泰尔·米勒(Kristel Miller)、罗德尼·麦克亚当(Rodney McAdam)、桑德拉·莫菲特(Sandra Moffett)等认为,大学向区域知识系统的知识转移为区域创新和商业化提供了机会。⑥ 罗宾·考恩(Robin

① 亨利·埃茨科威兹著:《国家创新模式:大学、产业、政府"三螺旋"创新战略》,周春彦译,东方出版社2005年版,第17页。

② 张希胜:《大学推动创新型城市发展研究》,同济大学博士学位论文,2007年。

③ 理查德·莱文,唐文卿:《大学、经济增长和地区发展》,《复旦教育论坛》2005年第6期。

④ Joshua Drucker,"Reconsidering the Regional Economic Development Impacts of Higher Education Institutions in the United States",*Regional Studies*, 2016, 50(7),pp.1185-1202.

⑤ Muresan Mihaela, Radu Daniela Ana-Maria, Gogu, Emilia,"Intercultural Sensitivity—Driver of the Global Knowledge Economy", *4th International Technology*, *Education and Development Conference*, 2010, pp. 1260-1267.

⑥ Kristel Miller, Rodney McAdam, Sandra Moffett, et al,"Knowledge Transfer in University Quadruple Helix Ecosystems: An Absorptive Capacity Perspective",*R & D Management*, 2016, 46(2),pp.383-399.

Cowan)、纳塔莉亚·兹娜维亚塔(Natalia Zinovyeva)研究发现,大学规模的扩大增加了区域创新活动。① 马德秀指出,大学是知识创新的源泉,特别是高水平研究型大学,是基础科学研究最重要的力量,是原始性创新成果的重要来源。② 张希胜认为,大学在创新型城市构建中处于中心地位,处于城市创新体系的核心,对城市的发展和繁荣起到引领作用;创新型城市的建设和发展对大学存在着迫切需求,渴望大学充分发挥资源和潜力,为创新型城市的构建发挥更大作为。③ 刘宁、靳润成以剑桥大学、斯坦福大学、筑波大学为案例,对大学与高科技产业联动在城市发展中的作用进行了比较研究,指出剑桥科学园的特征是大学校园、城市社区、高技术产业区融合,斯坦福大学研究园以高科技产业为主导,研究园区衍生高科技企业促进城市发展,筑波大学则是服务于政府主导建设的科技产业集聚的科学城。④

3. 产学研协同创新机制和模式

产学研协同创新是国内外学者关注的热点问题之一。克里斯泰尔·米勒(Kristel Miller)、罗德尼·麦克亚当(Rodney McAdam)、桑德拉·莫菲特(Sandra Moffett)等构建了大学参与区域创新的开放环境,分析了大学向区域进行知识转移过程中影响各利益相关者的因素;⑤叶一军等探讨了基于知识流的区域创新系统运行机制;⑥张琳琳等提出了基于产学研合作的科技创新服务模式。⑦ 张希胜论述了大学推动创新型城市发展的体制机制问题,提

---

① Robin Cowan, Natalia Zinovyeva "University Effects on Regional Innovation", *Research Policy*, 2013, 42(3), pp.788-800.

② 马德秀:《实现重点突破 提升高校自主创新能力》,《中国高等教育》2006 年第 21 期。

③ 张希胜:《大学推动创新型城市发展研究》,同济大学博士学位论文,2007 年。

④ 刘宁,靳润成:《大学与高科技产业联动在城市发展中作用的国际比较》,《人民论坛》2013 年第 26 期。

⑤ Kristel Miller, Rodney McAdam, Sandra Moffett, et al, "Knowledge Transfer in University Quadruple Helix Ecosystems: An Absorptive Capacity Perspective", *R & D Management*, 2016, 46(2), pp.383-399.

⑥ Ye Yijun, Gu Xin, Li Hui, et al, "A Study on Running Mechanism of Regional Innovation System Based on Knowledge Flow", *Proceedings of the Ninth International Conference on Management Science and Engineering Management*, 2015, (362), pp.283-292.

⑦ Zhang Linlin, Zhao Haiming, Liao Xiaole, et al, "Scientific and Technological Innovation Service Mode Based on Industry-University-Research Cooperation", *Proceedings of the 2015 International Conference on Economy, Management and Education Technology*, 2015, (29), pp.296-301.

出了以大学为原动力推动创新型城市发展的官产学研联盟模式。① 何郁冰提出了针对“战略—知识—组织”三重互动的产学研协同创新模式。② 张海滨认为，影响高校产学研协同创新的因素主要有政府科技政策、产学研合作模式、利益分配机制、高校管理体制，提出构建高校产学研协同创新的战略协同机制、管理协同机制、资源协同机制和利益协同机制。③ 周正等从内、外部两方面分析了我国产学研协同创新的动力机制。④ 冯锋等提出了基于协同创新的开放式政产学研网络体系建设模式。⑤

4. 大学群与区域发展的关系

早期的研究主要集中在大学群在高新技术产业方面的作用，例如美国128号公路、硅谷模式及日本的筑波大学城等著名大学群与区域的互动方面。近年来，学者开始从只关注大学群对产业的影响延伸到大学群与整个城市和区域的互动，主要集中在大学园区对城市和区域的空间影响和社会影响、大学城建设、“大学园区—科技园区—城市社区”三区联动等方面。国内外学者关注的共同问题：一是大学群与区域内企业、政府的合作关系；二是大学群与区域协同发展的运行机制；三是区域内大学群如何实现资源共享。

总体而言，国内外学者研究的覆盖面较广，已有学者从不同学科视角研究高校与城市/区域的互动，但缺少系统的比较研究；研究的问题主要集中在高校与社区关系、高校对城市或区域的作用、产学研协同创新模式与机制等方面，但在高校与城市的互动模式和互动机制方面缺乏深入论述。基于上述分析，本书从国际比较的视角对高校与城市互动机制进行了系统研究，从政府、企业、社区、高校多元协同的角度构建分析框架，试图归纳不同国家高校与城市互动的主要模式及其运行机制，以期为我国高校在创新驱动发

---

① 张希胜：《大学推动创新型城市发展研究》，同济大学博士学位论文，2007年。

② 何郁冰：《产学研协同创新的理论模式》，《科学学研究》2012年第2期。

③ 张海滨：《高校产学研协同创新的影响因素及机制构建》，《福州大学学报》（哲学社会科学版）2013年第3期。

④ 周正，尹玲娜，蔡兵：《我国产学研协同创新动力机制研究》，《软科学》2013年第7期。

⑤ 冯锋，戚湧，梁祎，朱长林：《基于协同创新的开放式政产学研网络体系建设研究》，《科技和产业》2013年第7期。

展战略下更好地为所在城市和地区服务，提升城市文化软实力和竞争力，提供务实建议。

第 4 节　研究问题

本书的目标是通过构建高校与城市互动的分析框架，厘清高校与政府、企业、社区之间的复杂关系，比较不同国家的高校与城市互动的模式与机制，针对我国高校与城市互动中存在的问题与困境，构建高校与城市互动的创新机制，为推动我国高校与城市的良性互动提供理论和政策参考。

本书的核心问题是高校与城市的互动机制，具体包括高校与城市政府、企业、社区之间进行的资源共享及互利共赢的途径、措施和运行方式等，主要包括五方面内容。

第一，对高校与城市互动的相关概念和基本理论问题进行辨析和界定，构建高校与城市互动的分析框架。高校与城市互动的理论主要包括城市化理论、资源依赖理论、三螺旋理论等。这些理论关系到我们对高校与城市互动维度、主体、要素、模式、机制等问题的认识、定位和选择。通过这方面的研究，有助于明确研究的主要问题、范围，从而构建本书的分析框架。

第二，根据分析框架，提炼国外高校与城市互动的主要模式，分析其特点。本书以发达国家和中国的具体城市和高校为例，从政府、企业、社区三个维度进行案例研究，并根据城市的特点和高校的类型归纳出高校与城市互动的主要类型和方式，进而总结不同国家高校与城市互动的模式。

第三，以上海、广州、天津等城市和高校为案例，对我国高校与城市互动的历史、现状、主要模式和现存问题进行深入分析与考察。在此基础上，根据国外学者研究的结果并结合我国国情和现存问题，为我国高校与城市之间的良性互动提供对策建议。

第四，从政府、市场、文化传统三个方面分析高校与城市的互动机制。高校与城市互动的各维度之间、各要素之间是一个有机联系的整体，这一有机整体通过政府调节机制、市场竞争机制、文化整合机制共同发挥作用。政府协调机制主要通过政府的政策支持、税收优惠、法律规范等为高校与城市之间的互动发展营造有利的政策环境;市场竞争机制通过自由竞争、供需调节、产学研互动等增强高校为社会服务的效率,使双方的互动充满活力;文化整合机制通过寻求文化认同和增强信任减少高校与城市各利益群体之间的对抗和冲突,增强了互动的文化资本。这三种机制在不同的高校与城市互动模式中发挥的作用不同,以政府调节为主导模式的国家政府发挥的作用更强,政府在二者互动中掌握的权力也更大;以市场需求为导向的互动模式中市场竞争机制的作用更强,而以学术组织为主导的互动模式则更强调高校自治和文化传统的影响。

第五,针对我国现代化进程中高校与城市互动机制方面存在的问题与困境提出合理的对策建议,构建我国高校与城市互动的协作机制。

通过上述研究,本书将回答以下问题:城市为何需要高校?高校如何有效地为城市服务?制约高校与城市互动的主要因素有哪些?不同国家高校与城市的互动模式和互动机制有何共性与特性?国外高校与城市互动机制对中国有何启示?中国高校与城市实现良性互动的出路何在?

基于以上论述,本书重点突破以下两方面的问题。

1. 探索适合我国城市化进程特点及高校发展的高校—城市互动模式。通过国际比较,分析不同国家、不同类型的高校与城市互动的模式,包括发达国家和发展中国家的高校与城市之间的互动方式、途径、典型案例等,总结各种互动模式的特点,为我国高校与城市之间的互动寻找合适的模式,并为城市和高校管理者提供决策参考。

2. 构建新的高校与城市之间分工协作的互动机制。影响不同国家高校与城市互动模式及其特性的主要力量可以概括为政府、市场、文化传统三个方面,有些国家以政府政策为主,有些国家以市场为主,有些国家受文化传统的影响较多,这些不同的力量与高校和城市互动要素之间的相互作用便形成了不同的互动机制。我国高校与城市之间以何种机制为主?这种机制存在什么问题?通过国际比较,能否构建一种既适合我国国情,又符合高校与城市发展逻辑的新的运行机制?

第 5 节　研究思路与研究方法

一、研究思路

本书以“高校与城市互动机制比较研究”为主题，将高校与城市的互动置于城市现代化的宏观背景下，依托资源依赖理论和三螺旋理论，构建高校与城市互动的分析框架，借助该框架厘清高校与政府、企业、社区之间的复杂关系，比较不同国家的高校与城市互动机制，并以有代表性的城市和高校为案例，对不同国家高校与城市互动的历史、现状、互动机制进行深入分析与考察，针对我国高校与城市互动中的问题与困境提出合理的对策建议，构建我国高校与城市互动的协作机制。

二、研究方法

1. 以资源依赖理论、三螺旋理论为理论基础，根据高校与城市互动的主体（政府、企业、社区）和关键资源，构建高校与城市互动的理论分析框架（见图 2-2）。

2. 以上述分析框架为基础，采用文献法、比较法等研究方法开展研究。

文献法是本研究使用的一种基本方法。由于不能到各国实地考察高校与城市之间的互动关系，因此文献法成为了解各国高校与城市互动的基本途径。笔者在研究过程中搜集了大量国内外高校与城市互动的一手资料，通过对这些资料的研读与分析，洞察各国高校与城市互动的历史、现状，揭示高校与城市互动的历史动因、互动机制等。

比较法是本研究使用的主要方法。根据研究问题和研究目标，本书对欧洲、美国、日本、中国高校与城市的互动历史、现状、互动机制进行了深入研究，在此基础上对不同国家高校与城市互动的模式和机制进行比较研究，既探求二者互动的共性，又分析各国高校与城市互动的不同机制。

第2章　高校与城市互动的理论基础

第1节　资源依赖理论

一、资源依赖理论的主要观点

资源依赖理论(dependence theory)萌芽于20世纪40年代,形成于20世纪70年代。早期最著名的代表著作是杰弗里·费佛(Jeffrey Pfeffer)与杰勒尔德·萨兰基克于(Gerald Salancik)1978年出版的《组织的外部控制:对组织资源依赖的分析》。与早期的组织理论只关注组织的内部规则、组织成员的激励等封闭系统模式不同,资源依赖理论是研究组织间关系的一个重要理论,它关注环境对组织的影响、组织与环境之间的关系等问题,属于组织理论中的开放系统模式。

资源依赖理论的基本假设是,没有组织是自给的,所有组织都在与环境进行交换,并由此获得生存。在和环境的交换中,环境给组织提供关键性的资源(稀缺资源),没有这样的资源,组织就不能运作。[①]任何组织都离不开

① 邱泽奇:《在工厂化和网络化的背后——组织理论的发展与困境》,《社会学研究》1999年第4期。

外部环境的支持,这种组织对环境的需要构成了一种依赖形式。组织所依赖的外部环境通常由其他组织构成,这些组织获得了影响组织的权力。资源的稀缺性和重要性决定了组织依赖性的本质和范围。

组织间权力和依赖的研究有三种理论渊源,即古典社会学理论、组织理论中对封闭系统模式的回应、社会心理学中的社会交换理论。① 其中社会交换理论主要吸收了理查德·爱默森和彼得·布劳的观点,把组织间的权力看作组织对其他组织所掌握的资源依赖的一种函数来审视,由此导致了资源依赖理论的发展,并使其成为最具影响力的组织间关系分析的方法之一。②

资源依赖理论的基本要点如下:(1) 组织是理解组织间关系和社会的基本单位;(2) 这些组织并不是自给自足的,而是与其他组织一起,被限制在相互依赖的网络之中;(3) 相互依赖决定了组织必须对其他组织的行为做出反应,这就造成了组织环境的不确定性,影响组织的生存与持续成功;(4) 组织采取行动管理外部环境的不确定性,但这些行动往往不仅不是完全成功的,还会导致新的依赖和不确定性;(5) 这些依赖产生了组织间和组织内的权力,权力最终影响组织行为。③

从资源依赖理论的基本假设、理论渊源和基本要点可以看出,该理论强调组织对环境的依赖和影响,强调组织间的关系,任何组织离开环境的支持都不能生存。但是,组织对环境的依赖不是被动的,而是通过组织内部的权力来影响和控制各种外部资源,维持组织的自治,因此是组织对环境的主动适应。组织可以通过合并、联合、游说或治理等方式改变环境,从而使组织不再是为需要适应环境的行动者,而要让环境来适应自身。例如,组织可以通过垂直整合来消除与其他组织的共生式依赖;通过水平扩展、吸收竞争者以消除竞争中的不确定性;或者通过多样化的策略,扩展到多个领域,以避免依赖单个领域内的主导性组织等。需要指出的是,这里的组织环境并不仅仅是一个客观、实际存在的东西,而是组织及其管理者通过自己的选择、理解、参与、设定产生出来

---

① 马迎贤:《组织间关系:资源依赖视角的研究综述》,《管理评论》2005 年第 2 期。

② 马迎贤:《组织间关系:资源依赖视角的研究综述》,《管理评论》2005 年第 2 期。

③ 李靖华,朱文娟,毛俊杰:《制造商—客户关系对制造商服务化进程的影响:基于资源依赖理论》,《商业研究》2013 年第 10 期。

的，是组织和环境交互作用的一系列过程的结果。

资源依赖理论认为，行动者的权力来自他人对自己的依赖，其中依赖性较小的行动者比依赖性较大的行动者拥有更多的权力。在政企关系中，由于企业对政府的依赖性较强，因此，在资源交换中存在明显的不对称依赖结构。这种政企关系中的不对称依赖结构和权力不平衡现象成为官商勾结和腐败行为产生的深层原因。根据资源依赖理论，当企业面对不对称性依赖关系时，会通过主动的行为策略来改变权力弱势的情况，在实践中其行为策略表现为以下四种：防御型策略（Defensive）、前摄型策略（Proactive）、反应型策略（Reactive）、参与型策略（Anticipatory）。[①]由此可以看出，资源依赖理论将权力看作组织间关系的核心，组织通过多种策略主动改变它与环境间的权力关系，通过替代资源减少对稀缺资源的依赖，从而更好地适应环境，实现组织的目标。

资源依赖理论的主要贡献在于它让人们看到了组织采用各种战略来改变自己、选择环境和适应环境。[②] 但是，任何一种理论都有局限性，资源依赖理论的主要缺陷在于其仅从资源的单一角度分析复杂的组织行为，缺乏充分的解释力。[③] 因此，我们在运用这一理论时，既要注意分析组织间的权力和依赖关系，又要考虑影响组织的多种复杂因素。

二、资源依赖理论在高等教育中的应用及启示

早期的组织间关系分析主要以资源依赖理论为基础，用于研究企业组织之间、非政府组织与政府组织之间、网络型经济组织之间的关系以及组织内部与外部环境的作用。[④]从资源依赖理论可以看出，组织是一个开放系统，

---

① 张咏梅：《政府—企业关系中的权力、依赖与动态均衡——基于资源依赖理论的分析》，《兰州学刊》2013年第7期。

② 邱泽奇：《在工厂化和网络化的背后——组织理论的发展与困境》，《社会学研究》1999年第4期。

③ 吴春：《组织理论的发展概述》，《新疆大学学报》（社会科学版）2002年第1期。

④ 霍丽娟：《资源依赖理论视角下校企合作关系的分析》，《中国职业技术教育》（理论版）2008年第27期。

任何组织都不是孤立存在的，总是要与外部环境进行交换，才能生存和发展。组织之间的关系不是单方面的顺从和服务，而是彼此依赖，这是因为不同性质的组织都掌握着某些重要资源，这些资源具有很大的差异性，而且不能完全自由流动，有些资源无法通过市场进行交易。例如，组织才能和组织文化比机器设备等有形资源能在市场上带来更长期的竞争优势，但是，这些不能直接从市场上购买。因此，不同组织之间需要通过联合、共治等多种方式进行合作，才能保证自身的生存与发展。

随着资源依赖理论的发展，该理论不仅用于分析一般的企业组织与政府和非政府组织等之间的关系，还用于分析高校这一特殊的社会组织与其外部环境之间的关系。例如，有学者从资源依赖的视角分析高校的产学研合作、校企合作、高校与政府之间的关系等。李红宇从资源依赖的视角审视政府与高校的关系，探析高校自治，高校与政府的关系，寻求政府与高校在资源交换中的有效平衡，实现政府对高校的期望，有效实现高校对学术自治的追求。① 郭秋平从资源依赖的视角，分析我国高校办学定位所面临的外部环境，论述高校在由对政府的单一外部依赖转变为对政府和市场的双重外部依赖的变化过程中，我国高校办学定位的路径选择，并探讨了政府、市场和高校在办学定位中各自发挥的作用。② 霍丽娟从资源依赖理论的视角，解释高校与企业的资源交换、相互依赖、权力影响的合作关系。③ 唐国华等从资源依赖理论出发，通过实证研究发现，企业在校企合作中对人力资源、技术资源、信息资源、声誉资源等有一定的依赖性。只有采取相应的措施加强对这些核心资源的构建，才能激励企业参与深层次的高职教育校企合作。④

上述研究为以资源依赖理论为基础分析高校与城市的互动提供了启

① 李红宇：《探析"985 工程"建设中政府与大学的关系——基于资源依赖理论视角》，《当代教育科学》2010 年第 19 期。

② 郭秋平：《大学办学定位分析：资源依赖的视角》，《教育发展研究》2013 年第 1 期。

③ 霍丽娟：《资源依赖理论视角下校企合作关系的分析》，《中国职业技术教育》（理论版）2008 年第 27 期。

④ 唐国华，曾艳英，罗捷凌：《基于资源依赖理论的高职教育校企合作研究》，《高等工程教育研究》2014 年第 4 期。

示。在高校与城市的互动中,高校和城市的各个组织都在为实现各自的战略目标而努力获取需要的关键性资源,在获取资源的过程中,由于资源的稀缺性,高校与城市组织之间便形成了依赖关系。就高校的战略目标而言,任何高校都不可能拥有实现目标所需要的一切资源,尤其离不开政府和当地企业、社区在政策资源、财力资源、物质资源、空间资源等方面的支持,在高校所掌握的资源和战略目标之间总是存在一定的差距。因此,为了获得这些资源,高校会同它所处的环境内控制着这些资源的其他组织进行互动,从而导致高校对其他组织资源的依赖性。因为这种依赖性,高校会试图支配环境,并与环境保持比较亲密的关系。同样,地方政府、当地企业和社区为了获得所需的人力资源、技术资源和文化资源,也会对高校形成一定的依赖关系。由此便形成了高校与政府、企业、社区之间基于对方资源的相互依赖的关系。此外,高校内部不可能为学术人员提供所有资源,为了竞争关键性资源,高校学术人员必须参与市场竞争,如通过市场行为和社会服务获得研究经费和学术声誉;而市场中的各种组织需要高校学术人员的智力资源(知识、技术、科研成果)等,从而满足自身发展的需要。资源依赖理论为我们分析高校与城市的互动提供了新的视角,对高校而言,如何有效地利用城市的各种外部资源,使这些资源与高校的资源有效结合并发挥最大效用,是高校与城市实现协同创新、建立和谐共赢关系的关键。

第 2 节　三螺旋理论

一、三螺旋理论的提出

三螺旋起初是生物学和物理学领域的一个概念。20 世纪 90 年代,随着知识经济时代的来临,知识的生产和传播在现代社会中的作用日益凸显,创新必须以知识为基础。与此同时,随着高校服务职能的不断拓展,高校与区域经济、产业界的联系日益密切,特别是研究型大学的发展使其在经济和社会发展中的贡献日益增大,高校逐渐成为以知识为基础的社会主要机构。高校在经济和社会发展中的作用也引起政府、产业和公众的普遍关注，政府和企业越来越依赖高校的创新贡献，政府在创新政策和项目支持中给予高校更多倾斜。在整个创新系统中，高校作为知识生产和基础科研的中心，逐渐从创新的边缘组织成为参与创新的直接主体，创新的组织和运行方式也随之发生变化，原来政府主导的创新模式和基于市场的自由放任模式逐渐被高校、政府、企业三方协同合作模式所代替。

基于上述背景，纽约州立大学社会学家亨利·埃茨科威兹及其研究团队在经过一系列研究之后，将三螺旋概念用于社会创新，提出了三螺旋创新模式。1995 年，埃茨科威兹同荷兰学者劳埃特·雷德斯多夫合作发表了一系列关于“大学—产业—政府三重螺旋关系”的文章和著作，标志着三螺旋理论的正式形成。三螺旋理论在国际社会产生了重要影响，为许多学者的创新研究提供了一般性工具。埃茨科威兹创办了国际三螺旋协会并担任会长，他组织召开多次会议，积极宣传和推进三螺旋理论的研究和实践，被称为三螺旋理论之父。

二、三螺旋理论的意义

在三螺旋结构中，大学、产业、政府三个主体之间不再是大学—产业、政府—产业的双螺旋线性关系，不再以某一根螺旋线为主驱动力。三根螺旋线之间两两互动，“一根螺旋线可以代替另一根成为主驱动力，而此时原来起核心螺旋线作用的那个机构就变成了支撑机构，大学、产业、政府都可以成为创新的领导型机构范围，三者相互作用，实现动态平衡。”①（图 2-1）三螺旋理论不仅强调了大学在整个创新系统中的重要性，而且提出了创新主体之间的新型组织结构和互动关系，从而推动整个创新系统的发展。正如埃茨科威兹所说：“大学—产业—政府之间相互作用，在各种各样的结合中，每个机构范围在保持传统作用和独特身份的同时又起着其他机构范围作用

① 亨利·埃茨科威兹：《三螺旋——大学·产业·政府三元一体的创新战略》，周春彦译，东方出版社 2005 年版，第 16 页。

的三螺旋模式，是组织创造的兴奋剂。”①

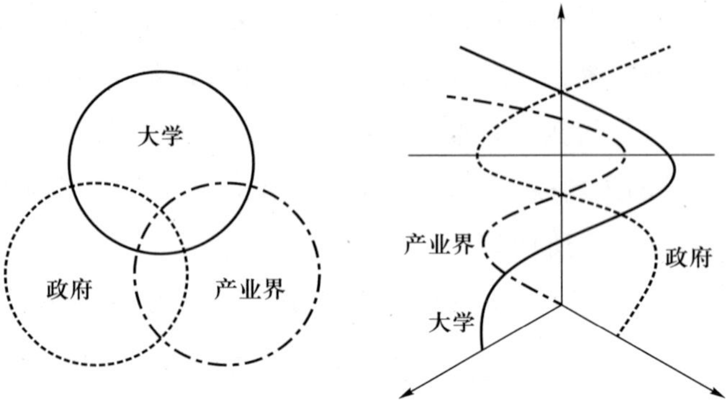

图 2-1　三螺旋理论模型

由三螺旋理论可以看出，以知识生产、人才培养、科学研究为核心使命的大学在创新中的作用日益凸显，甚至成为取代产业和政府的创新引领者。在高校与城市的互动中，高校与城市政府、产业三者之间也形成了两两互动、相互作用的三螺旋关系，高校、政府、产业之间协同合作，共同推动城市创新。在以往的城市发展中，产业往往是政府最为关注的，也是城市创新的主体。随着智慧城市、创新城市、创意城市的发展，高校在城市创新中的作用愈发重要，它不仅和政府、产业共同成为城市创新的主体，而且在其中发挥着越来越核心的作用。基于此，三螺旋理论可以为探究高校与城市之间的互动关系提供理论支撑，对明确高校、政府、产业之间的关系，推动城市创新具有重要意义。

第 3 节　高校与城市互动的分析框架

三螺旋理论为高校与城市的互动提供了理论支撑，但是，高校与城市的互动除了包括高校与政府、企业的互动，还包括高校与当地社区之间的互动。自始至终，无论是高校的空间扩展，还是教学、科研，甚至师生的生活，

---

① 亨利·埃茨科威兹：《三螺旋——大学·产业·政府三元一体的创新战略》，周春彦译，东方出版社 2005 年版，第 3 页。

都与当地社区息息相关，社区也是高校与城市互动中重要的利益相关者。因此，在三螺旋理论基础上，本书增加社区这一主体，由此形成了高校与城市互动的四主体分析模型（图 2-2）。

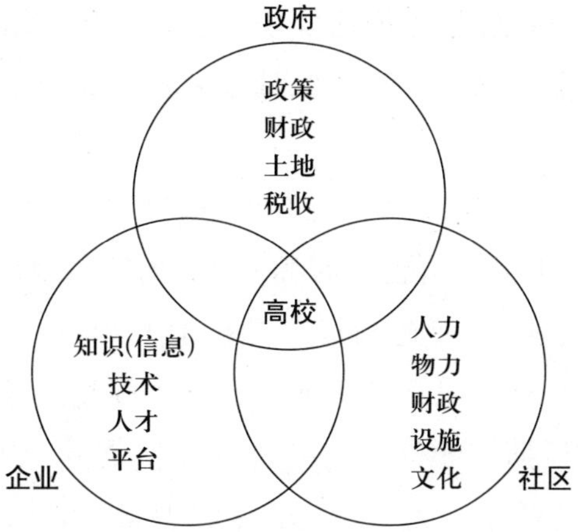

图 2-2 高校与城市互动的四主体分析模型

四大主体之间的互动以关键资源为基础，正是因为不同主体之间对不同关键资源的依赖，才促成了它们之间的互动和融合。根据资源依赖理论，高校的发展离不开各级政府所提供的政策资源和经济资源，也离不开企业和社区提供的科技资源、物质资源和信息资源；同时，政府、企业、社区也需要高校所提供的知识资源、科技资源、人力资源和文化资源。它们形成了“你中有我、我中有你”的互动关系。

高校与城市的互动建立在高校与政府、企业、社区基于关键资源的互动基础上。可以将高校与城市其他组织之间互动的各种要素看作关键资源。高校、政府、企业、社区拥有的资源不同，导致彼此之间相互依赖的程度不同，互动的具体方式各异。

一、高校拥有的资源

高校是以追求高深学问为主旨的学术组织，追求真理、培养人才是其根本目的，对学术的忠诚和追求则成为其最本质的价值观。以此为基础，高校在历史发展的长河中不断拓展自己的职能，从最初的以人才培养为唯一使命到如今具备人才培养、科学研究、社会服务、文化传承等多种职能。随着高校职能的不断拓展，高校逐渐融入复杂的社会关系之中，与政府、企业、社区建立了广泛联系。它们通过传播知识、创造知识、培养社会所需要的人才，积极为社会提供服务，在国家经济、社会发展中担当重任，履行着社会赋予的各种角色。

高校的资源以教学和科研人员的知识、科研和创新能力为基础，加之学科交叉和团队整合等形成综合性的智力资源，然后利用这些资源进行教学、科研和社会服务等活动，从而达到保存和创造知识、传承文化、促进社会进步的目的，同时为经济社会发展培养所需要的多样化人才。

具体而言，高校所拥有的资源主要包括知识资源（学科、专业）、技术资源（知识产权、科研成果等）、人力资源（师资力量、培养的毕业生）、环境资源（学校的自然环境和文化环境）、历史和文化传统、社会声誉和地位、与外界的关系等。高校通过资源的交换不断获取生存与发展的新资源，其获取新资源的能力与其提供资源的数量和质量密切相关，与社会对高校的需求紧密相关。①

二、政府拥有的资源

政府包括中央政府和地方政府。高校与城市的互动既离不开中央政府的宏观指导和支持，又与地方政府联系密切。由于各国管理体制、高校的层次和类型不同，不同国家、不同类型的高校与政府的关系也不同。在我国，有些高校由中央政府直接管辖，有些则由省级政府管辖，还有一些则由所在地市管辖。在美国，联邦政府不直接管理高校，只通过立法和拨款进行干预，管理高等教育的权力主要在州，但各州政府与高校的关系也不同，有些州由州教育管理委员会直接管理，有些州则给予高校充分的自

① 李红宇：《探析“985工程”建设中政府与大学的关系——基于资源依赖理论视角》，《当代教育科学》2010年第19期。

主权，州政府主要起协调作用。在欧洲，德国高校与政府联系密切，联邦各州在管理高等教育方面追求一致性，这与美国各州的多样化管理有所不同；而法国的高校管理体制则主要由中央政府、大学区、省等各级政府来管理。总之，在分析高校与政府的关系时，要充分考虑不同类型高校与政府的关系。在高校与城市互动中，主要涉及中央政府和地方政府与不同类型高校之间的资源依赖。这里将政府的资源分为政策法规资源、财政资源、土地和税收资源三大类，其中有些资源由中央政府提供，有些资源则由地方政府提供。

1. 政策法规资源

政策法规资源为高校的生存与发展提供了必要的保障。一些国家以法律形式明确规定高校的性质、价值标准和发展方向，为高校的发展提供了重要的法律保障。高校则在法律规定的范围内享有充分的自主权。有些国家虽然不能直接干预高等教育，但可以通过颁布一系列法案来对高等教育施加影响，促使其提高教育质量。例如，美国联邦政府和州政府都制定过有关高等教育的法律，如 1787 年颁布的《权利法案》、1862 年颁布的《莫雷尔法案》、1958 年颁布的《国防教育法》、1963 年颁布的《高等教育设施法》、1965 年颁布的《高等教育法》等，对高等教育的发展、学生资助政策、科研经费管理和使用等做出了规定。日本政府也制定了有关高等教育发展的法律、政策条款，形成了完备、系统的高等教育法律体系。如 1919 年《大学令》的颁布解决了私立大学和帝国大学的不公平待遇问题；1975 年颁布的《私立学校振兴援助法》规定国家应对私立大学提供经常性费用的补助以及税收优惠政策等，对促进私立高等教育发展具有划时代意义。

除法律之外，在实行中央集权制的国家，政府还颁布一系列文件、规程，对高校的治理体系、专业设置、学科评估、科研成果转化、师资队伍建设等进行规定。同时，政府对高校的税收、土地使用、交通、安全、公共服务等提供一系列政策支撑，这些都是高校赖以生存和发展的物质条件。

2. 财政资源

高等教育作为一种准公共产品，政府对其进行资金投入的必要性不言而喻。财政资源主要指政府给高校的财政资助，包括直接拨款、奖助学金、助学贷款、物质支持、税收优惠等。这些资源在高校的发展中发挥着重要作用。尤其对公立高校而言,政府财政资助是其主要的经费来源,同时这也是政府支持高校发展、调节高等教育运行的重要手段。政府在经费、物资、人力等资源方面给予高校直接的投资并进行行政管理上的支持。我国公立高校的财政拨款主要包括中央政府财政拨款和地方政府财政拨款。《中华人民共和国教育法》规定,"国家建立以财政拨款为主、其他多种渠道筹措高等教育经费为辅的体制,使高等教育事业的发展同经济、社会发展的水平相适应。"①同时,国家设立奖学金,对品学兼优的学生给予奖励;设立贷学金和助学金制度,为家庭经济困难的学生提供帮助。国外政府对高校拨款的模式比较完善,如英国主要由英格兰高等教育基金会进行拨款,而且对高等教育的拨款有明确标准。该基金会将竞争机制引入高等教育拨款过程,高校需要通过教学、科研和办学效益的竞争获得政府的财政支持。美国由州政府对本州公立高校进行拨款,并对其办学绩效进行评估,联邦政府则通过学生贷款和奖助学金资助体系、科研资助等形式对高校进行资助。随着高等教育规模扩张和发展速度加快,各国政府对高等教育的投入明显不足,越来越多的国家开始寻求多渠道筹资发展高等教育。

对私立高校而言,政府的财政资助主要包括高校学生奖助学金、设施资助、科研资助、税收优惠等。不同国家政府的财政资助方式和力度不同。我国民办高校获得政府的财政资助相对较少,其经费来源主要是学杂费。学生学费占民办高校运营收入的80%以上,政府资助性拨款在我国民办高校发展历程中一直占比不高,只有4%。② 近年来,各级政府逐渐加大对民办高校的财政扶持力度,至2016年全国有20多个省份设立了民办教育发展专项资金,支持民办高校发展。③ 此外,在健全普通本科高校、高等职业学校家庭

---

① 《中华人民共和国教育法》,http://www.moe.edu.cn/publicfiles/business/htmlfiles/moe/moe_619/200407/1311.html,2017年11月11日。

② 周海涛,张墨涵:《如何突破民办高校筹资的困境》,《国家教育行政学院学报》,2015年第2期。

③ 《关于政协十二届全国委员会第五次会议第4040号(教育类401号)提案答复的函》,http://www.moe.gov.cn/jyb_xxgk/xxgk_jyta/jyta_caiwusi/201802/t20180222_327556.html,2018年7月16日。

经济困难资助政策体系时，国家规定在这方面对民办高校学生一视同仁。①美国政府对私立高校的资助在形式上更加完善。一方面，政府通过与私立高校签订服务合同、高校设施建设资金支持、科研经费支持等方式向私立高校提供资助。例如，第二次世界大战以后联邦政府出于发展科技和军事的需要，大力支持公私立高校的科研。另一方面，政府还向公私立高校的学生提供奖助学金和助学贷款，如联邦佩尔奖学金(Pell Grant)和联邦珀金斯贷款(Perkins Loan)。此外，政府还对私立高校通过税收优惠进行间接资助。美国政府对营利性高校和非营利性高校实行不同的税收政策，只有非营利性私立高校才能获得政府的税收优惠，包括免除联邦所得税，免除州、县、市财产税，即向非营利性高校捐赠的组织和个人捐出的资金免除联邦所得税等。各州政府也对私立高校实行不同的税收优惠政策，如密歇根州免除州内大学的汽油税和销售税，南卡罗来纳州允许私立大学开展房地产业务并给予税收优惠。②

3. 土地资源

土地是高校办学的必备资源和政府供给的主要形式，是高校生存与发展的基础。作为一种准公共物品，国内外高校在发展过程中都得到中央政府或地方政府提供的土地免税使用权。《中华人民共和国城镇土地使用税暂行条例》规定，"下列土地免缴土地使用税：(一) 国家机关、人民团体、军队自用的土地；(二) 由国家财政部门拨付事业经费的单位自用的土地。"③其中，公立高校属于由国家财政部门拨付事业经费的单位，而且土地主要用于教学和科研而不是其他营利性行为，因此获得了免缴土地使用税的特权。一些国家的高校也获得了免缴土地使用税的权利。美国各州政府通过立法规定高校享有免交财产税的权利，同时还通过建立免税区、给予税收优惠等支持高等教育的发展。2013年10月，纽约州州长安德鲁·科莫宣布，在全

---

① 《关于政协十二届全国委员会第五次会议第4040号(教育类401号)提案答复的函》，http://www.moe.gov.cn/jyb_xxgk/xxgk_jyta/jyta_caiwusi/201802/t20180222_327556.html，2018年7月16日。

② 贾建国：《中美公共财政资助民办(私立)高校的比较制度分析》，《教育与职业》2013年第23期。

③ 《中华人民共和国城镇土地使用税暂行条例》，http://www.gov.cn/zwgk/2006-12/31/content_485074.htm，2017年11月11日。

州范围所有高校校园内创建免税区，开辟科研与实践相结合的新途径，吸引外来投资，以高科技带动纽约州经济发展。① 无论是历史上还是在今天，国内外高等教育在规模扩张中都得到了中央政府或地方政府的土地支持。例如，1862 年美国颁布《莫雷尔法案》，要求各个州通过无偿提供土地至少资助建立一所农工学院，以促进当时的农业和经济发展。我国近年来的大学城建设、高教园区、大学新校区建设等也得到了地方政府在土地上的支持。政府提供的土地资源和土地免税政策为高校的发展提供了条件，大大降低了高等教育的办学成本，同时促成了政府和高校之间多方面的合作。

4. 公共资源

美国著名风景园林师劳伦斯·哈普林(Lawrence Halprin)说，“在大城市中，建筑群之间布满了城市生活所有的各种环境陈设，有了这些设施，城市空间才能使用方便。”②由此可见，公共设施对一个城市十分重要，对存在于城市中的高校而言，城市的交通、餐饮、超市、银行等公共设施既节省了高校的财力和空间，又为高校提供了更多生活便利，成为高校融入城市的纽带；同样，对城市而言，高校的食堂、运动场、图书馆、校园环境等不仅为学生的日常活动提供了场所，也为市民提供了很多生活便利和文化交流的场所，使他们更好地了解高校校园并融入校园，减少矛盾冲突。因此，公共资源成为高校与城市相互依赖的重要资源之一。

三、企业拥有的资源

企业拥有的资源指企业从事生产和服务过程中所控制和可利用的各种要素的集合。根据最经典的资源提法，通常包括四大资源：土地、资本、劳动力以及人力资源。③ 企业资源可以分为外部资源和内部资源两大类。外部资源指与企业关系密切的市场、行业、产业、外部环境等；内部资源指企业得

① 《美国纽约州建高校免税区激励创新带动经济》，http://news.xinhuanet.com/2013-10/23/c_117843845.htm，2017 年 11 月 25 日。

② 樊楠：《西安城市公共环境休息设施研究》，长安大学硕士学位论文，2011 年。

③ 邓薇：《企业生命周期、企业资源与多元化并购》，东北财经大学硕士学位论文，2013 年。

以运行的各种要素，如技术、财务、信息、管理以及人力资源等。内部资源是企业的核心资源。在高校与企业的互动中，企业的内部资源对高校的影响更大，成为二者互动的关键资源。企业的内部资源可以分为有形资源、无形资源、组织资源三大类。有形资源指可见资源，包括物质资源和财务资源。企业的物质资源包括企业的厂房、土地、设备、原材料等；财务资源指企业用来投资、生产的资金。无形资源指企业长期积累的、没有实物形态的资源，包括企业的品牌、声誉、专利、技术、企业文化等，这些无形资源一般难以被其他组织模仿和替代，也不能购买，因此是企业核心竞争力的主要来源。组织资源指企业协调、开发和使用各种资源的技能。组织资源整合了企业的有形资源和无形资源，体现在企业的规章制度、组织结构、业务流程和控制系统中，是企业实现目标的行为方式，决定着企业内个人互动、协作和决策的方式。

在高校与企业互动中，企业的厂房、设备等有形资源可以直接为高校的学生实习、校外实践教学等提供便利条件，实习、实践是高校人才培养的重要环节；企业的专利、技术、人力等无形资源为高校的教学、科研和管理搭建起合作的平台，不仅使高校教师有机会参与企业实践，而且可以丰富高校实践教学师资队伍；企业的组织资源作为一种重要的资源为高校的案例教学、组织管理、运行机制等提供了可资借鉴的对象，使高校能够沿着更加理性的逻辑运行发展下去。上述许多资源是高校自身不具备的，也无法通过“购买”获得，因此，企业的许多有形和无形的资源成为高校生存和发展所依赖的对象。

四、社区拥有的资源

社区是城市发展的微观基础，社区资源的开发、整合和利用对其中的高校发挥着重要作用。广义而言，社区资源指一切可以用于社区建设、社区服务和社区发展的资源。就内容而言，社区资源包括人力、资金、公共设施、制度、社区文化等。人力资源指促进社区建设和发展的社区居民、在社区工作的人员以及这些人的知识、经验、专长和社会关系等。社区聚集了各行各业的人才，在社区的公共管理、制度建设、科技发展、卫生保健、文体娱乐、家政服务、安全保卫等方面发挥着重要作用。资金资源指用于社区建设和发展的各类资金，包括地方政府的财政支持、社区的各种收入、团体和个人的捐赠等。公共设施资源指社区居民生活和活动的场地和各种设施，如购物及商业服务设施、医疗卫生设施、体育和娱乐设施、教育设施、公共交通与通信设施、社会和文化服务设施等。制度资源指在社区发展过程中形成的社区管理制度、规范等，是地方政府、市场和其他非营利组织及社会团体有效整合社区资源、共同治理社区的依据。文化资源指社区居民共同营造的社区风气、文化氛围、生活习惯等。总体而言，社区资源包括了人力、物力、财力、信息和权力等资源，既有有形资源，也有无形资源。对政府资源和企业资源而言，社区资源相对有限，但社区中的公共设施资源、场地资源、资金资源、人力资源等对高校的生存和发展至关重要。社区资源的有限性和流动性加剧了共享主体之间对资源的竞争性，高校作为社区资源的共享主体之一，需要通过资源交换或自身的控制力争取到更多社区资源。

五、高校、政府、企业、社区之间的资源依赖关系

依据资源依赖理论和三螺旋理论，高校、政府、企业和社区在互动过程中，既保持着各自体系的独立，又相互合作，共同发展。在实现互动发展的过程中，四个主体充分利用政策资源、财政资源、空间资源、知识资源、技术资源、人才资源、文化资源和生活资源等，推动高校和城市在知识创新、人才培养、科技成果转化、城市竞争力、区域经济和社区文化等方面的不断发展，从而促进高校与城市的和谐发展。

首先，高校拥有促进城市经济发展的核心要素，在互动过程中为企业、政府和社区提供了坚实的知识基础、高水平的人力资源、创新的科技成果、丰富的文化设施和浓厚的文化氛围，是一个区域寻求发展的重要资源。同时，高校自身的发展和人才的培养又需要良好的政策环境、科研基金和实训基地等。因此高校的发展离不开政府、企业和社区的协助。

其次，企业是推动城市经济发展的直接动力，是城市经济效益的直接创

造者。企业通过产品构思、生产、销售等拉动城市经济的发展,促进企业产业结构升级和科技创新成为政府加强城市经济建设的重要工作。同时,企业实现产品升级和改造又离不开高校的知识、人力、科技等要素的支持;也离不开社区公共空间、公共设施和人力资源的支持。由此,企业的发展需要政府、高校和社区的共同参与。

再次,政府作为城市的领导者和管理者,促进城市发展是其重要的职责和使命。因为在各个时期,政府都强调加强企业发展和教育的进步,并制定一系列的政策和法规作为保障。高校、企业、社区的合作和互动带来了城市产业结构的升级、知识的更新、人才的有效就业、科技成果的广泛应用和城市形象的提升,有利于形成创新发展、合作共赢的文化氛围。政府作为高校、企业和社区之间的桥梁和纽带,是三者利益关系的协调者和促进者。

最后,社区作为城市的微观单位,是城市发展的基础,也是高校与城市互动的微观基础,它将政府、企业、高校有机联系起来,通过提供人力、物力、信息等公共资源,促进城市的繁荣和发展。政府、企业和高校反过来也为社区的发展提供了宏观环境。政府为社区发展提供了政策和制度保障,企业为社区的发展带来了经济和科技资源,高校为社区的发展提供了强大的人力资源和文化资源,推动社区经济发展和文化提升。

由此可见,城市要实现可持续发展,必然要求高校、政府、企业和社区的通力合作。高校与城市互动关系的形成,需要打破高校、企业、政府和社区等互动主体间的壁垒,充分释放知识、科技、人力、政策、资金、物质、空间等资源,实现各种资源最大限度的整合,以促进高校与城市的可持续发展。

第3章　高校与城市互动的宏观环境分析

第1节　城市化进程及其与高等教育的关系

高校与城市互动是建立在城市发展和城市化进程基础上的。作为一种世界现象，不同国家的城市化发展程度不同，城市化的进程对高校的发展及二者的互动具有重要影响。因此，分析高校与城市互动的宏观环境，首先要了解各国城市化的进程及其特点。

有学者指出，如果说20世纪是城市化世纪，那么21世纪则是“城市世纪”。世界各国和联合国教科文组织都将城市化和高科技发展并列作为深刻影响21世纪人类社会的两大课题。[①]同样，城市化的发展对21世纪的高等教育也产生了深刻影响。无论对城市发展较早、城市化水平较高的欧美国家，还是对处于城市化快速发展期的发展中国家而言，城市的发展为高校的发展提供了更多的空间和更好的基础设施，反之，高校的发展也为城市的发展带来了新的机遇和挑战。

---

① 周毅：《城市化理论的发展与演变》，《城市问题》2009年第11期。

一、城市化的内涵

国内学者一般认为,西班牙工程师塞罗达(A. Serda)1867 年在其著作《城市化基本理论》中首次使用了“城市化”(Urbanization)这一概念。20 世纪 70 年代,这一概念传入我国。“城市化”一词自出现至今已经有 150 多年的历史,由于城市化研究的多学科性和城市化过程本身的复杂性,关于城市化的内涵一直没有统一的定义。城市化的基本含义是指变传统落后的乡村社会为现代先进的城市社会的自然历史过程。① 社会学家认为,城市化是一个城市生活方式的发展过程。这意味着人们不断被吸收到城市中,并被纳入城市的生活组织中,还意味着随着城市的发展而出现的城市生活方式的不断强大。人口学家认为,城市化就是人口向城市集中的过程。经济学家认为,由于经济的发展和科技的进步,城市化就是人们离开农业活动向非农业活动转移并产生空间集聚的过程。地理学家认为,城市化指城市向外围扩展,面积不断增大。我国学者王旭认为:“城市化是一个变传统的乡村社会为现代的城市社会的自然历史过程。这个自然历史过程,作为人类走向现代社会的必由之路,是经济发展到一定阶段的特定历史现象,不以人们的主观意志为转移。”②有研究者将城市化的基本内涵归纳为五个方面:一是产业结构和社会结构的转换,劳动力从第一产业向第二、三产业转移,人类社会从传统的农业社会向工业社会转变;二是城乡人口分布结构的转换,越来越多的人口由分散的农村向城市集中;三是城市空间形态的变化,城市建成区扩大,新的城镇地域、城市景观涌现,城市基础设施和服务设施不断完善;四是人们价值观念和生活方式的转换,城市文明、城市生活方式和价值观念向乡村地区渗透和扩散;五是经济要素集聚方式变迁或创新,在技术创新和制度创新的双重推动下,人口、资本等经济要素更健康、高效地在城乡之间流动、重组。③ 尽管不同学科对“城市化”概念的理解各不相同,但都将城市

---

① 高珮义:《世界城市化的一般规律与中国的城市化》,《中国社会科学》1990 年第 5 期。

② 王旭:《美国城市发展模式:从城市化到大都市区化》,清华大学出版社 2006 年版,序言。

③ 王立新:《城市化道路选择与可持续发展》,厦门大学硕士学位论文,2007 年。

化看作一个农业人口转化为非农业人口、农村地域转化为城市地域、农业活动转化为非农业活动的过程。

综合以上分析，可以将“城市化”理解为人口由农村向城市转移，农业人口向非农业人口转化，农村地区转化为城市地区，城市数量增加，城市人口不断膨胀的过程，在这一过程中，城市用地规模不断扩大，城市基础设施和公共设施不断改进，居民生活水平和居住水平提高，人们的文化价值观在地域上扩展，城市文化价值观成为社会文化的主体。

二、城市化进程及特点

城市化进程指城市化所处的阶段、实现城市化的方式和途径。有研究者将城市化进程理解为城市化道路（urbanization path），指实现从农村人口和农业社会向城市人口和城市社会转变的方式和途径，包括城市化过程中的城乡关系、产业关系、空间布局关系、城市等级结构关系、时间进程关系等众多方面的选择。①

城市化进程不同于城市发展史。在古希腊、古罗马时期，城市就经历了扩散和衰落的过程，到10—11世纪，城市开始在人类舞台上变得重要起来。12—13世纪，中世纪城市开始兴起，到中世纪结束时，今日欧洲大多数城市都已经形成和发展起来。随着18世纪中叶英国工业革命的进行，机器大工业和社会化大生产出现，出现了资本主义生产方式，许多新兴的工业城市和商业城市涌现出来，城市化进程正式拉开序幕。工业化带来了大规模生产，改善了生产技术、交通工具和通信技术等，更多的人进入城市生活，城市人口迅速增长。从世界范围看，1800年世界城市人口占总人口的比例为5.1%，1900年上升为13.3%，而到2000年，世界城市人口比例达到近50%。②由此可见，城市化进程是随着工业化的发展、生产方式的转变而逐渐加快的。自18世纪60年代揭开序幕，世界城市化的历史进程大体可以分为三个

---

① 何志扬：《城市化道路国际比较研究》，武汉大学博士学位论文，2009年。

② 刘传江：《中国城市化的制度安排与创新》，武汉大学出版社1999年版，第61页。

阶段:1760—1851 年为世界城市化兴起阶段,在这一阶段,英国基本上实现了城市化;1851—1950 年为城市化在欧洲和北美等地区的发达国家基本实现阶段,英国进入高度发达的城市化阶段,其他发达国家进入基本城市化阶段,发展中国家的城市化进入起步阶段,整个世界则进入城市化加速发展阶段;1950—1990 年为城市化加快发展,全世界基本实现城市化阶段。[①] 21 世纪以后,世界城市化进程朝着大都市圈化方向发展。随着城市化进程的加快和城市化程度的提高,城市在经济社会发展中的作用日益凸显,城市化程度逐渐成为衡量一个国家经济发展程度和工业化水平高低的重要标志。由于经济和社会发展水平不同,各国城市化进程不同,城市化水平存在较大差异。

从世界范围来看,发达国家与发展中国家的城市化呈现出不同的发展路径和过程,城市化水平处于不同层次。发达国家的城市化与工业化相伴而生,经历了城市化、郊区化、逆城市化和再城市化阶段。20 世纪 50 年代世界经济进入大发展时期,大规模城市化开始。在这一时期,发达国家的第二、第三产业迅速发展,非农产业提供了大量就业机会,大量人口从农村涌入城市,中、小城市人口迅速向大城市集中,大城市和特大城市发展迅速。20 世纪 60 年代以后,城市化进入郊区化阶段。当城市化发展到一定程度后,大城市人口增长率逐渐降低,城市中心以外的周围地区的人口逐渐增加,城市化进程呈现分散化特征。随着城市化的发展,发达地区经济水平不断提高,人们收入也不断提高,并开始向往和追求良好的居住环境和较高的生活品质。同时,高速公路在这个时期也发展起来。而大城市随着人口迅速增加逐渐出现一些问题,如人口拥挤、环境恶化、暴力和犯罪事件不断增加等,一些富裕阶层开始向远郊地区迁移。整个大城市无论是中心地区还是周围地区人口增长率均开始下降,而位于大城市以外的远郊地区的人口则开始增长。随着郊区人口的增加,工商业、零售业等逐渐迁移到郊区,城市和郊区逐渐实现了一体化。20 世纪 70 年代至 80 年代早期,发达国家城市化又出现新的特征,人口迁移方向发生了倒转,大城市人口逐渐迁出,人

---

① 高珮义:《世界城市化的一般规律与中国的城市化》,《中国社会科学》1990 年第 5 期。

口数量减少，而小城市和部分农村地区的人口却出现增长。一些学者将这一时期称为逆城市化阶段。与郊区化不同的是，这一时期的人口不是从城市中心地区向周围郊区迁移，而是从大城市向小城市迁移。随着人口向这些地区迁移，工商业也逐渐向这些小城市迁移。20世纪80年代，较早进入逆城市化阶段国家的中小城市人口增长速度开始减缓，再次低于大城市地区人口增长速度，人口重新向大城市集中，发达国家进入再城市化阶段。这是因为大城市作为金融、保险、房地产、高科技等产业的中心，提供了大量就业机会；同时，随着20世纪70年代以后大城市内城改造和城市复兴效果逐渐显现，加上大城市更加便利的公共设施、教育设施，吸引了很多年轻人进入大城市。再城市化阶段不同于城市化阶段，而是城市化进程的更高级阶段，城市发展的模式、人口增长的速度和城市化阶段都有所不同。目前，发达国家已经实现了高度城市化，正在朝着都市圈化和城乡一体化方向发展，城市的结构和功能趋于完善，城乡差别不断缩小，城市文明程度较高。

发展中国家的城市化过程主要发生在第二次世界大战以后，与发达国家的城市化过程呈现不同的特征，主要表现为人口增长迅速，人口转移与经济结构变化不相符，工业化滞后于城市化。由此也导致了一系列的城市问题，如住房、交通、犯罪和生态环境的恶化等。这里以中国为例探讨发展中国家城市化进程，一方面是因为尽管中国的城市化有其自身的特征，在发展阶段和城市化水平等方面与其他发展中国家存在差别，但总体上能够反映发展中国家城市化的共性特征；另一方面是因为本书所选取的高校与城市互动的案例中，发展中国家主要以中国为主，研究的落脚点是为中国高校与城市的良性互动寻求更好的出路，因此，对中国城市化道路进行分析，可以为后面的高校与城市互动机制研究提供更广阔的视野。19世纪下半叶到20世纪中叶，由于受到世界列强侵略和军阀割据混战的影响，中国城市化进程缓慢且不均衡。20世纪50年代中期以后，中国社会形成了典型的城乡二元结构，城市和农村相互隔离、相互封闭，城乡之间存在较大差异，农村人口很难向城市自由流动，城市化长期停滞不前。改革开放以后，中国社会才开始真正的城市化。随着经济的快速发展，城乡之间的壁垒逐渐松动并被打破，城市化进程进入迅速发展时期。1978—1984年，中国进入以农村经济体制改革为主要动力的城市化阶段,大量知识青年“上山下乡”,高考恢复使得一批农村学生进入城市;城乡贸易开始发展,农民开始进入城市;乡镇企业发展起来,城市人口增加,城市基础设施建设和维护不断增强。1985 年以后,中国进入乡镇企业发展和城市改革双重推动城市化阶段,沿海地区出现大量新兴的小城镇。20 世纪 90 年代以后,中国进入城市化全面推进阶段,城市建设、小城镇和经济开发区等全面发展,城市化从沿海向内地全面展开,而且逐步确立了以发展小城镇为主的城市化方针。随着城市化进程的加快,由于人口基数大、人口素质不高、工业化程度相对较低等原因,城市化进程中也出现一系列问题和矛盾,例如城市人口过度集中、城市压力增大、环境污染严重、物价高涨、农村留守老人和儿童问题难以解决、失地农民利益得不到保障,等等。因此,中国的城市化仍然有很长的路要走。总体而言,与发达国家相比,发展中国家正处于城市化初期和中期,经济社会发展面临一些问题。

发达国家和发展中国家所呈现的不同城市化进程和特点对各国高校与城市的互动具有重要影响,处于城市化进程不同阶段的城市经济发展程度不同,主导产业不同,因而对知识、人才、技术的需求不同,高校与城市互动的方式、内容和价值追求都有差别。

三、城市化进程与高等教育的关系

城市化是一个国家或地区经济水平和现代化程度的集中体现,城市化为高等教育的发展提供了强大的经济基础和物质支持,影响着高等教育的发展战略;高等教育的发展则为城市经济发展和城市现代化提供强大的精神动力和智力支持,二者相互影响,相互推动。

(一)高等教育是城市化进程中的动力源

城市化进程离不开高等教育的支持。特别是在大学已经成为社会的中心和动力站的当今社会,高等教育的发展及其社会功能的发挥已经成为城市化进程的重要保证。

在城市化进程中,高等教育在科技创新、人才培养、信息和咨询服务方面发挥着直接作用。高等教育的首要职能是人才培养,高校根据社会需求适时调整课程结构和专业结构,以培养城市经济和社会发展所需要的人才。其中培养的大量毕业生会留在高校所在的城市就业,这为城市的发展提供了高素质人才,人力资本进而转化为经济资本和社会资本,推动城市化的发展。高等教育的第二大职能是科学研究,尤其在大学中,科学研究和研究生培养成为大学的重要职能。高校师生通过承担基础研究和应用研究项目解决城市化进程中的一系列问题,为其提供理论支撑和路径选择;同时,高校还通过科技成果转化和专利等与城市的大中小企业合作,不断提升企业创新能力,解决实际问题。企业创新能力的增强一方面会推动城市经济的发展,另一方面会提高城市竞争力。社会服务是高等教育的第三大职能,高校不仅通过人才培养和科学研究为社会服务,影响城市化进程,而且通过直接服务作用于城市发展。随着各国对社会服务职能的高度重视,高等教育在城市化进程中的作用不断增强。美国早在 1862 年就颁布了《莫雷尔法案》,规定各州至少资助一所农工学校发展本州的农业和机械工业。第二次世界大战以后,各国开始建立产学研合作制度,校企合作、科研合作开始出现,尤其是从 20 世纪 50 年代开始,美国、日本等出台相关政策,鼓励以大学为依托建立科技园,高等教育逐渐成为科技创新的主体。科技园的发展使高校与产业界联姻,促进了经济社会发展,加速了产业结构调整和优化,从而提高城市化水平。同时,各种以培养应用型人才为主的短期高等教育机构迅速发展,在城市化进程中发挥着重要作用。

除了在城市化过程中直接发挥作用,高等教育还间接促进了城市化进程。例如,位于城市中的高校通过提供入学机会和就业机会吸引更多人从农村转移到城市,实现农业人口向非农人口的转移。另外,高校作为文化机构,其文化资源和精神也无形中提升了城市的文明程度和文化形象,成为城市的名片和风景,为城市经济和社会发展带来巨大的经济效益,从而提升城市化水平。

总之,无论从直接影响还是间接影响来看,高等教育均在一定程度上加速了城市化进程,成为城市发展的动力源。因此,应充分认识高等教育在城市化进程中的作用,推动高校与城市间的良性互动,使高等教育更好地为城市化服务。

（二）城市化进程加速高等教育的发展

高等教育的发展同样离不开城市化的发展。高等教育发展和城市化进程具有“同构性”，城市化程度越高，高等教育发展水平也越高。从系统论的观点来看，如果将整个社会看作一个大系统，那么高等教育系统则是这个大系统的一个子系统。高等教育的发展不开社会系统的支持，尤其离不开所在城市的支持。

第一，城市化促进了高等教育大众化。城市化使更多人口由农村人口转变为非农人口，使更多人有机会接受高等教育。同时，城市化提高了当地的经济水平和人们的收入，使高等教育发展水平有更强的经济基础，为高等教育大众化发展奠定基础。更重要的是，城市化的发展促进了高校与城市的互动，使高校逐渐走出象牙塔，与社会建立更密切的联系，因而也越来越注重社会的需求。正是地方社会对应用型人才的大量需求，才促进了高等教育的发展，从而使高等教育面向更广大的人群，大大推动了高等教育大众化。

第二，城市化进程促进了创业教育和创业型大学的发展。随着城市化进程的加快，逐渐涌现出一批热衷于高等教育的企业家，他们不仅为高等教育的发展注入经济活力，而且将创业思维和企业家精神带入高等教育领域，促进了创业型大学的形成和高校内部创业教育的发展，成为高等教育发展的新趋势。

第三，城市化进程为高等教育发展提供了良好的物质条件和外部空间。随着城市化进程的不断深入，城市建设和城市发展日益完善，城市问题不断得到解决，城市基础设施和环境不断优化，这些无疑为高等教育的发展提供了更好的物质条件。高校可以与城市共享交通、医疗、商业、市政服务、社区生活和娱乐设施等公共资源，并且使用地方政府提供的大量土地而被免征财产税，大大降低高校的办学成本。城市地区的资源优势、区位优势和环境优势成为高等教育发展的基础。尽管城市化进程中高校和城市之间出现一些矛盾，但从总体来看，城市化进程的加快无疑推动了高等教育的发展，使高等教育无论在经济上、物质上还是空间上都得到了城市社会更好的支持。

第2节 高校与城市互动的政策环境

一、国际社会的区域创新政策

随着科学技术变革的步伐不断加快,世界各国对创新的要求越来越高,各国政策制定者不断修改和完善科学、技术和创新政策。创新主要体现在区域创新上,一个国家综合实力的提升和创新能力的增强主要通过若干具有代表性的区域创新来实现,因此,区域创新政策成为各国促进经济发展和社会进步的重要内容。区域创新政策包括科研政策、产学研合作政策、人力资源政策等,这些政策与高校的发展密切相关。高校是衡量一个国家和地区教育发展水平和创新能力的重要标志,高水平的高校对推动国家和区域经济发展至关重要,因此加强高校与区域的互动发展是增强国家创新能力的重要举措。

随着知识经济的发展,21 世纪初,经济合作与发展组织国家就开始将创新列入国家的议事日程,许多国家制定了创新战略规划,确定了创新政策的明确目标。一些经济合作与发展组织国家为了提高国家创新体系的效率,实施或修订了协同治理创新政策的法律和制度结构,从而提高实施创新政策的协调能力,减少高校和公共研究机构中的官僚主义,提高科学对社会经济事业的贡献,更好地推动研究与产业发展的结合。① 此外,还增加公共研发经费,通过拨款和税收优惠等鼓励产业研发和创新。

21 世纪以来,几乎所有的经济合作与发展组织国家都推出了高层次的政策文件,明确了提升创新能力的目的和战略(表 3-1)。2002 年 2 月,加拿大在《追求卓越:投资于民众、知识和机遇》和《知识至关重要:加拿大人的技能与学习》两份重要文件中提出了国家创新战略。2004 年 2 月,加拿大政府宣布将加拿大建设为 21 世纪掌握前沿技术的领先国家,这些技术包括生物

---

① 经济合作发展组织:《OECD 科学技术和工业展望》,科学技术文献出版社 2006 年版,第 48 页。

技术、环境技术、信息通信技术、卫生技术和纳米技术。英国政府在世纪之交分别公布了《我们的竞争——建设知识型经济》(1998 年)、《卓越与机遇——21 世纪的科学和创新政策》(2000 年)和《变革世界中的机遇——创业、技能和创新》(2001 年),三份政府白皮书均以创新为主题。2002 年后,英国政府系统地发表了一系列行动计划,包括 2002 年 7 月《投资与创新》、2003 年 11 月英国贸工部创新报告《在全球经济下竞争:创新挑战》、2004 年 7 月《科学与创新投资框架 2004—2014》和 2004 年 11 月贸工部《从知识中创造价值》的五年计划。这些政府文件向英国公众持续清晰地昭示了 10 余年来英国以创新为核心的新的国家科技发展战略。这些以创新为主题的科技发展战略主要涉及研究与开发、企业技术创新、创新环境、产学研合作、基础设施建设等。在高校方面,为保证高校和企业紧密联系,要求高校和企业必须联合申请国家和区域的创新项目。美国则在企业资助、税收政策、移民政策方面为区域创新营造良好的外部环境。为鼓励企业创新,政府通常以商业合同方式向企业提供资助。2006 年,产业界的研究经费有 12%来自联邦政府,其中大部分是通过商业合同形式提供的。为培养和引进创新人才,美国在高校中建立跨学科的工程研究中心,不同学科的工程技术人才共同研发国家和企业面临的重大问题。此外,政府还启动各种高层次人才培养计划。如美国国家科学基金会设立了“总统青年研究奖”,每年提供 200 个名额,目的是将最优秀的人才吸引到国家急需的科学和工程领域中来。德国联邦政府在 2003 年提出“2010 年议程”一揽子方案,内容涉及经济、就业、教育、科研、社会福利和家庭等众多领域,希望通过实施这些方案,彻底解决影响德国创新和竞争能力的深层次问题。日本则把战略重点放在提高经济和社会效益目标上,将科技置于区域发展的核心位置,通过开发知识集群、开展合作研究和创新项目鼓励地区的产业、学术界和政府合作。英国致力于通过科学基地与企业和社会之间的知识交流,确保科学在支持创新方面充分发挥作用。继第一期、第二期科学技术基本计划后,日本政府从 2006 年起开始执行第三期科学技术基本计划,通过完善开发资金制度、增强高校和公共研究机构的创新能力进而形成创新的良性机制、构筑有创造性的研发体系等一系列措施提高科技创新能力。新加坡政府也十分重视科技创新，分别通过成立“研究、创新及创业理事会”，设立“国家研究基金”，重视教育和人才引进，推动创意产业发展，完善相关法律法规等措施来提升国家的创新能力。①

表 3-1　经济合作与发展组织部分国家科学、技术和创新政策计划概览

国家	国家计划	主要目标
澳大利亚	澳大利亚能力支撑	加强澳大利亚提出想法和开展研究的能力；加速想法的商业化，开发并保持技能。
奥地利	国家研究与创新行动计划	提高公共部门和私营部门的能力，加强双方的合作，以达到提高国家创新体系效率的目的。
加拿大	实现卓越：重视知识	成为世界上最具创新能力的国家之一。
捷克	国家研究与发展政策	改进研究评估，加强国际和区域合作，开发人力资源，加强研发成果向产业的转化。
丹麦	增长中的知识	加强丹麦作为知识型社会的地位，生产、吸引、传播和利用知识。
芬兰	知识、创新和国际化	通过创新、创业和专业知识促进企业和社会的成功。
匈牙利	政府规划 2002—2006：中期经济政策规划	构建适应创新需求的法律框架，指导创新、吸引研发，加强对知识产权的保护，增加中小企业的创新资源，从而达到促进社会和经济发展的目的。
冰岛		加强科学技术在国际竞争环境下对冰岛文化和经济地位的支撑作用，保持人民高标准的生活水平和高质量的生活。
爱尔兰		推动研发，建设创新型经济；提高竞争力，保持对国外直接投资的吸引力，最大化地提升社会凝聚力。
日本	科技基本计划	提高知识资产带来的经济效益和社会效益。
韩国		把国家转变为以科学和技术为基础的社会。
卢森堡		加强科学基础、提升研发投资的总体水平，从而提高经济部门的整体竞争力。

① 《聚焦国外创新政策与法规》，http://www.cas.cn/xw/kjsm/gjdt/200601/t20060109_1010714.shtml，2017 年 11 月 28 日。

续表

国家	国家计划	主要目标
墨西哥	科学技术专项规划	提升竞争力,改进企业的创新。
荷兰	i^3挑战	确定国家的需求,加强长期的研究能力,从研究中获取更大的商业价值。
挪威	从想法到价值:综合性创新政策计划	成为世界上最具创新能力的国家之一,具有丰富资源的企业和具有创造力的人民是获得商业成功的保障。
波兰	知识、计算机化和竞争力:迈向知识经济的波兰	挖掘科学和研究潜力,建立作为"欧洲研究区"组成部分的波兰研究区,准备并实施区域创新战略,推动信息社会进程。
斯洛伐克	面向 2005 年的国家科技政策	确保国家科技政策和其他政策的长期和谐发展,为提升科技水平创造条件,争取在 2005 年以前将科技水平提升到类似的欧盟国家的水平,为国际科技合作创造条件,提高研发效率。
西班牙	国家科学研究、技术开发和创新计划	发展西班牙科学—技术—企业体系,提高企业的竞争力,关注对居民的服务,完善社会福利,改进知识创造。
瑞典		将产业政策和研究政策相互融合,加强大学研究成果的商业化。
瑞士	促进教育、研究和技术;促进创新和创业的行动计划	更新教学结构,增加研究活动,促进创新,深化国家和国际合作,加强教育、研究和技术;进一步发展企业家能力;加强科学和产业间的关系;向国际典范学习。
英国	科学和创新投资框架	保持并建设世界级的人才中心,提高公共投资研究的反应能力,加强科学家、工程师和技术人员的供给,确保大学和公共实验室的资金来源,增强公众对科学研究的信心与意识。

资料来源:经济合作与发展组织:《OECD 科学、技术和工业展望》,科学技术文献出版社,2006 年版,第 51 页。

上述国家创新政策对区域创新和高校科技创新具有重要影响,更好地发挥了区域优势、提高了区域创新能力;调动了企业参与研发活动和科技创新的积极性;有效改善了高校的科研环境,提高科研投入水平和科研质量;

促进了高校、企业和政府间的密切合作；为高校服务区域经济发展提供了良好的政策环境。2011年9月20日，欧盟委员会向欧洲理事会、欧洲议会、欧洲经社委员会和欧洲地区委员会提交了《欧洲高等教育体系现代化议程》政策文件。该文件被视为欧洲高等教育改革新战略，其总体目标是，提高欧洲高等教育毕业生的质量和数量，最大限度地发挥高等教育对经济增长和就业的关键作用，以帮助欧洲走出当前危机，应对未来挑战。① 欧盟这一政策正是基于高等教育促进区域发展这一前提而出台的，有效支持了高等教育与欧盟地区互动。

近年来，随着数字经济和共享经济的发展，出现了许多新思想和新的商业模式，一批新建的中小企业发展起来。面对新的形势，各国与时俱进，不断调整创新政策和战略。2015年，经济合作与发展组织发布《OECD 创新战略（2015 修订版）》报告，呼吁各成员国政府停止过度支持现有公司，转而支持新建企业，因为新建企业在推动创新、促进就业和经济增长方面非常关键。同时，报告呼吁决策者：第一，要支持长期研究，许多关键技术离不开以公共资金为基础的长期研究；第二，增加拨款，减少税收刺激，研发中的税收激励无法满足新建的创新企业的需要，竞争性的、透明的拨款更适合新建公司的需要，能够使它们在创新中形成合作，并朝着最有影响的领域发展；第三，从经验中学习。监管和评价创新政策、从经验中学习和随时调整政策有助于确保政府行动有效且达到预期目标。②

2016年12月，经济合作与发展组织发布了《OECD 科学、技术与创新展望 2016》，进一步强调了创新的重要性，对经济合作与发展组织成员国和包括中国在内的重要非成员国在科学、技术和创新方面的表现和发展趋势进行了综述。报告认为，大趋势正在塑造未来的科学、技术与创新能力与活动。老龄化社会、气候变化、健康挑战和不断发展的数字化潮流等因素将决定未来研发事项，以及未来创新需求的范围和规模。各国政府

---

① 《欧盟推出高教改革新战略》，http://www.fmprc.gov.cn/ce/cebe/chn/zogx/jyjl/jydt/t870260.htm，2017年11月11日。

② "The OECD Innovation Strategy-2015 revision"，http://www.oecd.org/sti/innovation-imperative.htm，2017年11月11日。

将加强与社会主体的广泛合作，以形成并利用科技创新。通过采取更“负责任的研究及创新”政策，各国政府正加强管理新兴科技创新发展带来的风险和不确定因素。[1] 在新的创新环境和发展趋势下，公共研究越来越集中在大学。1981—2014 年，在经济合作与发展组织成员国公共研发支出比例中，高等教育研发支出占 GDP 的百分比越来越高，而政府的研发支出则呈下降趋势。1981 年，政府的研发支出占 GDP 的百分比为 0.331，高等教育研发支出占 GDP 百分比约为 0.27；2014 年，政府研发支出占 GDP 比例降为 0.266，而高等教育的研发支出占比则上升到 0.426。[2] 与此同时，1981—2013 年，企业对高等教育研发的资助也越来越大于企业对政府公共研发的资助。1981 年，企业资助政府的研发资金约为 10.48 亿美元，资助高等教育研发资金约为 13.66 亿美元；2013 年，企业资助政府的研发资金约为 42.96 亿美元，资助高等教育研发资金则达到 107.62 亿美元。[3] 由此可见，大学越来越成为研发的主体，公共基础研究正聚焦于大学，这为全球范围内鼓励大学推动科技创新、发挥高等教育在区域创新中的重要作用提供了良好的政策环境。

二、我国区域创新和产学研合作政策

改革开放以来，我国政府适应不同时期经济社会发展需要实施不同的区域政策，先后制定并实施了以经济特区为重心的沿海地区优先发展政策，以浦东开发区为龙头的沿江、沿边重点发展政策，以缩小地区差距为导向的西部大开发政策，以及振兴东北老工业基地、促进中部崛起、鼓励东部地区率先发展等一系列区域协调发展政策，促进了区域经济发展，缩小了区域发展差距。近年来又提出区域协同创新政策，在长三角、珠三角和京津冀地区构建协同创新机制，探索协同创新的模式和路径。习近平指出，“科技创新

① OECD.Science, Technology and Innovation Outlook 2016. Summery, www.oecd-ilibrary.org/docserver/download/1561b1fo-zh.pdf，2017 年 11 月 11 日。

② https://www.innovationpolicyplatform.org/content/statistics-ipp，2017 年 11 月 11 日。

③ https://www.innovationpolicyplatform.org/content/statistics-ipp，2017 年 11 月 11 日。

是提高社会生产力和综合国力的战略支撑,必须摆在国家发展全局的核心位置。”①强调要坚持走中国特色自主创新道路、实施创新驱动发展战略。十八大以来,创新驱动发展一直是统领国家发展全局的核心任务。十八届五中全会将创新发展置于“五大发展理念”之首,进一步明确创新的内涵,提出坚持创新发展,必须把创新摆在国家发展全局的核心位置,不断推进理论创新、制度创新、科技创新、文化创新等各方面创新,并形成促进创新的体制架构,培育发展新动力。2017 年 4 月,中共中央、国务院决定设立国家级新区——雄安新区,这是在原来区域协同创新政策基础上的又一重大政策,对疏解北京的非首都功能、解决大城市病、促进区域协调发展具有极其重要的意义。

在区域发展和协同创新过程中,我国充分认识到高校发挥着不可替代的作用。从 20 世纪 90 年代开始,我国就着力加强重点大学的建设。1995 年,中央实施了“211 工程”,重点建设 100 所左右世界先进水平大学和一批重点学科,突出大学的社会服务职能。1998 年 5 月,江泽民在北京大学百年校庆的重要讲话中指出,“为了实现现代化,我国要有若干所具有世界先进水平的一流大学。”②为此,教育部制定了《面向 21 世纪教育振兴行动计划》,由教育部对科研项目进行直接拨款,重点支持北京大学、清华大学、复旦大学、上海交通大学等高校建成“世界一流大学”和世界一流学科的目标。2010 年《国家中长期教育改革和发展规划纲要(2010—2020 年)》指出:“高校要牢固树立主动为社会服务的意识,全方位开展服务。推进产学研用结合,加快科技成果转化”③。2011 年 4 月,胡锦涛在清华大学百年校庆重要讲话中指出,“高等教育作为科技第一生产力和人才第一资源的重要结合点,在国家发展中具有十分重要的地位和作用。”④提出通过建立协同创新战略联盟,联合高校、企业与政府共同开展重大科研项目攻关以促进资源共

① 《习近平谈治国理政》,外文出版社 2014 年版,第 119 页。

② 《江泽民文选》第 2 卷,人民出版社 2006 年版,第 123 页。

③ 《国家中长期教育改革和发展规划纲要(2010—2020 年)》,人民出版社 2010 年版,第 30 页。

④ 胡锦涛:《在庆祝清华大学建校 100 周年大会上的讲话》,http://www.gov.cn/ldhd/2011-04/24/content_1851436.htm,2017 年 11 月 11 日。

享，为此，2012 年，教育部、财政部积极实施《高等学校创新能力提升计划》，即“2011 计划”，重点支持高校与企业、研究机构的战略合作伙伴关系，着力创建促进科技创新发展的协同创新中心。2013 年 3 月，教育部联合国家发展和改革委员会和财政部共同印发了《关于深化研究生教育改革的意见》，推进了我国研究生人才培养目标、模式等方面的改革，提出重点加强“拔尖创新人才”的培养目标，深化校企联合人才培养模式①。2014 年，教育部工作要点进一步指出，“加快建设一流大学和一流学科。统筹实施‘985 工程’、‘211 工程’、‘优势学科创新平台’和‘特色重点学科项目’……深入实施‘2011 计划’，大力推进面向科学前沿、文化传承创新、行业产业和区域发展的协同创新，创新产学研合作机制，提升高校创新能力。”②2015 年 10 月，国务院印发《统筹推进世界一流大学和一流学科建设总体方案》，要求“按照‘四个全面’战略布局和党中央、国务院决策部署，坚持以中国特色、世界一流为核心，以立德树人为根本，以支撑创新驱动发展战略、服务经济社会发展为导向，坚持‘以一流为目标、以学科为基础、以绩效为杠杆、以改革委动力’的基本原则，加快建成一批世界一流大学和一流学科”③。《统筹推进世界一流大学和一流学科建设总体方案》提出了“双一流”建设的总体目标和重点任务，其中强调，“深化产教融合，将一流大学和一流学科建设与推动经济社会发展紧密结合，着力提高高校对产业转型升级的贡献率，努力成为催化产业技术变革、加速创新驱动的策源地。”④历次的改革文件表明，国家始终从经济社会发展大局出发，重视高校与区域之间的互动发展，为高校与城市之间的互动提供了良好的政策环境。

---

① 《教育部　国家发展改革委　财政部关于深化研究生教育改革的意见》，http://old.moe.gov.cn//publicfiles/business/htmlfiles/moe/A22_zcwj/201307/154118.html，2017 年 11 月 11 日。

② 《教育部 2014 年工作要点》，http://old.moe.gov.cn//publicfiles/business/htmlfiles/moe/s7049/201402/xxgk_163889.html，2017 年 11 月 11 日。

③ 《国务院关于印发统筹推进世界一流大学和一流学科建设总体方案的通知》，http://www.gov.cn/zhengce/content/2015-11/05/content_10269.htm，2017 年 11 月 27 日。

④ 《国务院关于印发统筹推进世界一流大学和一流学科建设总体方案的通知》，http://www.gov.cn/zhengce/content/2015-11/05/content_10269.htm，2017 年 11 月 27 日。

第 3 节　高校与城市互动的经济环境

经济环境主要是指一个国家或地区的经济制度、经济发展水平、产业结构、劳动力结构、物资资源状况、消费水平、消费结构及经济发展动态等，包括硬环境和软环境两大方面。经济是高校与城市互动的基础，经济发展与高等教育发展之间存在着双向互动关系。一方面，经济发展促进了高等教育发展，增加了对高等教育的需求。经济的快速发展促进了对高等教育投入的增加，使高等教育的发展有了强大的物质支持；同时，经济发展还为企业提供了良好的投资和合作环境，不断提高企业科技创新能力，与高校发展良性合作机制。另一方面，高等教育是经济发展的动力和支点。高校作为国家科技创新体系的重要组成部分，不仅为经济发展提供重要的知识基础、优秀的科技成果和人力资源，而且为经济发展注入精神动力，使经济发展的软环境不断优化。刘延东指出："高等教育作为科技第一生产力和人才第一资源的重要结合点，具有高端引领作用，其发展水平和质量决定着人才的创新创造能力，决定着产业在全球价值链中的地位，决定着我们站在什么样的制高点上。"①因此，在高校与城市的互动中，无论是科技成果的转化、高端人才的引进、企业创新能力的提升，还是高校办学能力和办学质量的提升，都离不开良好的经济环境支持。根据高校与城市互动的主要维度和要素，本书重点分析影响二者互动的世界经济发展趋势、经济发展水平、产业结构和劳动力结构。

一、世界经济发展趋势

20 世纪 90 年代以来，世界经济进入一个新的发展时期。随着"冷战"的结束和科技革命的发展，经济体制改革和经济结构调整成为世界经济发展

---

① 刘延东：《深化高等教育改革 走以提高质量为核心的内涵式发展道路》，http://www.moe.edu.cn/publicfiles/business/htmlfiles/moe/moe_176/201205/135808.html，2017 年 11 月 11 日。

的潮流，各国经济朝着全球化方向发展，知识经济成为各国经济发展的主要趋势。众所周知，知识经济是以知识和信息的生产、分配和使用为基础的一种经济类型，这使得高校成为推动各国经济发展的发动机。高校在高新技术产业发展、产业结构调整、人力资本优化以及国家科技创新能力提升等方面都发挥着不可替代的作用。21 世纪以来，经济全球化深入发展，为世界经济发展带来新的机遇与挑战。一方面，经济全球化有利于各国资源的优化配置和合理使用；有利于促进经济结构的合理优化和生产力的提高；促使国际分工更加深化，国际竞争力提高。另一方面，经济全球化带来了不同国家之间市场竞争和民族冲突的加剧，甚至导致经济危机和政治动荡。经济全球化的有利因素为高等教育的发展提供了广阔的空间，随着经济全球化的深入发展，高校与经济社会之间的资源依赖和资源共享程度更高，高校与城市之间合作互动机制更加成熟。此外，经济全球化隐藏的危机也给高等教育的发展带来一系列问题，成为高校与区域互动中矛盾冲突的根源。

二、经济发展水平

经济发展水平是一个国家经济发展的规模、速度和所达到的水准。经济发展水平高低反映了一个国家的经济发展状态和发展潜力的强弱。人们通常用国民生产总值（GNP）、国民收入（NI）、人均国民收入（GNI）、经济发展速度和经济增长速度等指标来衡量一个国家的经济发展水平。由于不同国家拥有的自然资本、人力资本、社会资本不同，利用这些资源进行生产的能力各异，因此各国的经济发展水平不同，具体表现为国民生产总值或国内生产总值（GDP）的差异。这些差异对城市化水平和城市经济的发展具有直接影响，使得各国城市化水平存在较大差异。

经济发展水平对科技投入水平和高等教育投入水平也有重要影响。在经历了 20 世纪 90 年代经济扩张后，许多国家在 21 世纪初经济发展速度普遍减慢。经济合作与发展组织国家的经济增长速度从 1991—2000 年的平均2.7%下降到2001年的1%,美国则急剧下降到0.5%。①近年来,经济合作与发展组织国家经济增长速度依然缓慢。据经济合作与发展组织2017年3月《中期经济展望》(Interim Economic Outlook)报告显示,全球GDP增长有望增加,从2016年低于3%(2009年以来增长最慢)到2017年的3.3%和2018年的3.6%,尽管有了温和的回升,但全球GDP增长仍然低于经济危机之前20年4%的平均水平。② 这些变化不仅对区域经济发展水平和科技投入水平产生了直接影响,而且对周边的高等教育机构也产生了间接影响,企业对高等教育研发的投入相应减少。

改革开放以后,中国经济经历了40年的快速增长,经济实力大增,促使全球经济中心转移,中国经济与全球经济深度融合。良好的经济环境为城市化和高等教育发展带来难得的机遇。首先,经济发展促使政府和企业投资增长,投资增长刺激了对毕业生的需求,引起招生规模扩大,促使高等教育向大众化方向发展。其次,经济的发展增加了居民收入,提高了居民生活水平,使人民对教育特别是高等教育的需求和投入都有所增加。越来越多的家庭认识到人力资本投资的重要性,将教育投资作为家庭消费的重要内容,甚至将储蓄收入主要用于子女教育。第三,市场经济的发展促使高等教育筹资渠道多元化,政府不再是高等教育的唯一投资者,个人、社会团体进入高等教育投资市场,这既解决了高等教育资源短缺问题,又增加了高等教育领域的竞争,有利于高等教育质量的提高。

三、产业结构

产业结构指各产业的构成情况及各产业间的联系和比例关系。产业结构变化是经济发展、社会分工越来越细的结果。不同的经济发展阶段,产业结构是不一样的,各产业部门之间的比例关系不相同,对经济增长的贡献也

---

① 经济合作与发展组织:《OECD科学技术和工业展望》,科学技术文献出版社2004年版,第20页。

② "Will risks derail the modest recovery? Financial vulnerabilities and policy risks." Interim Economic Outlook (7 March 2017), http://www.oecd.org/eco/outlook/Will-risks-derail-the-modest-recovery-OECD-Interim-Economic-Outlook-March-2017.pdf[2017-05-30],2017年11月13日。

不同。世界上较为通用的产业结构分类方法是三次产业划分法，即：第一产业农业，第二产业工业和建筑业，第三产业是除第一、二产业之外的其他各产业部门，包括流通部门、生产生活服务部门、科学文化服务部门、社会公共服务部门。

一个国家经济发展阶段决定着其主导产业。当国家处于工业化阶段时，工业是国民经济发展的主导部门，当国家向“后工业化”阶段过渡时，高科技产业和服务业则成为国民经济的主导产业。目前，发达国家正在逐步向后工业社会迈进，高新技术产业和服务业成为这些国家的主导产业。改革开放 40 年来，我国产业结构也经历了升级换代，三大产业经历了结构性变化，农业在保持基础地位的同时比重下降，工业仍将继续发展，服务业在国民经济中的地位日益提高。2014 年，针对我国生产性服务业发展相对滞后、水平不高、结构不合理等问题，国务院出台《关于加快发展生产性服务业促进产业结构调整升级的指导意见》，要求加快重点领域生产性服务业发展，进一步推动产业结构调整升级。① 指导意见为新时期中国经济发展指明了方向。当前，随着新一代信息技术与制造业深度融合，新的生产方式、产业形态、商业模式和经济增长点开始形成，各国加大科技创新力度，美国、德国、法国等相继提出“再工业化”“工业 4.0”“新工业法国”等战略，站在国家战略高度重建制造业。2015 年，我国发布了《中国制造 2025》，提出“大力发展先进制造业，改造提升传统产业，推动生产型制造向服务型制造转变。优化产业空间布局，培育一批具有核心竞争力的产业集群和企业群体，走提质增效的发展道路。”②《中国制造 2025》既顺应了全球经济结构调整的大趋势，也是我国在经济新常态下做出的战略选择。

知识创新与科技进步、人口规模与结构、经济体制、自然资源等均给产业结构带来影响。其中，知识创新与科技进步是当前经济增长的重要推动力量，也是产业结构变迁的重要动力。知识创新与科技进步是伴随着技术

---

①《国务院关于加快发展生产性服务业 促进产业结构调整升级的指导意见》，http://www.gov.cn/zhengce/content/2014-08/06/content_8955.htm，2017 年 11 月 11 日。

②《国务院关于印发〈中国制造 2025〉的通知》，http://www.gov.cn/zhengce/content/2015-05/19/content_9784.htm，2017 年 11 月 11 日。

革命而进行的，每一次科技革命都会导致一些新的产业部门诞生。第一次技术革命使机器工业代替了手工劳动，使人类社会从农业社会向工业社会转变；第二次技术革命使汽车工业、航空工业和电力工业崛起；第三次技术革命以原子能的利用、电子计算机的诞生和发展、高分子合成技术及空间技术为标志；第四次技术革命以生物工程技术、信息网络技术、软件技术、新材料技术为主要标志。每一次技术革命都给产业结构升级带来了重大影响，尤其是第四次技术革命带来高新技术产业的发展，产生一系列新兴产业群，使传统产业实现高度自动化、机械化和产品集成化，促进了第三产业的发展和壮大，为生产要素的流动提供了条件。此外，新技术革命还通过影响需求结构和供给结构导致产业结构变化，人们的需求从满足温饱的农作物产品向制造业、服务业转移，从而带动产业结构升级。

产业结构变化给城市经济结构带来影响，使城市化进程不断加快，也使城市的主导产业、技术创新、人才需求等发生变化；同时对高等教育提出新的要求，高等教育在专业结构、人才培养、应用研究和技术服务等领域要适应产业结构的变化趋势，确保高等教育与经济社会协调发展。特别在当前我国建设制造强国战略推动下，城市的发展重点和人才需求将集中在与先进制造、智能制造密切相关的新兴产业领域，对这方面的人才需求必然增加。《中国制造 2025》强调，“坚持把人才作为建设制造强国的根本，建立健全科学合理的选人、用人、育人机制，加快培养制造业发展急需的专业技术人才、经营管理人才、技能人才。”①高等教育既要遵循自身发展的规律，又要适应国家战略和区域发展的要求，不断完善多层次多类型人才培养体系，为推动中国制造业从大国走向强国提供强有力的人才支撑。

四、劳动力结构

劳动力结构指一个国家或地区劳动力的分布和组合情况。劳动力结构

① 《国务院关于印发〈中国制造 2025〉的通知》，http://www.gov.cn/zhengce/content/2015-05/19/content_9784.htm，2017 年 11 月 11 日。

是决定经济发展的重要因素,劳动力结构合理,国民经济才能健康发展。生产力的发展、经济类型、人口与劳动力人口的再生产、自然资源及地理因素、经济发展目标及投资方向、劳动力政策及劳动力管理制度等都会影响劳动力结构。由于各国的生产力水平、产业结构、人口状况、经济类型、自然资源及地理因素等方面存在很大差异,因此劳动力结构有很大不同。发达国家一般具有较高的生产力水平,主导产业为以服务业为主的第三产业,主要以机器生产为主,劳动力人口较少。而发展中人口大国则劳动力人口比较丰富,构成了世界工厂中的主要劳动力人口。据美国中央情报局编撰的《世界概况》数据显示,中国仍是全球劳动人口最多的国家,在近 8 亿劳动人口中,农业、工业与服务业的人口占比分别为 33.6%、30.3%和 36.1%。其后依次为印度、欧盟、美国、印度尼西亚、巴西、孟加拉国、俄罗斯、日本、巴基斯坦。①

劳动力结构的变化会直接推动经济结构的调整和发展方式的转型。近年来,中国人口结构正在发生新的变化,15 岁至 59 岁的劳动力资源数量减少,导致劳动力市场供求关系发生变化。② 供求关系变化反映了劳动力结构正在发生深刻变化,这种变化所带来的结果是,一方面,劳动力成本增加;另一方面,服务业劳动力需求增加。这些变化不仅反映了经济发展态势,而且对高等教育提出了新的要求。高校只有了解了劳动力市场的供求状况和人才需求结构,才能培养出符合经济社会发展的人才。特别在学科结构和专业设置方面,高等教育与劳动力市场关系密切,对高校所"开发"的人力资源的利用率有直接影响。因此,在高等教育学科设置中,既要遵循学科和知识发展的内在逻辑,又要受到劳动力市场的制约,适应劳动力市场的需求。在高等教育大规模发展的时代背景下,保证高等教育与劳动力市场的供需均衡,既是解决大学生就业难的有力举措,也有利于劳动力市场的有效供给。

---

① 《十大劳动力大国劳动力结构一览:中国劳动人口最多》,http://world.chinadaily.com.cn/2014-09/24/content_18654994.htm,2017 年 11 月 11 日。

② 《经济运行就业承载能力在加强　承受失业压力弹性增加》,http://www.gov.cn/2014-10/21/content_2768486.htm,2017 年 11 月 11 日。

第4章　欧洲高校与城市互动机制和案例分析

第1节　欧洲高校与城市互动关系的历史和现状

在欧洲历史上，高校与城市之间的互动关系由来已久，而且自大学和城市产生之日起就不可分割地联系在一起。正如意大利学者斯特凡诺·扎吉亚指出的："在近代早期欧洲的历史发展进程中，大学一开始就与城市环境密不可分地联系在一起：任何一种教育机构，尤其是大学，既是一种市政设施，而它们的创建同时也是为所在城市服务的。"[①]尽管欧洲的大学从一开始就与城市密切联系在一起，但从古至今，大学与城市的关系并非一成不变。劳伦斯·布罗克里斯认为，欧洲大学与城市关系的历史大体可以分为两个阶段：1200—1800年为第一阶段，大学存在于城市当中，但不属于城市；1800年至今为第二阶段，大学与城市越来越紧密地联系在一起。[②]布罗克里

---

① 转引自付有强：《近代早期欧洲大学与城镇间的互动》，《黑龙江史志》2010年第7期。

② Laurence Brockliss, "Gown and Town: The University and the City in Europe, 1200—2000", *Minerva*, 2000, 38(2), p.164.

斯主要是从大学是否直接参与城市事务的角度来划分大学与城市的关系，1800 年以前，尽管大多数欧洲大学位于大城市，但大学主要是学者探索高深学问的地方，它们很少直接与城市政府、企业等开展合作；1800 年以后，随着高等教育规模的扩大、大学职能的不断拓展、大学学科的变化以及工业化的进行，大学逐渐走出象牙塔，越来越多地参与到城市社会经济发展的过程中，不可避免地与政府、企业、社区建立更广泛的联系，大学真正融入城市社会。本书在劳伦斯两阶段划分的基础上，根据高等教育发展的历史和城市化进程，将欧洲高校与城市的关系划分为三个阶段：中世纪大学与城市的关系（1800 年以前）、近代大学与城市的关系（1801 年到第二次世界大战结束）、现代大学与城市的关系（第二次世界大战结束至今）。

一、中世纪大学与城市的关系

大学与城市都是中世纪的产物，二者有着共同的起源，自大学产生之日起便与城市结下了不解之缘。城市为大学的产生提供了社会土壤和物质条件。但大学与城市在中世纪时关系并不是十分融洽，市民与学人之间的冲突不断。在解决冲突的过程中，大学和城市得以发展，二者为了共同的利益达成妥协，形成了中世纪大学与城市的互动关系。

（一）城市为中世纪大学的诞生提供了社会土壤和物质条件

大学是拉丁文“universitas”的译名，指“一群个人的联合体”。universitas 原意是行会，起初并没有学术或教育的含义，学者或学生的行会才使其具备了教育的含义，直到 14 世纪以后，universitas 才与大学有了特定的联系。

10 世纪以后，随着农业的发展，手工业和农业逐渐分离，手工业成为独立存在的生产部门。手工业的发展刺激了商业的发展，商业贸易繁荣起来。手工业者和商人常常聚集在交通便利、条件优越的地方开展贸易往来，于是，在渡口、海湾、城堡、寺院、教堂等地点形成了脱离乡村并与乡村相对立的城市。[1] 城市的兴起和发展使手工业者和商人获得了巨大利益，但同时出现了竞争，各行手工业者和商人为了维护自身利益，结成联盟，共同对抗外界的威胁和压迫，这样就形成了各种行会组织。各种行会组织都有自己的规则和管理制度，在中世纪经济管理中发挥着重要作用。随着城市工商业的发展，城市的优越地理位置吸引了越来越多的人，其中包括以探究学问、追求理性为主要目的的学者，他们的到来为大学诞生奠定了基础。这些学者为了维护自身利益，追求独立和自治地位，也和其他行会组织一样组成了学者的行会。学者在探求知识、追求真理的过程中，也要培养学习者和继承者，于是出现了专门以追求高深学问为主的学生群体，学者和学生共同组成了学者行会，这正是前文所说的中世纪大学的含义。由此看来，中世纪城市的产生和工商业的发展直接推动了中世纪大学的产生。

城市为大学的存在和发展提供了地理空间和物质条件。中世纪大学最初的选址具有很大的偶然性，很多中世纪大学最初是随着学生和学者行会自发形成的，因此大学的选址很难提前规划好。经济条件好、位置优越的城市自然会成为学者的首选之地。此外，由于当时的大学没有固定校舍，师生上课的地方主要租借市政厅等公共场所，学生主要租住市民的房屋，因此，中世纪大学与所在城市政府、教会、市民建立了广泛而密切的联系，离开了城市政府、教会和市民的支持，大学难以存在和发展。

在欧洲中世纪的"黑暗时代"，城市生活总体处于衰落阶段，学习活动主要在修道院进行。12—13世纪，学习活动从修道院转入世俗牧师主办的教会学校，后来在大学中进行。当时，承载学习活动的这些机构，特别是大学，深深融入城市环境。例如，12世纪出现的第一批大学（博洛尼亚大学、巴黎大学和牛津大学）都建立在重要的行政和司法中心，而且很快得到了教会的认可，因为它为教会提供了所需要的人才。13世纪初，一批学生认为自己的

---

① 曹玉杰：《探寻大学、城市之源与缘——西欧中世纪大学与城市关系探究》，华东师范大学硕士学位论文，2009年。

权利没有得到地方主教的适当保护，纷纷离开所在的大学，他们没有在荒野上重新建立自己的学术机构，而是搬到另一座城市，如来自牛津大学的学者于 1209 年在剑桥建立了剑桥大学，来自博洛尼亚大学的学生于 1222 年建立了帕多瓦大学。①

随着中世纪大学的发展，到了 14—15 世纪，大学学院出现，以巴黎大学为代表，形成了文学院、法学院、神学院、医学院，但这并没有将大学与城市分离开。随着大学不断以增加财富为目的，大学吸引了众多捐赠基金，越来越成为私立机构。但大部分大学规模都比较小，最多一两个学院，因此只有一小部分人能够享受这种大学的捐赠基金。到了 15 世纪，大部分大学和学院的捐赠都大大减少。在 16 世纪和 17 世纪初的通货膨胀过程中，到 1650 年为止，巴黎大学学院所拥有的慈善基金比一个半世纪以前大大减少。只有牛津和剑桥成功地转变为学院制大学。但在 1500 年之前，即使牛津和剑桥的大部分学生也都住在学院之外。② 由于大学很少获得大量捐赠，甚至常常得不到捐赠，因此，教师不得不租借自己上课的教室，学生也不得不寻找自己的住宿场所。只有规模较大的城市才能提供必要的宿舍和学者团体所需要的各种设施。教师试图通过租借学生生活和学习的全部房屋使自己在经济上获得收益。但是，大学越成功、越具有吸引力，学生的数量就会越多，特别是高级学院中年长的学生更多，他们都需要自己的宿舍。因此，大学从一开始就需要城市。

（二）大学的存在为城市带来巨大经济利益

城市并非单方面为大学提供各种支持，它们从一开始就看到了大学带来的好处。大学里的师生必须要住宿、吃饭和穿衣，因此，大学的存在为城市带来了巨大的经济利益。欧洲统治者很快就认识到了大学存在的价值，于是在自己的行政中心建立类似的机构，为自己培养博学的公务人员。到 14 世纪末，在罗马和阿维侬这样的天主教城市，在意大利的众多城邦（city

---

① Laurence Brockliss, "Gown and Town: The University and the City in Europe, 1200—2000", *Minerva*, 2000, 38(2), p153

② Laurence Brockliss, "Gown and Town: The University and the City in Europe, 1200—2000", *Minerva*, 2000, 38(2), p153.

states)以及那不勒斯王国(kingdoms of Naples)、法国、波希米亚(Bohemia)、葡萄牙(Portugal)和奥地利大公国(grand-duchy)等国家的首都,大学机构开始发展起来。到 15 世纪,市政委员会(municipal councils)请求他们的最高统治者,为了促进城市的繁荣,应该在城市中建立大学。正是由于这个原因,1425 年建立了鲁汶大学(Leuven)。鲁汶市为鲁汶大学的建立提供了许多条件。例如,鲁汶市提供了必要的建筑。而且,鲁汶市还承担了吸引教师和支付教师工资的所有开支,并且对外宣传鲁汶大学的建立。① 正是由于城市的大力支持,鲁汶大学成为一所根基牢固的大学,这也是它快速发展的重要原因。宗教改革时代对博学的牧师和受过大学教育的律师的需求日益增加。因此,到 1700 年,欧洲大部分大城市都有了大学或类似于大学的机构,只有少数例外,如伦敦。

(三) 大学与城市之间的矛盾冲突

尽管大学与城市从一开始就是一种共生关系,但这并不意味着二者总是相互依赖的。城市自治和市民追求自由的精神为大学师生维护自身权利树立了典范,使中世纪大学获得了广阔的自主发展空间,为大学的学术自由和大学自治奠定了基础。中世纪是教权与王权并存的时代,作为新生事物的大学就是在封建教权、王权、城市等诸多力量的夹缝中自发产生并发展起来的。② 教权与王权的冲突为大学提供了宝贵的生存空间,同时,教皇或封建王权赋予大学的权力,使大学成为一个特权机构。尤其到了中世纪晚期,大学发展成教师(巴黎大学模式)或学生(博洛尼亚大学模式)自治的机构。在大学当局、市政当局以及王权和教权的较量中,大学获得了比城市更多的权力。当教师的教学出现问题时,根除其中异端邪说的往往是教会或者国王,而不是城市。同时,城市控制学生的权力也有限。大学作为一个特权机构,其特权有时候仅仅是财产方面的,例如学生和教师通常享有携带酒和食物、免除消费税的权利。但有时候也有一些司法上的特权,如巴黎大学的学

---

① Laurence Brockliss,"Gown and Town:The University and the City in Europe,1200—2000",*Minerva*,2000,38(2),p.153.

② 曹玉杰:《探寻大学、城市之源与缘——西欧中世纪大学与城市关系探究》,华东师范大学硕士学位论文,2009 年。

生有权在城市首席官员面前撤回任何涉及其利益的案件。而在牛津大学和剑桥大学,学生几乎完全在城市当局管辖之外。学生的犯罪案件即使涉及普通市民也是通过大学自己的法庭解决,而这种处理往往对学生很宽容。

大学独立于市政和教会之外,获得了多种特权,正是由于大学的这种特权和在城市中的独立性,使得大学当局和市政当局之间权力纷争频繁,引发了大学师生和市民之间的矛盾冲突。这在中世纪初期大学特权处于最高峰时表现得尤为突出。普通市民对大学师生的特殊地位感到愤恨,因此常常发生暴力冲突。其中最著名的一次是1355年2月10—12日发生于牛津大学的暴力冲突。事情源于一次宴会中酒馆主人与一群学生因酒的质量引发的争吵。类似的事情在牛津大学和中世纪晚期的其他大学中非常普遍,但在这次事件中,当酒商的朋友敲钟号召市民为自我防卫做准备时,局势失去了控制。争吵演变成了严重的流血冲突,很多学生受伤,甚至死亡。最终,学生除了离开这座城市别无选择。① 不过,有时候学生也和市民一样充满暴力。1557年发生于巴黎大学的学生骚乱就是一次1968年以前历史上最著名的学生骚乱事件。②

到18世纪,大学与城市之间的冲突事件大大减少了。只有当学生在追求知识的过程中过分地破坏了城市的规范时,大学与城市之间的冲突才会比较严重。其中一个引起争议的问题是始于16世纪初的掘墓盗尸行为。当时医学教授认识到学生既要学习关于人体的理论知识,还需要进行实践练习,从哪里获得足够的可用于解剖的尸体就成为一个问题。19世纪之前,很多国家只有被处死的罪犯的尸体才可以被作为解剖之用。法国在大革命后通过允许解剖死于医院的穷人的尸体解决了这一问题。随着医学市场规模的不断扩大,医学院的学生迅速增加,而尸源供应不足,为此有些人采取了"掘墓盗尸"做法,大不列颠及爱尔兰联合王国的这一做法在爱丁堡导致了大学与城市之间的暴动。1832年通过了《解剖法》(Anatomy Act)才解决

---

① Laurence Brockliss, "Gown and Town: The University and the City in Europe, 1200—2000", *Minerva*, 2000, 38(2) p.155.

② Laurence Brockliss, "Gown and Town: The University and the City in Europe, 1200—2000", *Minerva*, 2000, 38(2) p.156.

这一问题。①

二、近代大学与城市的关系

(一) 近代欧洲高等教育改革与发展

19 世纪,随着产业革命的不断深化及工业化和城市化进程的加快,社会对科技和人才的需求日益增加,高等教育在此背景下发展迅速。18 世纪至 19 世纪中叶,欧洲大学掀起了改革运动,一批新大学和新学科建立起来。

改革以 18 世纪德国两次大学改革运动拉开序幕。第一次改革运动源于哈勒大学,结束于 18 世纪中叶,标志是哈勒大学、哥廷根大学和埃朗根大学的创办,其中以前两所更为突出。② 哈勒大学是欧洲第一所现代意义上的大学,在其创立和发展过程中,托马西乌斯、弗兰克、沃尔夫等人做出了重要贡献。托马西乌斯反对经院哲学和迂腐学术,力图将科学和大学教育与实际生活联系起来。因此,在哈勒大学期间,他废除了中世纪大学传下来的经院主义课程,使哲学脱离神学而独立,并最先采用德语讲课,打破了拉丁语在大学教学中的垄断地位。在他的领导下,哈勒大学成为德国 18 世纪新文化思想的指导中心。沃尔夫在哈勒大学工作期间崇尚理性,在大学讲授哲学、物理和数学,他的哲学主要以数学和自然科学为基础,而且与托马西乌斯一样用德语讲课。经过改革,哈勒大学打破了以往的教条主义教学原则,发展了现代哲学和科学,为创造性科学研究奠定基础。哥廷根大学的创办者闵希豪生坚持将传统与进步相结合,在保持传统实践的基础上,在哥廷根大学推动课程现代化改革。他首先削弱了神学在大学的地位,提高了哲学与法学课程的地位,此外,还开设了心理学、自然、政治学、物理学、自然史、数学、历史学和语言学等课程,重视科学研究,推动了哥廷根大学向近代的转变。第二次改革运动是在第一次改革运动基础上的继续。哈勒大学和哥

---

① Laurence Brockliss,"Gown and Town:The University and the City in Europe,1200—2000",*Minerva*,2000,38(2),pp.157-158.

② 贺国庆,王保星,朱文富等:《外国高等教育史》,人民教育出版社 2003 年版,第 132 页。

廷根大学的改革在德国高等教育界产生了重要影响,许多大学认识到哈勒大学和哥廷根大学改革的积极意义,于是纷纷效仿,18 世纪中后期,改革波及更多高校,有力地促进了德国大学从中世纪向近代大学转变。18 世纪的大学改革运动影响深远,使大学开始呈现生机勃勃的发展势头和良好的发展前景,在德国高等教育发展史上具有重要意义。

18 世纪两次德国大学改革运动以现代哲学和自然科学为武器,对传统大学进行了批判,提出了建立现代大学的理想,这是对大学现代化的有益尝试,为 19 世纪柏林大学的创办奠定了思想和制度基础。在上述两次改革的影响下,德国著名学者威廉·冯·洪堡创办了柏林大学,提出了学术自由、教学与科研相统一等办学原则。其教育改革思想的提出以及柏林大学的创立为世界高等教育发展做出了重要贡献,使得科学研究和创新成为大学的重要职能,大学不再仅仅讲授古典学科和传播已有知识,而且与时代发展和社会进步相结合,为世界高等教育现代化发展提供了思路。

19 世纪中叶至第二次世界大战前,高等教育有了进一步的发展,一方面,柏林大学模式向其他欧洲国家及北美地区扩展;另一方面,高等教育朝着实用化方向发展,"社会服务"成为大学的第三大职能。欧美各国开启了高等教育变革的浪潮。在这场变革中,越来越多的新大学建立起来,传统大学也走出象牙塔,与社会、区域以及所在的城市建立起更广泛的联系。例如,英国在 19 世纪掀起了城市大学运动,在一些经济比较发达的城市创办大学,专门服务于城市经济的发展,培养满足城市发展需求的专门技术人才。德国在 19 世纪 70 年代将科学技术大学升格为工科大学,加强技术方面的研究,并设立研究所,加强自然科学的应用研究,突出科学研究的实用性。19 世纪末至第一次世界大战前,德国还建立了为当地服务的专门学院,开设满足时代需要的实用技术类课程。

高等教育的实用化走向推动了世界高等教育的发展,不仅使高校的规模扩大,类型多样化,而且促进了高校与区域的直接互动。无论英国还是德国,新建立的高校大都以促进地方经济发展和满足社会需要为主要目的,学科设置重视社会需要,增加了工程技术等学科。尤其是城市大学的建立和发展,将满足城市经济发展作为主要目的,使高校与城市的互动更直接,它们之间的资源依赖程度也更深。城市政府和企业为城市大学的发展提供了直接的政策和物质支持,城市的大学则在城市经济发展、文化提升方面发挥了不可替代的作用。

(二) 大学与城市之间的互动

随着高等教育的发展,欧洲大学与城市的关系有了很大改善。大学与城市之间由"市民"与"学人"之间的冲突转向大学与城市之间更广泛的合作。这种改善一方面源于高等教育规模的扩大,另一方面源于城市化进程的加快。1870年以后学生数量迅速增加,城市化的发展很容易将学生吸引到城市,因此,19世纪前3/4时间建立的一批新大学大都建在大城市。例如,1810年柏林大学在柏林建立,1822年马德里大学在马德里建立,1836年,伦敦大学在伦敦建立。[①] 随着越来越多的大学在城市建立,大学与城市的关系越来越密切。这主要表现在大学教授与城市的关系更加密切、大学与城市在空间上融合在一起。

第一,大学教授与城市的关系更加密切。

传统大学中的三类专业学院(法学院、神学院、医学院)一直与城市有联系,到了19世纪,这些学院的教师在城市中承担着更多大学之外的角色,例如,神学家承担着牧师的角色,法学教授可以参与地方法院的工作或为城市提供法律建议,医学教授则可以在城市精英中从事利润丰厚的行医工作。[②] 首先,这反映了洪堡的大学理念——大学是一个创造知识和教学的机构。随着医学教育和研究越来越集中于城市的医院,城市成为一个巨大的实验室。由于医院在医学科学中的重要性,医学教授和学生与整个城市社区有了更密切的接触。而且,由于19世纪的许多社会问题也被看作医学问题,医学教授成为城市中的专家,人们不仅向他们寻求关于医学问题的建议,还向他们寻求防止城市犯罪和贫困的答案。其次,很多教授直接参与城市政

---

① Laurence Brockliss, "Gown and Town: The University and the City in Europe, 1200—2000", *Minerva*, 2000, 38(2), p.159.

② Laurence Brockliss, "Gown and Town: The University and the City in Europe, 1200—2000", *Minerva*, 2000, 38(2), p.159.

策的制定。以往控制城市生活的统治者大都有商业背景，几乎没有接受过大学教育。相反，在自由主义和新生的政党政治中，大学教授也获得了追求国家或城市中政治职业的自由。

建立于 19 世纪末的大部分大学是城市的基础，它们都是为所在城市的经济需要直接服务的。大学课程也不仅仅局限于传统的科学，而是以新的应用学科为主，如工程和工业化学等。从一开始，大学教授就和地方企业家、工厂主之间建立了密切联系，大学被看作城市经济的一个分支。很多禁闭在象牙塔中的大学教授希望将自己的知识用于地区发展和社区服务中。19 世纪末 20 世纪初，在一些城市，市政府在很大程度上依赖于大学教授的贡献。[①] 随着科技的发展，大学里的自然科学和工程技术等学科发展迅速，到了 20 世纪，几乎所有的大学都包含了技术学科的教学，社会和医学工作者发现需要给初学者提供适当的学习内容和练习机会，这些机会需要在与当地城市和社区的合作中寻找，因此，这些城市与大学更加密切地联系在一起。同时，大学教师仍然参政议政。

第二，大学与城市在空间上融合在一起。

由于“市民”与“学人”的融合，城市与大学在空间上也难以再区别开来。中世纪，大学在空间上都是规模比较小的机构。因为大学的教学主要是理论上的，除了教室或演讲厅，大学不需要其他的“工厂或车间”。因此，大学的教室和校舍是和城市的教会和市政厅等融为一体的，教室主要租用教会和市政厅，学生的校舍则借用民居。而且，当时的大部分大学或学院还没有图书馆，直到 18 世纪才出现图书馆。例如，欧洲最古老的医学教学中心蒙彼利埃(Montpellier)大学在 19 世纪之前是由一个围绕庭院的四方形建筑构成的。[②] 学科的分化和自然科学的繁荣逐渐增加了对实践、实习的要求，因此需要建立许多新的教室和实验室，大学在空间上的范围越来越大，而且建筑越来越专门化。

---

① Laurence Brockliss, “Gown and Town: The University and the City in Europe, 1200—2000”, *Minerva*, 2000, 38(2), p.160.

② Laurence Brockliss, “Gown and Town: The University and the City in Europe, 1200—2000”, *Minerva*, 2000, 38(2), p.162.

随着柏林大学的建立和洪堡理念的影响，大学不再仅仅是教学的机构，而且是研究机构，这种理念的发展也促进了大学空间的进一步扩大。从 19 世纪中期开始，科学研究，特别是工程技术成为大学里的学科以后，这些学科要求更大的空间和更豪华的建筑。加之学生数量的急剧增加，大学规模不断扩大，对空间的需求越来越高。在英国，19 世纪末的第一批城市大学，如曼彻斯特大学、利兹大学和利物浦大学都建在工业中心地带。但是，在战争年代，牛津大学和剑桥大学对英国学术生活的影响依然很大，最后一批城市大学（著名的有雷丁大学和诺丁汉大学，分别在 1926 年和 1948 年获得皇家特许状）由于私人赞助被有意建在了大片的停车场上。因此，随着学科的扩展和学生宿舍的发展，校园建筑建在单一综合的、美化的地方也成为可能。

在建筑风格上，近代大学与中世纪大学也有很大区别。19 世纪以前，大学的校舍成为很容易满足人们新的需要的公共空间。大学和城市的教会、市政厅等共同成为人们到城市参观旅游的“景点”。但是，从 19 世纪中期开始，大学逐渐失去其空间上的完整性，在建筑上的独特性也逐渐消失。在大学校园里，不仅有一些为了吸引市民眼球的设计优美的城市建筑和工业建筑，而且建筑风格也不再具有任何功能上的特征。[①] 校园建筑和城市建筑融合在一起，在风格上也越来越趋于一致。

三、现代大学与城市的关系

第二次世界大战结束以后，欧洲各国逐渐认识到高等教育对国家经济、科技以及综合国力的影响，政府鼓励发展高等教育。同时，原殖民地国家获得了独立，民族主义思潮泛滥；加之各国教育民主化思潮的影响，第二次世界大战结束后世界高等教育进入迅速发展时期。第一个特征是国家开始介入高等教育事务，通过法律、政策和经济手段影响和支持高等教育发展，尤其支持高校科学和工程技术等学科和研究的发展。第二个特征是社会产业

① Laurence Brockliss，“Gown and Town：The University and the City in Europe，1200—2000”，*Minerva*，2000，38(2)，p.163.

界开始与高校合作。企业或个人通过多种形式资助高校，甚至自己举办高等教育；或者企业和高校开展多种形式的合作，如大学针对社区需要开展的拓展课程、高校与所在区域共建科技园等。第三个特征是高等教育大众化的发展。第二次世界大战结束以后，各国政府认识到科技人才对国家的重要性，加大对高等教育的投入，欧洲大陆大多数发达国家开始向高等教育大众化阶段迈进。例如，英国 1963 年发表的《罗宾斯报告》提出所有在能力和成绩上合格的学生都应有获得接受大学教育的机会。① 在大众文化时代，"市民"和"学人"在日常生活、行为规范和政治忠诚等方面不再有区别。第二次世界大战结束后世界高等教育发展的这些特征在一定程度上为高校与城市互动奠定了政策基础和经济基础，大学与城市之间的互动更加全面、深入，二者以前所未有的方式更多的联系在一起，无论在合作的形式和内容上都更加深入且广泛，二者的关系也由局部的合作转向了全面融合与共生。

（一）大学成为城市生活的一部分

随着大学与社会联系的日益密切，大学在社会中发挥的作用越来越重要。社会对大学的期待也越来越高，不仅希望它成为教学、科研和社会服务的机构，而且希望其能够满足更多的经济和社会目标。"当前人们期望大学与各利益相关者合作，并在各个领域推动科技转化和创新。"②在这一背景下，大学在推动城市发展的作用也逐渐被认可。在大城市中，大学通常给所在社区带来影响；而在小城市或城镇，大学则给整个城市带来影响。城市政府认识到大学在城市改造和发展中的作用，希望通过大学师生及其本身促进城市的发展。

城市发展始于 20 世纪 50 年代初期的美国，随后联邦政府制订了大量城市更新计划，州政府和城市政府也参与其中。在美国影响下，英国撒切尔时代也开始讨论大学在城市发展中的作用，并在 20 世纪 90 年代影响其他国家。大学之所以愿意参加城市改造和发展运动，一方面是因为公共资助减

---

① 杨汉清主编：《比较教育学》，人民教育出版社 2015 年版，第 188 页。

② Katrin B.Anacker and Uwe Altrock."From Conversion to Cash Cow? The University of Lüneburg, Germany", In Wim Wiewel and David C.Perry (eds.). *Global Universities and Urban Development: Case Studies and Analysis*. Cambridge: Lincoln Institute of Land Policy, 2008, p.40.

少,希望参与城市发展项目获得更多地方资助;另一方面,大学希望通过参与城市活动获得更多空间,以便更好地支持科研、学生住宿、娱乐等。此外,大学出于形象和安全的考虑,也希望改善所在社区的生活。在这些动机的激励下,大学积极参与到城市经济发展和社会改造当中。

第二次世界大战结束以后,世界高等教育规模发展迅速,入学学生大量增加。例如,法国大学在1960—1970年,实际的学生人数从21万激增至60万。[①] 随着高等教育规模的发展,发达国家的高等教育逐渐向大众化阶段过渡。在高等教育大众化时代,越来越多的城市人口在生活的城市接受教育和训练,并在一定程度上将大学看作其身份象征的一部分。大学通过为地方服务及开展教育和培训活动提高当地政府、公共服务部门和居民的管理水平和文化素质。在一次调查活动中,牛津大学的一位年轻专业人员指出:"拉德克里夫医院(Radcliffe Hospital)的高质量标准在很大程度上得益于高校的训练",而一位退休人员认为,"大学提高了地方政府的标准……可以获得特殊的信息和经历"。[②] 一些大学还与当地中小学合作,通过与中小学建立伙伴关系或师生志愿者服务等方式为当地中小学的教师专业发展和教学服务。不仅如此,大学自身的声誉和影响等也会吸引更多教师到当地中小学任教。此外,地方社区开始逐渐融入大学文化,并与大学共享体育和文化等公共设施。例如,在对英国大学与所在城市关系的调查中,人们认为大学有意或无意地提供了地方居民也可以使用的设施。雷丁大学(Reading)的一位销售代表告诉大家:"例如一些音乐设施,(大学的)合唱团向所有人开放……如果不是因为大学的话,雷丁作为一个小城市很难提供所有这些活动;而一位牛津的工厂工人指出,大学使人们有机会免费观看一流的板球运动。"[③]大学广泛参与城市的政治、经济和文化生活,使得大学师生在城市的归属感进一步加强。

(二)大学与城市通过大学"科技园"联姻

在新技术时代,地方工商业的发展需要大学专家提供建议,而大学里的

---

① 黄全乐,李涛:《大学与城市:法国大学校园变迁的启示》,《新建筑》2004年第5期。

② Peter Collison, *Oxford Town and Gown*, Birmingham Amberley Publishing, 2011, p.61.

③ Peter Collison, *Oxford Town and Gown*, Birmingham Amberley Publishing, 2011, p.61.

科研人员也在寻求地方工商业的经济资助,并为自己的科研成果寻找应用空间。在双方资源相互依赖的背景下,欧洲大学与城市的联姻通过大学"科技园"得以实现。

英国大学科技园建设始于20世纪70年代末。面对当时工业萧条和失业人口剧增,同时在美国硅谷模式的影响下,英国政府开始制定一些鼓励政策,推动大学科技园建设。1979年,萨里大学(Surrey University)首先开始申请建设大学科技园,到21世纪初,英国已经建成53个大学科技园,对英国经济和城市发展产生了积极推动作用。首先,在科技园发展初期,大学在其中发挥了重要作用,有些科技园本身就是大学投资或参与投资建设的,因此,大学与科技园之间联系密切。其次,大学拥有人才和科研资源优势,为科技园内的企业提供了强大的智力支持,大学里的管理人员和教师甚至直接参与科技园区的管理和研发工作。以萨里大学科技园为例,学校派出8位管理人员负责管理园区的近百家企业。[①] 科技园一般实行董事会制度,董事会通常由学校、地方政府和投资商三方组成,其中大学教授和博士生是重要成员。第三,大学里面的实验设备、科技成果甚至图书资料都可以作为科技园的信息资源,为科技园发展提供得天独厚的条件。大学科技园则为大学师生提供了实践场所,很多大学教师与企业合作,转化科研成果,用于科技创新和促进地方社会发展的实践,有些教师甚至与科技园合作创办自己的公司;而学生则获得了更多实习和实践机会,这对工程技术专业的学生而言尤为重要。此外,大学科技园作为一个与市场和创新联系密切的组织,能够向大学及时反馈最新信息,使大学的科研和人才培养能够根据企业和市场的要求及时进行调整。二者在相互依赖与互惠中形成了良性互动。

(三)大学在空间上与城市景观相融合

20世纪60年代以后,欧洲高等教育规模迅速扩大,随着学生数量的增加和学科发展的需要,大学需要更多的空间,原来的校舍已经不能满足需要,大学逐渐扩大校区和校舍。一些国家的大学在中心城市之外的郊区新

---

① 尹余生,曹斌,勾海林:《英国大学科技园运作模式及对我国的启示》,《广东科技》2003年第12期。

建校区,形成大学城;一些国家则在原来的基础上有效利用城市空间,在城市的不同地方建立各个学院的教学楼,成为多校区的机构点缀在城市景观周围。这正是今日欧洲大学的形象。位于城市的典型大学都有一个核心的、具有大演讲厅的功能性行政大楼,大学几乎全部由一系列不同的学科空间、自治机构、学生宿舍组成。20 世纪 80 年代,德国吕内堡大学(University of Lüneburg)入学人数激增,导致教室不够用,吕内堡大学在吕内堡市的很多地方建立了校舍,师生在不同区域通勤上课。当我们漫步在柏林大学周围时,看不到它的围墙和大门,其各个学院分散在城市中,与其他的城市建筑融合,只有通过建筑物上的名字才能知道是哪个学院。20 世纪 90 年代以来,法国国民教育、高等教育与研究部提出了“让大学重返城市”的规划,坚持“在城市心脏地区建设、发展大学,让大学融入城市”。① 负责法国大学改革项目的学者法兰新·德密歇尔(Francine Demichel)强调,大学的未来发展就是一种杂交行为——内在的杂交、文化的杂交、多学科的杂交,更是城市的杂交。② 到了 21 世纪,许多大城市的大学常常成为一个简单的想象空间。大学已经失去其最初的空间特征和独立性,而是与城市景观融合在一起。特别是在现代建筑的影响下,这种趋势更加明显。

第 2 节 欧洲高校与城市互动机制分析

一、高校与政府的互动机制

欧洲高校建于城市中以后就与城市结下了不解之缘,交通便利、贸易发达的中心城市往往成为中世纪大学的理想之地。因此,高校从一开始就与城市政府建立了联系,此时的互动主要基于高校与城市之间的资源交换以及大学权力与市政权力、教会权力之间的相互制衡。随着高等教育规模的

---

① 赵俊芳:《若即若离的大学与城市》, http://www.npopss-cn.gov.cn/n/2012/0705/c219573-18450116.html,2017 年 11 月 13 日。

② 黄全乐,李涛:《大学与城市:法国大学校园变迁的启示》,《新建筑》2004 年第 5 期。

扩大、学科的分化和城市化进程的加快,高校与城市之间的互动从简单的资源交换扩大到城市对高校学科和人才的依赖,大学教授与城市建立联系,国家加强对高等教育的干预,政府权力逐渐加强,教会权力则逐渐退出。在高校与城市的互动问题上,高校不仅与城市政府之间联系密切,中央政府的区域政策也影响二者的互动。到了现代社会,欧洲各国进入高等教育大众化时代,此时高校与城市的内部关系和早期完全不同,而且,城市也于几百年的发展中在结构和功能等方面发生了很大变化,高校逐渐融入城市,不仅在空间上与城市融为一体,而且互动主体、互动内容逐渐多元化,在保证高校自治和学术自由的基础上,高校与政府之间形成了互利合作的互动机制。

在中世纪,城市政府就为大学提供了学习场所和学生宿舍等物质条件,教师和学生主要是租借市政厅作为教室,市民住房作为宿舍。同时,市政府也要求大学师生能遵守城市的法律、规范,但大学往往强调自己的特权而与市政当局发生矛盾冲突,因此二者寻求合作的过程并非一帆风顺。在不同城市,大学与城市的关系有很大差异。牛津城市委员会和大学之间以一种互相不理解的方式看待双方面临的问题;而在鲁汶市,大学与城市共同合作寻找克服困难的出路,从而使双方受益。随着大学入学人数的激增和空间的扩大,许多大学的管理者在思考如何在当地城市中找到建立公共设施和学生宿舍的空间。另外,市政当局也在考虑,在衍生企业(spin-off company)发展的时代,大学是潜在的高科技资源,可以带来财富并解决就业问题。同时,他们也担心大学的扩张会对商业和私人出租不利,并影响城市的传统特征。

二、高校与企业的互动机制

欧洲制造尤其是德国制造、瑞典制造、英国制造能够成为世界精品和豪华品牌的代表,成为卓越品质和严谨标准的代名词,与欧洲各国重视教育、科技和智力资源的结合和使用密不可分。当然,这种结合在欧洲不同国家是不平衡的。例如,英国作为工业革命的起源地,产学合作历史悠久,经验丰富,英国品质和品牌早已蜚声世界。同样作为工业革命的中心,法国的产学合作也取得了一定的成就，达到了一定的高度和水平。而后发的德国、瑞典、瑞士等，也通过产学合作，实现了快速发展。众所周知，早期的德国制造曾经是欧洲粗制滥造的代表，产品在市场上的口碑极差，缺乏竞争力。而德国高校也以注重基础研究、刻板守旧著称，大学注重纯理论思辨和研究，而不太关注市场推广和技术转化。理论和应用的脱节，知识、技术和市场的相互独立，是造成德国产品品质粗劣，市场认可度低，缺乏全球竞争力的重要原因之一。20 世纪初，在政府的大力推动下，德国工业界和高校开始接触和合作，同时大力发展职业技术教育。以柏林工业大学、慕尼黑工业大学、亚琛工业大学、斯图加特大学等为代表的一批新兴高校，积极和企业合作，通过共建实验室、共同研究、委托研究等方式开展合作，形成伙伴关系，共同解决技术难题，实现互利共赢。通过高校和企业的合作，解决了原始创新、技术研发和成果转化问题；通过发展职业技术教育，解决了工匠和工艺问题。正是依赖于这两大法宝，德国制造迅速超越英国制造和法国制造，成为欧洲的领头羊和质量标准。戴勒姆、西门子、大众、宝马这些德国公司早已成为世界性的品牌企业。

依靠高校和企业的互动，以及大力发展职业技术教育，德国不仅摘掉了粗制滥造的帽子，而且成为世界精品工厂，在汽车、电子设备、精密仪器、大型机械设备制造等方面位居世界前列。2017 年德国有多家企业进入世界 500 强。著名的企业有大众公司、意昂集团、戴勒姆股份公司、安联保险集团、西门子、宝马集团、巴斯夫公司、麦德龙、慕尼黑再保险公司、德国电信等。从覆盖的行业来看，银行业 7 家，车辆与零部件 6 家，化学品 3 家，能源 3 家，财产与意外保险 3 家，批发保健 2 家，金属产品 2 家，专业零售 1 家，医疗设施 1 家，公共设施 1 家。从总部所在城市来看，有 7 家企业的总部在慕尼黑，5 家在埃森，4 家在汉诺威，4 家在法兰克福，3 家在杜塞尔多夫，2 家在斯特加特，2 家在波恩，各有 1 家在勒沃库森和卡尔斯鲁厄。① 这些企业不仅和本国许多大学建立了合作关系，有的还在其他国家和地区建立研发中

---

① 《500 强情报（德国）》，http://www.fortunechina.com/search/company/country/德国，2017 年 11 月 11 日。

心，和当地的大学、企业等有合作关系，例如宝马公司除了在总部慕尼黑建有最大的研发中心，还在中国上海、中国沈阳、英国牛津、美国密歇根州安娜堡、美国加州、日本东京等地建立技术研发中心，这些中心都和大学有不同程度的合作。

三、高校与社区的互动机制

欧洲是一个地域狭小、人口密集、高度城市化的地区，这就决定了街道和社区是欧洲城市重要的基层组织。与北美地区的社区相比，欧洲的城市社区有这样几个显著的特点。第一，社区古老而集中。欧洲是现代文明的摇篮和发源地，城市化起步早，水平高，历史悠久；社区居民的居住空间、活动空间都比较集中，这种集中有利于统一管理，有利于集体活动的统一开展。欧盟一体化实际上也是国家、社会、城市和社区的一体化。如果没有历史文化方面的相同传承以及社区文化的相互认可和接纳，欧盟的一体化进程也不可能顺利完成。第二，社区整体品质较高。欧洲的社区大多设施完善，无论是生活设施、体育设施还是文化设施，居民素质、受教育水平等整体较高。欧洲是现代大学的起源地，是世界上大学最集中、最发达的地区之一。高度的文明和发达的高等教育在社区生活中也有显著体现。第三，高校和社区结合紧密。与北美许多高校建在乡村和郊区相比，欧洲的大学大都建在城市和社区，甚至有大学就是社区，社区就是大学的情况。第四，老龄化问题严重。欧洲是世界上婴儿出生率最低的地区之一，人口老龄化问题日益严重，引发了很多社区问题。例如，人口的老龄化降低了社区的活力。

为了振兴欧洲社会经济，复兴欧洲曾经的辉煌地位，欧洲各国都开始行动起来。例如通过“博洛尼亚进程”加速推动欧洲高等教育一体化，实现学位、学分和学历的相互衔接和承认；采取措施提高高等教育的质量和水平，例如实施“精英大学计划”，采取政府集中投资的方式重点建设一批世界一流大学等。从高校的角度来说，随着欧洲高等教育学龄人口的减少和教育资源的日益短缺，高校也开始积极行动起来，更多地参与地区、城市和社区服务。譬如,荷兰莱顿大学建立了商业合作和研究联盟机制,为企业和社区提供合作研究、委托研究、技术指导和技术咨询等方面的服务。正如莱顿大学在其最近颁布的五年战略规划中所指出的,莱顿大学所有战略目标的达成,都需要建立在地区性的、区域性的和国际性的合作网络的基础上,需要和本地的兄弟院校、政府、企业等开展合作。例如,莱顿大学和代尔夫特理工大学、鹿特丹伊拉斯姆斯大学合作建立了德尔塔医学中心,通过这个医学中心开展合作研究、医学教育,并为本地区提供人员培训、医疗咨询和服务等。此外,莱顿大学还和海牙、荷兰南部地区的很多政府机构、企业和其他机构建立了合作关系。① 总体而言,由于各方面的原因,欧洲高校和社区的关系还不够紧密,相关的互动活动也不够活跃,而且各国高校与社区的互动水平也有很大的差异。这种脱离社区的现象,或许与欧洲大学正处于追赶过程有一定的关系。

第3节 典型案例分析

一、从“传统”到“现代”的蜕变:牛津大学与牛津城的互动

一所大学的诞生与发展与其所在的城市有着不可分割的联系,城市为大学的发展提供了空间和资源,大学为城市的发展增添了灵气与动力,为所在地区提供服务是大学十分重要的社会责任,城市发展离不开大学对人才的培养和科技文化的创新。牛津大学作为英国乃至世界的一流大学,其发展历程与牛津城联系紧密。纵然牛津大学在过去是保守的、高傲的,与牛津城冲突不断,但是,“时间治愈一切”,二者的命运逐渐在磨合中融为一体。曾作为“象牙塔”的牛津大学在冲突中走向“世俗”,走向现代化,成为牛津城发展的主要推动力量;牛津城对牛津大学的包容,也换来了牛津城独有的

---

① “Freedom to Excell”, http://media.leidenuniv.nl/legacy/institutional-plan-2015-2020-proef-2.pdf, 2017年11月11日。

人文魅力与走向世界的信心。

（一）牛津大学与牛津城的历史渊源

牛津是泰晤士河谷地的主要城市，早在 1096 年，讲学就已在牛津存在，牛津大学是英国最古老的大学之一，始于 1167 年。当时亨利二世禁止英国学生到法国巴黎学习，于是英国学者聚集于牛津城，从事教学与研究工作，牛津大学随之逐渐得到发展，牛津因此成为牛津大学的孕育之地，而学者和学生的到来也为牛津城增添了人气，繁荣了牛津城的发展，但是牛津大学与牛津城的关系的发展并不是风平浪静的，而是在不断地磨合中走向共生。13 世纪牛津大学学生与市民之间的冲突将学生宿舍与居民隔离开来，由此催生了贝利奥尔学院（Balliol College）和墨顿学院（Merton College），学院制也随之形成。[①] 牛津大学自成立伊始便成为宗教和政治争端的中心。由于得到教皇和国王的庇护，牛津大学享有占据城市优质资源和城市管理的特权。18 世纪至 19 世纪，牛津大学在维多利亚时代即工业革命时期，逐渐远离政治争端，进行科学研究和宗教复兴，后又随着宗教改革，牛津大学逐步走出了“象牙塔”，开始向“世俗化”发展，其传统的精英教育受到挑战，牛津大学逐渐对外开放。20 世纪下半叶以来，牛津大学传统上由富人阶层主导的局面不再，更多的平民子弟进入牛津大学[②]。牛津大学先后建立了 5 所女子学院，推动女子教育的发展。20 世纪和 21 世纪初，牛津大学在加强以人文科学为核心科学研究领域之外，加大对自然和应用科学的研究，这样巩固和提升了牛津大学在学术上的国际中心地位。[③]

可以说，牛津城的发展是以牛津大学的发展为主导的，由大学控制城市发展转变为大学带动城市发展。牛津城给予牛津大学足够的成长空间和发展资源，牛津大学自成立至今一直保持着大学自治、学术自由的特色，而牛津大学保守的特点虽没能使牛津城在工业上快速发展，但是以其优质的教

---

① “History：About the University of Oxford”，http：//www.ox.ac.uk/about/organisation/history，2017 年 11 月 11 日。

② 阎光才：《牛津大学与牛津城——传统大学与社区间互动的一个经典个案分析》，《比较教育研究》2004 年第 4 期。

③ “History：About the University of Oxford”，http：//www.ox.ac.uk/about/organisation/history，2017 年 11 月 11 日。

育质量和丰厚的文化底蕴为牛津城增添了独特的人文魅力。牛津大学培育出的名人使牛津这座小城熠熠生辉,因为牛津大学,今日的牛津城有了十分发达的出版业(目前,它依旧是牛津的主要产业,每年产量占英国出版物总量的15%)和服务性行业①,并且由于牛津大学殿堂级的学术地位,让牛津城吸引了全世界学者的目光。

(二)政治干预叩开牛津大学独立自治的大门

16世纪的牛津大学沿袭着中世纪的自治传统,国家和地方教育行政机关都无权干涉大学内部事务。17世纪至18世纪,牛津大学深受神识教育理念的影响,课程内容仍以古典学科和人文主义教育作为核心基础,有关自然科学方面的课程内容甚少,此时英国工业革命的爆发不可避免地影响到传统大学。由于国家对高等教育采取不干涉政策,而传统大学势力强大,英国在工业革命之后发展速度变缓,在世界上的科学地位有所下降,被法国、德国和美国超越,当时影响世界的大部分新技术、新发明都出自其他欧洲国家的大学及其毕业生。② 传统大学的自我封闭和对自然科学的排斥受到社会的批评。阿什比在《技术与学术机构》一书中评价道:"尽管剑桥大学较之牛津大学更能迅速地反映时代的呼声,但是无论从何种意义上而言,他们都未能对科学革命做出迅速反应。"③1850年,英国政府开始对传统大学实施干预,通过议会制定一系列法令,取消牛津大学自中世纪以来享有的种种特权和有关不利于发展科学、推动学术进步和有害于国家利益的某些宗教方面的规定。从此牛津大学逐步打破故步自封的局面,开始接受科学革命和近代科学技术发展的影响。19世纪末以后,英国财政部以及其他政府机构开始直接对牛津大学和其他高等教育机构进行财政拨款,通过财政手段改变牛津大学的课程设置以及科学研究活动④,使其更好地为社会经济发展服务。

---

① 阎光才:《牛津大学与牛津城——传统大学与社区间互动的一个经典个案分析》,《比较教育研究》2004年第4期。

② 吴结:《英国新大学运动时期大学与政府关系的研究》,《高教探索》2012年第4期。

③ 黄福涛:《外国高等教育史》,上海教育出版社2003年版,第143页。

④ 黄福涛:《外国高等教育史》,上海教育出版社2003年版,第150页。

可以说,政府对牛津大学通过在政策和财政上的干预促使牛津大学由传统走向现代,改变了牛津大学传统的精英教育理念,使牛津大学走出象牙塔,服务于社会的发展,谢尔顿·罗斯布莱特(Sheldon Rothblatt)说:"在一个大学多元化的时代,不能一厢情愿地期望大学仍是某种持有单一理念的社会组织,因为大学需要面对各种各样相互矛盾的需求和服务的挑战……无论大学的理念有多么模糊不清,其基本的推动力或使命就是满足社会的各种要求。"①政府对牛津大学的财政支持为牛津大学注入了世俗化的元素,如今,牛津大学仍有16%的资助来源于政府拨款。②

(三)牛津大学影响牛津城的经济格局

从13世纪到20世纪初,牛津大学一直享有高度自治的特权,牛津城的发展也受制于牛津大学在城市管理上的特权。虽然曾经"故步自封"的牛津大学没能让牛津城赶上工业革命的浪潮,成为英国经济的要塞,但是牛津大学以其悠久的人文历史风情带动了牛津城的经济发展,深刻影响着牛津城的经济格局。牛津城以科学技术为基础的经济发展的进步得益于牛津大学的贡献,尤其在生物科学技术方面,从2008年到2012年,牛津城的生物技术集群增长了14%,预计在未来三年的时间提供1 500个职位,如从牛津大学独立出来的牛津纳米孔科技有限公司已经雇用了120人。③ 牛津城的第三产业尤其是旅游业得以快速发展,牛津大学"功不可没",每年有超过900万的游客被牛津大学的魅力吸引,为牛津城创造了5.89亿英镑的收入和13 700个工作岗位。牛津大学是牛津城最大的雇主,有着16 200名员工,为当地创收7.5亿英镑,并且牛津城高科技职位的增长率在英国是最高的,④这与牛津大学的支持息息相关。可以说牛津城的绝大部分资源都服务于牛

---

① 谢尔顿·罗斯布莱特:《现代大学及其图新——纽曼遗产在英国和美国的命运》,别敦荣译,北京大学出版社2013年版,第22页。

② "Finance and Funding", http://www.ox.ac.uk/about/organisation/finance-and-funding, 2015年11月17日。

③ "Economic Assessment: Oxfordshire County Council", https://www.oxfordshire.gov.uk/cms/sites/default/files/folders/documents/aboutoxfordshire/economy/OEAPartOne.pdf, 2017年11月11日。

④ "Economic Impact", http://www.ox.ac.uk/local-community/our-impact/Economic-impact, 2017年11月11日。

津大学的发展,而牛津大学的发展也带动了牛津城的繁荣。

牛津大学注重与城市企业之间的联系与合作,通过提供高新技术和知识转移(Knowledge Transfer,KT)吸引企业对科学研究的支持,与企业建立伙伴关系。牛津大学的研究范围很广,从商业、医药、工程和社会科学到人文科学,将研究领域内的大多数技术基础提供给外部机构。[①] 牛津大学结合企业需求建立相应的机构,为企业的发展提供如学术指导、法律顾问和研发投资等方面的支持,其中包括企业家、学者和学生参与的商学院创业中心,集合了世界一流的科学家和企业家的柏格布洛克(Begbroke)科技园,以创新与创业为基础的哈威尔(Harwell)科学与创新校园,用来建设和出租的牛津科技园以及支持本地商业的本地网络平台。在研究项目的合作上,牛津大学凭借其高水平研究能力,积极与企业和其他组织开展合作,形成战略联盟,促进各专业领域的深度合作,[②]地区企业和机构对牛津大学在教学和研究上的经费支持成为牛津大学财务资金的主要来源。基于科学研究和技术创新基础之上的良性互动形成了牛津大学与企业机构协同发展的双赢局面,牛津城成为牛津大学有利的人力和资金支柱,而牛津大学也强有力地带动了牛津城的经济发展。

(四)与社区互动履行牛津大学社会责任

不同于传统的牛津大学"事不关己"的态度,现代的牛津大学注重与社会的联结和社会责任的履行。牛津大学不仅对牛津城的经济发展产生积极的影响,而且对牛津城的生态人文环境改善有至关重要的作用,并致力于提升当地居民的生活质量。一方面,牛津大学成立了可持续发展指导小组,关注社区的可持续发展问题,推动大学的碳管理策略,通过减少用电量和天然气的使用降低大学的碳排放。此外,牛津大学还将校园的绿色空间如公园、林区和畜牧场等对外开放,这些绿地不仅受到当地居民和游客的青睐,而且为学校的教学活动和志愿服务提供了适宜的场地。牛津大学的建筑如图书

---

① "Access Resources and Equipment from the University of Oxford", http://partnership.ox.ac.uk/resources-and-facilities/access-medical-sciences-resources/#.VK0PM8mSyJ0,2017年11月11日。

② "Innovation and Partnership", http://partnership.ox.ac.uk/partnerships/collaborate-on-a-research-project/#.VK0P0cmSyJ0,2017年11月11日。

馆等也为牛津城增添了独有的魅力，位于牛津城中心的有一个多世纪历史的拉德克利夫天文台（The Radcliffe Observatory Quarter），是牛津城和牛津大学的充满活力的社会、文化和学术中心。① 另一方面，牛津大学力求做出重大贡献，通过进行医学方面的研究提升当地的医疗保健水平，并且支持地方项目，为慈善机构提供资金和实物支持，鼓励学生、学者和工作人员参与社区志愿服务。牛津大学致力于当地居民的继续教育，通过在晚上和周末开设考古学、经济学、写作、环境科学、地方和社会历史、文学、哲学等②丰富的课程，将牛津大学优秀的教育资源与社区居民共享。

牛津大学利用其广泛的专业特点积极寻求和拓宽与社区互动的渠道，从人文与社会科学到数学与自然科学的各个专业领域，为社区提供指导和咨询等。牛津大学的学生志愿组织多种多样，如牛津中心是学生在高校里从事志愿活动的中心，帮助学生了解影响当地居民的社会和环境问题，并通过实际的志愿活动、技能安置和社会企业解决这些问题。牛津中心主要组织学生在牛津城从事志愿活动。③ 牛津中心支持了 49 个由学生领导的志愿项目，2014 至 2015 学年，597 人参加了志愿项目，使当地 1 080 人受益。④ 牛津种植园和霍加克社区咖啡馆是由学生及社区居民志愿者共同维护的食品种植组织，牛津种植园使志愿者更多地了解食品，并增加牛津当地的食品种植量。此外，还有基于学生工作实践的志愿组织，如联系牛津当地企业和社区为学生提供就业技能培训的牛津学生顾问（Oxford Student Consultancy），为当地中小企业、慈善机构和社区组织提供免费的咨询服务。

历史造就了传统的牛津大学，而牛津城推进了牛津大学由传统走向现代的步伐，从牛津大学控制着牛津城的发展到牛津大学充分发挥自身的资源优势，主动建立与牛津城的紧密联系，二者已经从磨合走向共生，逐渐实

---

① “Environment Impact：University of Oxford”，http：//www.ox.ac.uk/local-community/our-impact/Environmental-impact，2017 年 11 月 11 日。

② “Continuing Education：University of Oxford”，http：//www.ox.ac.uk/local-community/Outreach-and-education/Continuing-education，2017 年 11 月 11 日

③ https：//www.oxfordsu.org/communities/oxfordhub，2018 年 7 月 16 日。

④ “The Oxford Hub”，https：//www.ox.ac.uk/local-community/engagement/part-of-oxford/people？wssl=1，2018 年 7 月 16 日。

现了大学与城市的深度融合。牛津城给予牛津大学足够的发展空间和自由,牛津大学也丰富了牛津城的历史和文化,一座城市围绕一所大学,一所大学繁荣一座城市,牛津城不能没有牛津大学的映衬,牛津大学也不可能脱离牛津城而独立存在。

二、大学与城市的协同发展:伦敦大学与伦敦市的互动①

伦敦大学是英国工业革命的产物,工业革命的持续深入推进了伦敦城市化的进程,在伦敦社会对科学技术的强烈需求下,伦敦大学应运而生。在长达两个多世纪的发展历程中,伦敦大学与伦敦的政治、经济和文化各方面实现了深度联结,伦敦大学建立的初衷就是服务于城市,重视城市的需要和适应城市的发展节奏和格局,而伦敦作为英国的首都、世界的金融中心之一,为伦敦大学的发展提供了优质的资源和契机,伦敦大学随之发展成为世界一流的大学,伦敦大学与伦敦的协同发展使二者互利共赢,相生相息。

(一) 伦敦市与伦敦大学的历史溯源

伦敦作为英国的首都,及作为英国政治中心和经济中心的地位,为伦敦大学的诞生和发展提供了得天独厚的优势。伦敦在中古时代是基督教会、王室和政府的所在地,16 世纪后随着大英帝国的崛起,伦敦政治中心的地位得以巩固,19 世纪,伦敦在维多利亚时代快速发展,新的博物馆相继建立,伦敦横跨泰晤士河的地理优势也为其带来巨大的商机。在英国工业革命的影响下,伦敦城市化进程加快,19 世纪中后期,一场在首都建立一所"教学型大学"的运动影响很大,伦敦是这所热议中的大学的校址所在地。② 最初关于大学是建立在伦敦郊区还是市中心争论不断,因为伦敦居民在接受现代文明改造的同时保留着对花园式的、宁静优雅的环境的向往,随着时间的推

---

① 沈忱,郄海霞:《英国大学与城市协同发展的案例分析——以伦敦大学和伦敦市互动为例》,《中国高教研究》2015 年第 8 期。

② 谢尔顿·罗斯布莱特:《现代大学及其图新——纽曼遗产在英国和美国的命运》,别敦荣译,北京大学出版社 2013 年,第 372 页。

移，伦敦大学的校园并没有集中于一个地点，而是分布到了整个首都，为首都所接纳，与首都融为一体。[①] 建立一所“伦敦人的大学”，不仅是实现与地方联系和服务的使命的“城市大学”，更与伦敦“世界大都市”的品格相符。伦敦大学不仅是城市的，更是国家的，甚至是世界的。

伦敦大学延续了中世纪欧洲传统大学自治的精神，不同于牛津大学和剑桥大学，伦敦大学是非宗教的、世俗的，由议员、学者和商人共同推动创办。1836 年伦敦大学由大学学院和伦敦国王学院合并而成，并获颁皇家特许状，创立之初是各成员院校的考试机构。1858 年，伦敦大学以其开放的态度开始接收来自各地的学生，到了 19 世纪末，伦敦大学逐渐发展成一个联邦“教学型大学”，此时的伦敦大学已经成为高等教育的一支先锋力量，她引入了许多新的课程，包括现代语言和实验室科学。1878 年，伦敦大学成为英国第一所承认女性学位的大学。[②] 经过一个多世纪的发展，如今的伦敦大学已经成为包含 18 个国际知名的独立自治学院在内的大学联邦，以及提供研究生学习的研究所、巴黎伦敦大学研究院和灵活的远程学习项目。[③] 伦敦大学能得到长足的发展与伦敦这座城市有着不可分割的关系，如今的伦敦已成为国际化大都市，是欧洲最大的城市和世界的金融中心，伦敦大学也实现了当初建立的初衷，成为世界一流的大学，二者的发展相得益彰。

（二）政策引领伦敦大学的变革与发展

1836 年的第一特许状规定伦敦大学是一所独立的享有学位授予权的考试机构，有权设计考试、任命考官并向通过考试的学生授予学位，参加考试的学生需到认可的学院和学校进行学习，此时的伦敦大学只单纯地负责学位授予。1858 年对第一特许状进行修订后，伦敦大学的考试完全向所有愿意参加考试的人开放。伦敦大学从此向外界开放，接受来自各地的学生。除医科学生外，拿到课程学习证明的学生可以选择到其他学院或当地的中心去参加考试，学位获得者的范围增加，使考试与教学之间的冲突随之扩

---

① 谢尔顿·罗斯布莱特：《现代大学及其图新——纽曼遗产在英国和美国的命运》，别敦荣译，北京大学出版社 2013 年，第 383 页。

② “History of University of London”，http://www.london.ac.uk/history.html，2017 年 11 月 11 日。

③ “Study at the University of London”，http://london.ac.uk/about-us，2018 年 7 月 16 日。

大,为了平息这场风波,政府颁布了《1898年伦敦大学法》,成立伦敦大学委员会,对伦敦大学进行改组。[①] 伦敦大学不再只是一个考试机构,而是向"教学型大学"发展,并开始关注课程内容和学位质量。由于伦敦大学的开放,到了1908年,伦敦大学有4 000多名注册学生,已经超越当时牛津大学和剑桥大学的学生数量[②]。随着英国政府认识到大学教育对国家的重要性,1919年大学拨款委员会(University Grants Committee,UGC)创立,大学拨款委员会是英国政府与大学之间的中介机构,其主要工作就是争取和分配高等教育资金,直到1989年撤销,[③]这一时期英国政府在尊重大学自治基础上为伦敦大学提供了财政支持并推动了伦敦大学的发展。1945年公布的《珀西报告》(Percy Report)和1946年公布的《巴洛报告》(Barlow Report)都强调了科技教育的重要性,1953年英国政府决定加强一批大学的理工科系建设,特别是扩大伦敦大学帝国理工学院的规模,以培养技术人才推动科学技术的应用。[④]

进入21世纪,在全球化的背景下,世界进入知识经济时代,各国在经济、文化、科技和军事方面的竞争不断加强,伦敦作为英国的政治、经济和文化中心,开始注重利用其优质的高等教育资源制定发展战略,伦敦市政府发布的《伦敦创新战略与行动计划(2003~2006)》(The London Innovation Strategy and Action Plan 2003~2006)、《伦敦1991~2021:建设世界城市》(London 1991~2021:The Building of a World City)等呼吁利用创新技术和科学知识促进城市发展的战略指南和行动规划中,肯定高校和科研机构在城市创新与变革发展过程中至关重要的作用。[⑤] 伦敦大学作为伦敦高等教育的重要力量,在伦敦向国际化大都市发展的过程中承担了很多责任,为城市建设和社会经济发展提供高质量的人力、技术和知识的支持。

---

① 袁传明:《英国大学章程的世纪演变——〈1900年伦敦大学章程〉与〈2008年伦敦大学章程〉之比较》,《比较教育研究》2014年第7期。

② "History of University of London",http://www.london.ac.uk/history.html,2017年11月8日。

③ 黄福涛:《外国高等教育史》,上海教育出版社2003年版,第213页。

④ 黄福涛:《外国高等教育史》,上海教育出版社2003年版,第275页。

⑤ 郭婧:《知识城市模式下伦敦高等教育的发展与特点研究》,《比较教育研究》2014年第7期。

（三）伦敦大学与当地企业的互利共赢

从经济社会发展的角度看，伦敦大学是英国工业革命的产物。随着工业革命的深入推进和欧美各国经济的迅速崛起，各国的经济发展对高等教育提出了更多更高的需求。早期的伦敦大学与当地企业呈现的是高校支持企业发展的状态，主要满足伦敦生产企业里低水平的技术需要，如食品、肥皂、玻璃和水泥等。19 世纪 80 年代以后逐渐转变，如 1907 年建校的帝国理工学院在很大程度上拓展了包括电气工程、天然气、工业染料和石油等方面的技术，1914 年伦敦大学参与了农业和航空业的发展。[①] 随后，企业逐渐认识到了大学能为其发展提供人才和技术服务的重要性，伦敦的各大企业、公司甚至私人纷纷捐款资助伦敦大学，例如 19 世纪末，许多企业家出资在伦敦大学建立与电子工程、电机工程以及工程学有关的讲座、实验室和研究所[②]，为伦敦大学的发展提供资金支持，伦敦大学与当地企业的联系逐渐密切。

如今伦敦大学与当地企业的互动更为开放和紧密，注重联合企业的力量，不仅企业的发展得到伦敦大学的高新技术和知识的支持，伦敦大学在开展研究项目和人才培养过程中也得到了企业的慷慨资助。以伦敦商学院（London Business School，LBS）为例，伦敦商学院为企业提供商业上的咨询与帮助，教师和专家以其创新性的研究给企业带来显著的业务优势，伦敦商学院建立了商业研究所或者研究基金，如进行研究和创新的德勒研究所（the Deloitte Institute）和私人投资的科勒研究所[③]，以此更有针对性地围绕企业长期或短期内的商业问题提供服务。伦敦商学院还邀请企业设立奖学金，对优秀学生进行资助，联合为商界培养优秀人才，主要包括以企业名命名和企业自命名两种奖学金设立方式。如劳埃德银行集团（Loyds Banking Group）为女性学者设立的劳埃德 MBA 学者奖学金和沃达丰集团（Vodafone

---

① 谢尔顿·罗斯布莱特：《现代大学及其图新——纽曼遗产在英国和美国的命运》，别敦荣译，北京大学出版社 2013 年版，第 365 页。

② 黄福涛：《外国高等教育史》，上海教育出版社 2003 年版，第 147 页。

③ “Corporate Support for Faculty and Research：London Business School”，http://www.london.edu/about/support-the-school/corporate-support-for-faculty-and-research#.VK5FUMmSyJ0，2017 年 11 月 11 日。

Group)设立的沃达丰奖学金。[①] 此外企业还为伦敦商学院实践教学的开展提供场地和人员的支持,如"商业体验周"(Business Immersion Week)项目通过组织学生参观咨询公司、品牌管理公司、投资银行、跨国公司和零售业巨头等商业组织,为学生提供了参观各种商业组织和了解不同商业环境的机会。在体验和访问期间,学校安排公司的高级管理人员(通常为校友)对公司进行介绍,并与学生展开有关问题的交流与讨论。[②] 大学以其优质的学术研究成果和人才资源为企业带来利益,以此调动企业的积极性,使企业参与大学的研究项目的开发和人才培养的合作,二者呈现资源共享、互利共赢的局面。

(四) 伦敦大学与伦敦的深度融合

不可否认的是,伦敦孕育了伦敦大学,促进了伦敦大学的发展。伦敦大学的诞生和成长已经与伦敦的发展深度融合,伦敦的城市风格也深深地影响着伦敦大学的风貌格局,城市的产业结构影响着伦敦大学的专业结构,在学科专业上重点向金融、法律、经贸等扩展,使伦敦的金融业居世界之首。[③] 伦敦作为英国首都的地位和特点深刻影响了伦敦大学的发展格局,伦敦大学是英国高等教育的翘楚。伦敦大学分散在伦敦城,已经与城市融为一体,城市文化、经济、政治等方面已渗透到伦敦大学的生存与发展中,伦敦大学也成为伦敦不可分割的一部分,而伦敦"国际大都会"的发展定位也为伦敦大学成为世界一流大学提供了契机,二者携手共进,走向世界。

伦敦大学建立的初衷是为了满足社会的需求和公共利益。在摄政后期和维多利亚初期的伦敦,正是首都的卫生设施状况和居民一般的健康状况导致建校者推动了医学系的开办,而伦敦大学医学院的创办意味着伦敦大

---

① "Corporate Support for Scholarship:London Business School", http://www.london.edu/about/support-the-school/corporate-support-for-scholarships#.VK49KsmSyJ0, 2017 年 11 月 11 日。

② "Business Immersion Week:London Business School", http://www.london.edu/education-and-development/masters-courses/masters-in-management/programme-content/business-immersion-week#.VK5IfMmSyJ1, 2017 年 11 月 11 日。

③ 张臻汉,赵世奎,张彦通:《英国大学与城市的互动关系研究》,《江苏高教》2014 年第 3 期。

学的正式开办。[①] 1895 年成立的伦敦政治经济学院的建校者非常关心贫困、健康、教育和社会流动等城市问题。可见，早期的伦敦大学就已开始服务社区。[②] 当今，伦敦大学在与社区的互动中遵循七个原则，也称诺兰原则（the Nolan Principles），即无私、诚信、求实、负责、公开、诚实和引领。伦敦大学建立的企业社会责任（The University of London's Corporate Social Responsibility，CSR）政策致力于围绕"人与社区""金融与经济活动"和"环境的可持续发展"三项核心使命持续为公众谋取利益。在人与社区方面，伦敦大学承诺致力于成为一个优秀的雇主，维护员工的利益，鼓励和支持员工参与更广泛的社区和社会活动，为员工的发展提供指导与支持，并向公众开放学校的基础设施，积极为当地社会、英国教育部门和国际社会做出贡献；在金融与经济活动方面，伦敦大学公开其财务活动，规范其经济财务方面的管理制度，并加强财务监管；在环境的可持续发展方面，伦敦大学实施碳管理计划，旨在到 2020 年，实现碳减排 43%（以 2010 年为基准），减少资源浪费并增加资源的回收，鼓励员工绿色出行，[③]为社区环境保护献力。伦敦大学社会责任的确立使其能更有目标、更全面的为所在社区和城市服务。

可以说，伦敦大学是伦敦城市发展的产物，伦敦大学的建立是为了满足伦敦人的教育抱负和伦敦社会发展所需，伦敦大学与伦敦共进退。虽然伦敦大学的发展受到过伦敦的牵制，是"为伦敦而生"，大学按照城市的发展轨迹而发展，但是二者早已走向和谐，实现了协同发展。如今的伦敦不仅是英国的首都，更是世界的金融中心，而伦敦大学不仅是伦敦的名片，更是英国甚至世界高等教育的翘楚。

---

① 谢尔顿·罗斯布莱特：《现代大学及其图新——纽曼遗产在英国和美国的命运》，别敦荣译，北京大学出版社 2013 年版，第 360 页。

② 谢尔顿·罗斯布莱特：《现代大学及其图新——纽曼遗产在英国和美国的命运》，别敦荣译，北京大学出版社 2013 年版，第 270 页。

③ "Corprate Social Responsibility"，http://www.london.ac.uk/5634.html，2017 年 11 月 11 日。

第5章　美国高校与城市互动机制和案例分析

第1节　美国高校与城市互动的历史和现状

一、高校与城市相互分离阶段（殖民地时期至南北战争前）

美国高等教育起源于殖民地时期。17世纪时欧洲大陆的新教徒不满当时英国国教会的统治，为逃避宗教迫害而来到北美新大陆开辟自己的新天地。为了培养牧师和神职人员，不同教派的教徒在新大陆建立了培养牧师的学院。1636年，第一所学院在坎布里奇成立，为纪念牧师约翰·哈佛对学院的慷慨捐赠，学院定名为哈佛学院。此后，威廉·玛丽学院、耶鲁学院、费城学院、新泽西学院、国王学院、皇后学院和达特茅斯学院相继成立。这就是今天所说的殖民地九所学院。

北美原是印第安人的故乡，自从哥伦布发现“新大陆”后，英国、法国、西班牙、荷兰等国开始向北美进行殖民侵略和移民。这些移民大都是为了摆脱封建政治和宗教迫害而来到北美大陆的。当他们来到北美“新大陆”

时，这里还是一片蛮荒之地，工业化、城市化还未提上日程，只有零星分布的城市存在。这些城市主要是殖民者建立的，最早的英属北美殖民地城市是由西班牙人在 1565 年建成的圣奥古斯丁，位于今佛罗里达州。纽约、波士顿和费城都建成于 17 世纪。① 虽为城市，但城市人口很少，整体发展水平较低。到 1790 年美国第一次人口统计时，城市人口占全国总人口的比例仅为 5%；超过 2 万人的城市只有纽约和费城，第三大城市波士顿人口刚刚达到 1.8 万。②在强烈的宗教目的支配下，加上城市数量少、规模小，殖民地时期九所学院无论在空间上还是教学内容上都是与城市分离的。

首先，在空间上，殖民地学院与城市保持一定的距离。尽管殖民地学院由来自欧洲的殖民者建立，在办学模式和教学上延续了欧洲的传统，但在校园选址和规划方面却与欧洲高校不同。正如美国历史学家布尔斯廷指出的，"在欧洲，高等院校或大学一般都设立在历史悠久的中心城市；而在美国，它几乎都出现在人口增长和经济繁荣还属未来的市镇。"③例如，哈佛学院建于远离波士顿的坎布里奇小镇。威廉 · 玛丽学院建立在威廉斯堡市，该市当时实际是一个村庄，以种植园为主，1699 年成为弗吉尼亚（英国殖民地）的郡守府，为了纪念英皇威廉三世被重新命名为威廉斯堡。新泽西学院选址普林斯顿主要是由于当地提供了大量捐赠。耶鲁学院在康涅狄格州的基林沃斯创立，1716 年才迁往纽黑文市，而且当时的纽黑文市和一个村庄相差无几。只有哥伦比亚大学位于纽约曼哈顿地区，费城学院位于宾夕法尼亚州的费城。④

其次，在教学内容上，殖民地学院的课程设置脱离城市社会的需要。殖民地学院建立的初衷是为各个教派培养牧师及神职人员，教学内容充满宗教色彩。课程设置主要模仿英国牛津大学和剑桥大学的模式，强调古典内容和宗教科目。许多科目的讲授都是与基督教教义结合进行的，学生学习

---

① 刘文龙，罗平峰：《近代拉美与美国城市化的不同进程与经济职能》，《拉丁美洲研究》2000 年第 5 期。

② 王旭：《美国城市发展模式：从城市化到大都市区化》，清华大学出版社 2006 年版，第 11 页。

③ 丹尼尔 · 布尔斯廷：《美国人——建国历程》，中国对外翻译出版公司译，生活 · 读书 · 新知三联书店 1993 年版，第 185 页。

④ 郄海霞：《美国研究型大学与城市互动机制研究》，中国社会科学出版社 2009 年版，第 43 页。

教义的内容，毕业后主要从事牧师职业。在哈佛学院的课程体系中，古典语言（拉丁语、希腊语、希伯来语）的学习在课程体系中占有较大的分量，希腊语的学习侧重于荷马作品，并着重希腊抒情诗与田园诗的研读；亚里士多德的自然哲学、道德哲学与心灵哲学成为学生必须学习的课程；学生还要学习逻辑学、修辞学、伦理学、形而上学、天文学、物理学及数学等课程。① 古典语言的学习与《圣经》结合进行，每周的课程表上都设有"教义问答"。其他殖民地学院也主要沿袭了英国传统的课程模式。这些课程内容与当时的社会和城市发展需要完全脱节，并没有考虑当时城市发展中的农业、手工业、商业贸易等，殖民地学院成为名副其实的脱离城市需要的"象牙塔"，服务对象主要是少数精英群体。

殖民地后期美国的经济和城市有了较快发展，但高等教育仍然主要依靠殖民地九所学院。从独立战争到南北战争前，美国高等教育有了较快发展，宗教的影响越来越弱，高等教育越来越受到多种社会因素的影响。首先是创办州立大学。独立战争使美国获得了独立，一批进步的资产阶级政治家、思想家和教育家如富兰克林、华盛顿、杰斐逊等将公共教育与政府和政治联系起来，主张应该由政府承担教育的责任。在这种情况下，美国出现了州立大学。第一所州立大学是弗吉尼亚大学，随后佐治亚州和北卡罗来纳州、俄亥俄州、密歇根州也建立了州立大学，大学由教会主办的特权逐渐被打破。其次是技术学院和专业学院的发展。工业和经济的发展对技术人才需求迫切，而传统的学院很难满足经济社会发展的需要，因此技术学院作为独立的机构发展起来。1802 年西点军校在纽约州建立，标志着美国专门技术学院的开始，伦塞勒多科技术学院的建立进一步推动了技术学院的发展。独立战争后，神学院、法学院、医学院、理学院等专业学院也发展起来。

尽管美国的工业、城市、高等教育在独立战争后有了很大发展，但高校在选址方面依然青睐乡村小镇或城市周边地区。美国的高校之所以选择远离城市的地方，一方面因为美国是先有大学后有国家，大学建立时城市还没有发展起来，大学采用的是校园模式，建有自己的校舍，学生住在专门的宿

① 贺国庆，王保星，朱文富等：《外国高等教育史》，人民教育出版社 2003 年版，第 179 页。

舍中,而不像欧洲中世纪大学那样需要租借城市中的公共空间,因此乡村小镇更有吸引力;另一方面,当时的美国高校仍然是一片孤岛,师生过着与世隔绝的日子,高校与社区之间联系很少。有学者指出:"由于大学校园的相对孤立,学生和周围市民的关系往往很冷漠,尤其在私立大学更是如此。由此看来,校园大学曾经与当地城市完全隔离开来。在密西根大学安阿伯分校,医学院(建于 1850 年)的医生非常清楚地指出,他不打算放弃距西部 38 英里的底特律的私人诊所。但该城市已经不再是大学的所在地;它是一种潜在的不利影响,学生应该与此隔离开。而且,许多校园大学最初也没有可以建立联系的城市或者规模较大的市镇。例如,弗吉尼亚理工学院(黑堡)位于阿勒格尼山脉海拔 1 000 米的一个小镇,这个小镇在弗吉尼亚大学建立后才发展起来。"①尽管这个时期州立大学、技术学院和专业学院开始出现,但大学仍然被看作研究高深学问的地方,大学的主要功能仍然是传播知识、培养人才,很少与社会直接发生联系,加之殖民地时期学院传统的影响,南北战争前美国高校与城市之间基本处于分离状态。

二、高校与城市逐渐融合阶段(南北战争至第二次世界大战前)

南北战争至第二次世界大战前是美国现代高等教育制度的确立时期,同时是美国城市大发展时期,高校逐渐走出象牙塔,与所在社区和城市在政治、经济、文化、空间上越来越彼此依赖、相互作用。引领高校与城市相互联系的两个重要事件是赠地学院的发展和研究型大学的建立,这不仅表明了美国高等教育的类型日渐丰富,高等教育的职能更加多元,同时表明高校在空间上也有了较大变化。

1. 赠地学院建立,美国高等教育空间扩展

虽然在独立战争后美国开始推动州立大学建设,但真正具有划时代意

---

① Laurence Brockliss, "Gown and Town: The University and the City in Europe, 1200-2000", *Minerva*, 2000,38(2),p.:167.

义的是1862年颁布的《莫雷尔法案》。该法案规定通过联邦政府赠地的方式支持各州建立农工学院。该法案颁布后,许多州开始建立赠地学院,美国高等教育规模发展加快,对美国经济社会产生了重要影响,一些赠地学院后来发展成著名的大学,如康奈尔大学、威斯康星大学等。

赠地学院是在美国实用主义哲学诞生、科学教育思潮兴起、教育民主化思潮勃兴、农工教育的现实需要等基础上发展起来的①,适应了当时社会对农业、机械和工艺技术教育的需要,大部分州都建立了这样的学院,从19世纪60年代到20世纪初,赠地学院如雨后春笋般在各州兴建。赠地学院的发展不仅促进了美国实用教育的发展,确立了高等教育的第三大职能——社会服务,而且在空间上拓展了高等教育的范围,使美国高校不再局限于以殖民地学院为核心的东部地区。根据《莫雷尔法案》规定,每个州和哥伦比亚特区都要建立一所这样的学院或大学;《第二莫雷尔法案》还规定,南部一些州可以建立一所以上赠地学院或大学;西部一些州和平原地区建立了多所赠地学院,其中也包括在《莫雷尔法案》中增加的土著印第安人赠地学院。在上述法案的影响下,美国高等院校的数量迅速增长。《莫雷尔法案》颁布之初,美国仅建立了几所赠地学院,1871年发展到29所,1896年为69所。后来随着《莫雷尔法案》的不断充实和完善,到1999年,全美赠地学院的数量为105所。② 高等教育的地域空间从东部拓展到了全国各地。

就城市发展而言,美国工业革命开始于19世纪上半期,经济、贸易、交通等发展,特别是随着交通运输方式的发展,贸易往来更加频繁,范围逐步扩大,城市化进程加快,城市规模和空间结构都有了较大发展,城市间的经济联系日益密切。到了19世纪下半期,工业化的迅猛发展和西进运动的加速使美国城市化进入高速发展期,“美国由农村搬入城市”。③ 在城市化大潮的推进下,中西部和西部城市逐渐发展起来,形成了以城市为中心的经济

---

① 王保星:《南北战争至20世纪初美国高等教育的发展与变革》,北京师范大学博士学位论文,1998年。

② 杨光富,张宏菊:《赠地学院对美国高等教育的影响》,《河北师范大学学报(教育科学版)》2008年第10期。

③ 王旭:《美国城市发展模式:从城市化到大都市区化》,清华大学出版社2006年版,第5页。

地带，美国的经济、人口、城乡结构发生了一系列变化。到 1920 年，美国人口突破一亿，其中一半生活在城市中。至此，美国成为一个城市化国家，城市发展进入新的阶段。①

尽管美国城市发展迅速，但各州建立的赠地学院和大学仍然选择比较偏僻的乡镇。从表 5-1、表 5-2 可以看出，1862 年《莫雷尔法案》颁布以后建立的大部分赠地学院都位于乡村小镇。根据 1890 年《第二莫雷尔法案》建立的学院和大学也主要位于中小城市。其中原因一方面缘于赠地学院为当地农业和农村服务的理念，从而选择便于理论联系实际并为广大农村学生提供便利的农村和边远地区；另一方面缘于美国早期院校的学院传统，在乡村和远离城市的郊区建立一所学院式的高校，更利于师生潜心学习，远离城市喧嚣。

表 5-1　《莫雷尔法案》颁布后建立的赠地学院和大学

学校名称	地点	所属州
奥本大学	奥本	亚拉巴马州
阿拉斯加大学	费尔班克斯	阿拉斯加州
美国萨摩亚社区学院	帕戈	萨摩亚群岛
亚利桑那大学	图森	亚利桑那州
阿肯色大学	费耶特维尔	阿肯色州
加利福尼亚大学	戴维斯	加利福尼亚州
科罗拉多州立大学	柯林斯堡	科罗拉多州
康涅狄格大学	斯托斯	康涅狄格州
特拉华大学	纽瓦克	特拉华州
佛罗里达大学	盖恩斯维尔	佛罗里达州
佐治亚大学	雅典	佐治亚州
关岛大学	曼吉劳	关岛
夏威夷大学	火奴鲁鲁	夏威夷州
爱达荷大学	莫斯科市	爱达荷州

① 王旭：《美国城市发展模式：从城市化到大都市区化》，清华大学出版社 2006 年版，第 6 页。

续表

学校名称	地点	所属州
伊利诺伊大学	厄尔巴纳	伊利诺伊州
普渡大学	西拉法叶市	印第安纳州
爱荷华州立大学	埃姆斯	爱荷华州
堪萨斯州立大学	曼哈顿	堪萨斯州
肯塔基大学	莱克星顿	肯塔基州
路易斯安那州立大学	巴吞鲁日	路易斯安那州
缅因大学	奥罗诺	缅因州
北马里亚纳学院	塞班	
马里兰大学	科利奇帕克	马里兰州
马萨诸塞大学	阿姆斯特	马萨诸塞州
麻省理工学院	坎布里奇	马萨诸塞州
密歇根州立学院	东兰辛	密歇根州
密克罗尼西亚学院	科洛尼亚,波纳佩	密克罗尼西亚联邦
明尼苏达大学	明尼阿波利斯圣保罗	明尼苏达州
密西西比州立大学	斯塔克维尔	密西西比州
密苏里大学	哥伦比亚	密苏里州
蒙大拿州立大学	博兹曼	蒙大拿州
内布拉斯加大学	林肯	内布拉斯加州
内华达大学	里诺	内华达州
新罕布什尔大学	达拉莫	新罕布什尔州
罗格斯大学	新不伦瑞克	新泽西州
新墨西哥州立大学	拉斯克鲁塞斯	新墨西哥州
康奈尔大学	伊萨卡	纽约州
北卡罗来纳州立大学	罗利	北卡罗来纳州
北达科他州立大学	法戈	北达科他州
俄亥俄州立大学	哥伦布	俄亥俄州
俄克拉荷马州立大学	斯蒂尔沃特	俄克拉荷马州

续表

学校名称	地点	所属州
俄勒冈州立大学	科瓦利斯	俄勒冈州
宾夕法尼亚州立大学	尤尼弗西蒂帕克	宾夕法尼亚州
波多黎各大学	里奥彼德拉斯	
罗德岛大学	金士顿	罗得岛州
克莱姆森大学	克莱姆森	南卡罗来纳州
南达科他大学	布鲁金斯	南达科他州
田纳西大学	诺克斯维尔	田纳西州
得克萨斯农工大学	大学城	得克萨斯州
犹他州立大学	洛根	犹他州
佛蒙特大学	伯灵顿	佛蒙特州
维尔京群岛大学	圣克罗伊和圣托马斯	
弗吉尼亚理工大学	黑堡	弗吉尼亚州
华盛顿州立大学	普尔曼	华盛顿州
西弗吉尼亚大学	摩根	西弗吉尼亚州
威斯康星大学	麦迪逊	威斯康星州
怀俄明大学	拉勒米	怀俄明州

资料来源:Arnold P. Appleby. Milestones in the Legislative History of U.S. Land-Grant Universities. 2007. Appendix No.1. http://cropandsoil.oregonstate.edu/system/files/u1473/land-grant.pdf.

表 5-2 《第二莫雷尔法案》颁布后建立的赠地学院和大学

学校名称	地点	所属州
阿拉巴马农工大学	诺默尔	亚拉巴马州
* 塔斯基吉大学	塔科斯基	亚拉巴马州
阿肯色大学	派恩布拉夫	阿肯色州
特拉华州立大学	多佛	特拉华州
佛罗里达农工大学	塔拉哈西	佛罗里达州
瓦利堡州立大学	瓦利堡	佐治亚州
哥伦比亚特区大学	华盛顿特区	

续表

学校名称	地点	所属州
肯塔基州立大学	法兰克福	肯塔基州
南方大学农工学院	巴吞鲁日	路易斯安那州
马里兰大学东岸分校	安妮公主	马里兰州
奥尔康州立大学	洛尔曼	密西西比州
林肯大学	杰斐逊市	密苏里州
北卡罗来纳农工州立大学	格林斯博罗	北卡罗来纳州
兰斯顿大学	兰斯顿	俄克拉荷马州
南卡罗来纳州立大学	奥兰治堡	南卡罗来纳州
田纳西州立大学	纳什维尔	田纳西州
普雷里维尤农工大学	普雷里维尤	得克萨斯州
弗吉尼亚州立大学	彼得斯堡	弗吉尼亚州
西弗吉尼亚州立学院	因斯提图特	西弗吉尼亚州

* 塔斯基吉大学不是官方的赠地大学,但通常被包含在内。

资料来源:Arnold P. Appleby. Milestones in the Legislative History of U.S. Land-Grant Universities. 2007. Appendix No.2. http://cropandsoil.oregonstate.edu/system/files/u1473/land-grant.pdf.

2. 研究型大学建立,高校逐渐融入城市

美国研究型大学的指导思想最初源于洪堡理念。1810 年洪堡创建柏林大学,提出“大学自治”“学术自由”“教学与研究相统一”的原则,从而确立了科学研究在大学中的重要地位,对世界高等教育产生了重要影响。19 世纪后期和 20 世纪初从德国留学回国的一批美国学者开始按照德国的模式创建新的大学模式,其中包括约翰·霍普金斯大学的创办者吉尔曼。吉尔曼将德国研究型大学的办学理念引入美国,并结合美国高等教育实际情况进行本土化改造,形成了独具特色的美国高校模式,即以通识教育为主的本科教育和以专业教育为主的研究生教育,开创了美国大学科研和研究生教育的先河。在约翰·霍普金斯大学的影响下,传统学院也开始转型,发展研究生教育;一批新的研究型大学逐渐建立,形成高校群,并在 1900 年成立了美国大学协会。此后,研究型大学成为美国高等教育体系的重要组成部分,并在美国经济、军事、科技等领域发挥着越来越重要的作用。直至今天，美国研究型大学依然位于高等教育金字塔的顶端，在美国经济和社会中发挥着不可替代的作用。

研究型大学的建立不仅对美国高等教育体系的构成产生了重要影响，也在不断改变着高等教育的空间布局，使高校与城市之间的联系在地理空间上越来越紧密。尽管殖民地时期高校选址有强烈的“反城市”倾向，但随着城市化的发展，大学不可避免地与城市联系在一起。正如有学者指出的：“无论古希腊哲学学校那种祥和、宁静的气氛对欧洲教育家具有多大吸引力，在工业化时代，大学从城市中脱离出去的可能性是很小的。”①一些新建的研究型大学选址在新兴的工业城市，使大学与城市之间建立了直接联系。例如，约翰·霍普金斯大学、芝加哥大学、斯坦福大学等都是在当地实业家的大力支持下发展起来的。1876年约翰·霍普金斯大学将校址选在了著名的海港城市巴尔的摩。巴尔的摩市位于切萨皮克湾顶端的西侧，距离美国首都华盛顿60多公里，是马里兰州最大的城市和经济中心。发达的进出口贸易、便利的交通使这所城市获得了得天独厚的条件，经济实力雄厚。城市经济的发达和交通的便利也为新大学的建立提供了前期的资本，特别是当地富商霍普金斯的慷慨捐资（700万美元）使约翰·霍普金斯大学最初将校址选在了巴尔的摩市，并以捐赠者名字命名。建校伊始，约翰·霍普金斯大学就特别强调科学研究，首先设立博士学位班，培养科研人才。此外，该校的医学院和医院也颇为有名。除约翰·霍普金斯大学外，巴尔的摩市还有其他高校，如马里兰大学（1807）、巴尔的摩大学（1925）、马里兰艺术学院（1826）、马里兰罗耀拉大学（1852）、州立托桑大学（1866）、州立穆尔甘大学（1867）、约翰·霍普金斯皮博迪音乐学院（1868）、马里兰圣母学院（1873）、州立科宾学院（1900）等。约翰·霍普金斯大学与这些州立学院和大学共同构成了城市里的高校群落。随着美国城市化进程的加快和城市的迅速发展，城市在地理空间上的范围越来越大。“在纽约、芝加哥、洛杉矶等大城市

① Laurence Brockliss, “Gown and Town: The University and the City in Europe, 1200–2000”, *Minerva*, 2000, 38(2), p.165.

中聚集了大量的人口和产业活动,并且通过不断的竞争和兼并,产业的集中度越来越高。由于大城市有能力提供高水平市政服务,使周边城镇继续并入城市,区域城镇个数不断增多并向着核心城镇集中,在空间上表现为城镇的集聚,城市群开始出现。”①随着城市群的出现,原来建于城郊结合部的高校逐渐被城市包围,使其融入城市中心地带。例如芝加哥大学原本位于工业重镇芝加哥南部密西根湖畔的城郊接合带,后来该地区逐渐发展成为城市核心区。纽约、旧金山、洛杉矶等大城市也逐渐成为高校集中地区。

三、大学与城市全面互动阶段(第二次世界大战后至今)

由于大学在战时的科技和军事研究中发挥了巨大作用,第二次世界大战后高等教育越来越受到美国政府和社会的认同和支持,在联邦政府科学政策的引导和各州政府的大力支持下,战后美国高等教育发展迅速。与此同时,美国城市化进入郊区化和大都市区化时期,逐渐形成了以中心城市为核心的城市群落和都市圈。原来位于城郊地区的高校逐渐被城市群落和都市区包围,高校融入城市,随着社会对知识、技术、信息和人才的日益依赖,高校和城市的联系更加紧密,并影响城市的许多方面。

1. 以城市群的主要城市为基础,形成高科技研发区

第二次世界大战后到 20 世纪 70 年代,随着汽车的普及和高速公路的快速发展,城市中心的人口逐渐向郊区转移,商业区和大型购物中心也开始向郊区转移。随着城市功能外延、城市化范围逐渐扩大,中心城市和郊区互动,城市化的地域范围不断扩展。这种扩展不同于以往的仅限于城区扩大的城市发展,而是形成了由中心城市和郊区构成的大都市区。据美国官方的统计,1970 年,居住在郊区的人口开始超过中心城市的人口,其中大部分郊区在大都市区范围内。② 20 世纪 70 年代以来,美国的城市发展速度趋

① 姚晓东,王刚:《美国城市群的发展经验及借鉴》,《天津经济》2013 年第 12 期。

② 单皓:《二战后美国城市的发展》,《城市规划》2003 年第 6 期。

缓，城市主导产业由劳动密集型转向技术密集型，对劳动力需求减少，但对技术的依赖增强。面对人口、交通、就业、环境等方面的压力，提升城市质量备受关注，一些大都市如洛杉矶、纽约等开始摆脱单一发展模式，城市空间从单一中心结构向多中心结构发展，形成以中心城市为核心，囊括众多中小城市的城市群落。其中著名的三大城市群落是：东北部大西洋沿岸城市群，以纽约为中心，北起波士顿，南至华盛顿特区；中西部五大湖沿岸城市群，以芝加哥为核心，东起匹兹堡、布法罗、克利夫兰、底特律，西至圣路易斯，中间包括密尔沃基、哥伦布；太平洋沿岸城市群，以旧金山和洛杉矶为中心，从北部的萨克拉门托向南延伸至圣地亚哥。

大都市区和城市群落的发展促进了产业群的集中和美国经济的迅速增长，也为高校走出象牙塔、与城市互动提供了得天独厚的条件。在城市群落集中地带，以一流高校为依托，形成了高科技研发区，密切了高校与城市群的关系，形成了大学与工业的伙伴关系，高校与城市之间彼此依赖、共同发展。最成功的典范是波士顿地区的 128 公路带、位于旧金山海湾的斯坦福大学附近的硅谷、位于南加州的加州理工学院附近的航空街（Aerospace Alley）等，这些以高科技为核心的产业园区都是在企业家校友的推动下建立的，例如麻省理工学院的万尼瓦尔·布什（Vannevar Bush）、斯坦福大学的弗里德里克·特曼、加州理工学院的罗伯特·密立根（Robert Millikan）和西奥多·冯·卡门（Theodore von Kármán）等。

2. 大学城的规模不断扩大，功能日趋完善，朝都市区方向发展

大学城（college town 或 university town）是一种特殊的地理现象，指一个大学人口占较大比例（通常认为大学人口占城市总人口的 20%）的社区，一般是一个独立的城市或者城镇，有时候也指城市或城镇的某些街区或区域。可以说，大学城是美国特有的一种现象。美国在城市发展之前已经建立起殖民地学院，选址大都在乡村地区，这一传统为美国大学城的形成奠定了良好的基础。世界其他国家和地区很少像美国有这么多由学院和大学占主导的城市。欧洲的大学在中世纪就与城市联系在一起，主要存在于大城市或者国家的首都，如最古老、最著名的大学主要位于巴黎、伦敦、罗马等著名的大城市中。在拉丁美洲，大学主要集中在人口超过 1 000 万的巨型城市中，

如墨西哥首都墨西哥城、巴西的里约热内卢、阿根提首都布宜诺斯艾利斯等。墨西哥城拥有 10 所主要大学，入学总人数达到 45 万人。① 亚洲和非洲同样如此。如中国和日本很少有一个城市的大学入学人数占到该城市总人口的 20%。即使在高等教育历史和管理上与美国类似的加拿大，大学城也很少见，几乎所有政府支持的大学都坐落于省会城市或大城市。在美国则有不同，殖民者最初试图根据牛津、剑桥模式建立哈佛学院，希望学生能够在一个紧密相连的社区里学习、吃饭、休息、祷告，这样的理想在大城市很难实现。当时的新城（Newtown）尚未受到宗教纷争的影响，不会受到各种观点的打扰。因此，限制外部影响的要求成为美国高校在小城市和农村地区选址的正当理由。② 哈佛学院自此坐落于坎布里奇小镇。此后，耶鲁大学和普林斯顿大学也延续了哈佛学院的选址模式，耶鲁大学在搬到纽黑文之前坐落于康涅狄格海岸线的 2 个小镇中。而普林斯顿大学初建时没有校园，1752 年才选择普林斯顿小镇作为校园所在地，而不是选择较大的城市、早期交通枢纽——新不伦瑞克（New Brunswick）作为校址。耶鲁大学和普林斯顿大学的毕业生后来创建了许多美国的高校。耶鲁大学的毕业生在内战前至少协助建立了 16 所学院；长老会的一位历史学家指出，普林斯顿大学的校友在 25 所学院建立过程中都发挥了作用。③

在这些早期学院传统的影响下，美国很多高校在选址时都更青睐较小的市镇，这一方面是因为在小地方教师更容易管理和控制学生，另一方面僻静的小镇更适合师生探究学问。除了殖民地学院，也有很多州立大学选择小镇作为校址。例如，北卡罗来纳州曾经规定，北卡罗来纳大学应该建立在离政府所在地至少 5 英里之外的地方。④ 当然，并不是所有高校都选择乡村小镇，圣公会在建立自己的高校时更喜欢城市，在纽约建立了哥伦比亚大学，在费城建立了宾夕法尼亚大学。几乎所有天主教的大学也建立在大城市中。随着工业化和城市化的进行，建立城市学院/大学的呼声越来越高，

---

① Blake Gumprecht, *The American College Town*, University of Massachusetts Press, 2009.

② Blake Gumprecht, *The American College Town*, University of Massachusetts Press, 2009.

③ Blake Gumprecht, *The American College Town*, University of Massachusetts Press, 2009.

④ Blake Gumprecht, *The American College Town*, University of Massachusetts Press, 2009.

倡导者认为在人口中心开展教育能够更好地培养国家未来的领导者。[①] 但是,仍然是早期的学院传统占了上风,因此,很多学院仍然远离大城市。许多市镇领导认为没有学院的社区是不完整的;地方社区也欢迎大学的建立,它们积极为大学提供土地、资金、校舍等。例如,耶鲁大学就是因为纽黑文市为其建立了一座校舍并为其提供建校所需的土地后定址纽黑文的。再如,密西根大学最初选址在底特律,后来由于位于底特律不远的安娜堡为其提供了 40 英亩土地而迁址安娜堡,从而使安娜堡成为一座名副其实的大学城。随着赠地学院的发展,州政府为高等教育提供更多支持,大学城在美国日益增加。

第二次世界大战前,大学城成为城市地区一道独特的风景。大约 70%的大学城都在这时形成。由于入学人口的不断增加,3/4 的大学城此时的入学人口占到所在城市人口的 20%。[②] 第二次世界大战以后,随着退伍军人入学要求的增加和高等教育的迅速发展,大学城经历了爆炸性增长和剧烈变革。首先,随着《退伍军人权利法案》的颁布,大量退伍军人获得了免费接受高等教育的机会,高校入学人口迅速增加。高校入学人口暴涨,一方面使得高校的住宿需求增加,大学城原来的设施和空间难以满足迅速增加的住宿需求,许多大学将农场、水塔甚至轮船的甲板室作为临时宿舍;另一方面间接推动了美国高等教育大众化发展,许多退伍军人是家庭的第一代大学生,他们进入高校对自己的兄弟姐妹甚至未来的孩子接受高等教育都产生了影响,使高等教育入学率不断增加,社会对大学学位的要求也随之增加。因此,高校在空间和数量上都发展迅速。第二次世界大战后婴儿潮一代促使美国高等教育持续扩张。1951 年至 1975 年,全美高等教育入学人口增长了 5 倍。[③] 其次,高校的选址越来越倾向于城市而不是城镇。随着入学人口的持续增加,第二次世界大战后新建高校的数量相对较少,此时建立的高校大都选择大城市而不是大学城。许多州开始系统考虑高校选址问题,许多早期的决定被认为不明智,因为许多高校分布不均衡,或者对大部分人来说不

---

① Blake Gumprecht, *The American College Town*, University of Massachusetts Press, 2009.
② Blake Gumprecht, *The American College Town*, University of Massachusetts Press, 2009.
③ Blake Gumprecht, *The American College Town*, University of Massachusetts Press, 2009.

方便。例如,宾夕法尼亚州立大学 1859 年建立时离最近的村庄 4 英里,离最近的铁路 22 英里。① 由于校址偏远,一些州立大学在 20 世纪 30 年代开始在本州之内建立分校。第二次世界大战以后,高校尽管数量增加缓慢,但校园规模却在不断扩大,除了州立大学继续发展分校,建立州立大学系统,其他高校在空间上也不断扩大,联邦政府为高校提供贷款支持建设学生宿舍。第三,第二次世界大战后大学功能拓展,与社会和工业界联系广泛,大学城在此期间发展迅速。第二次世界大战以及 1957 年苏联卫星发射成功促使联邦政府大力资助科研,大学开始与技术产业合作建立研究园区;原来的赠地大学也逐渐突破只为农业和机械工业服务的职能,开始向综合性大学发展,到 1957 年,奥本大学(Auburn University)招收的 60%的学生选择了普通文理学科;以前的教师学院发展成了综合性大学。此时发展迅速的大学城一般是地区性州立大学,如佐治亚南方大学(Georgia Southern University)的招生数量在 1940 年到 1970 年增长了 10 倍。② 随着大学城人口的增加和规模的扩大,与城市的界限越来越小。大学城外学生与社区的互动越来越多,大学城的文化日益丰富。

20 世纪 70 年代后期,高校入学人数减缓,1940 年至 1970 年,大学城入学人数平均增长了 3 倍,但在之后的 30 年,只增长了 21%。③ 但是,位于大城市的社区高校的学生仍在增加。此时大学城已经度过第二次世界大战后初期住宿的紧张时期,大学减少了在建设宿舍上的花费。越来越多的学生住在校外,这刺激了学生住宅小区和学生购物中心的发展。大学城周围以学生为服务对象的餐馆、咖啡厅、服装店、酒馆等逐渐发展起来。大学城逐渐发展成一个功能设施齐全的"城市"社区。尽管美国的城市化高潮已经过去,城市人口增加趋于平稳,但大学城人口仍然保持着较高的增长速度。1994 年以来,16 个大学城由于规模增长太大被美国政府指定为都市区,这一数字占全国新建都市区的 1/4。④ 大学城人口能够保持持续增长主要由

---

① Blake Gumprecht, *The American College Town*, University of Massachusetts Press, 2009.
② Blake Gumprecht, *The American College Town*, University of Massachusetts Press, 2009.
③ Blake Gumprecht, *The American College Town*, University of Massachusetts Press, 2009.
④ Blake Gumprecht, *The American College Town*, University of Massachusetts Press, 2009.

于:第一,高校毕业生仍然愿意留在所在城市工作,他们已经适应并习惯大学城的生活;第二,一些居民喜欢大学城的生活方式和文化氛围,搬到大学城生活;第三,为了充分利用大学城里著名大学的科研优势,一些高科技公司纷纷设立在大学城。

大学城的发展既加强了高校与城市之间的合作和依存关系,也刺激了所在地区的经济发展。从殖民地时期奠定大学城的基础到第二次世界大战后大学城的迅速发展,大学城在保持自己的特色的同时,逐渐融入城市生活。

3. 以跨国教育为纽带,高校与城市的互动超越国界

20世纪90年代以来,高等教育国际化趋势明显,美国高校在国际化浪潮中不断寻求机会,加快国际化进程。其国际化的主要表现包括:开设国际课程、招收国际学生,与国外高校互派学生或进行联合培养、增加高校教师的国际流动、面向全球招聘教师、与国外高校合作办学或在国外开设分校等。随着高等教育国际化形式的丰富,美国高校国际化的水平不断提高。随着跨国教育的实现,高校与城市的互动不再限于国内空间,而且超越国界,拓展为高校与国外城市之间的互动。

(1) 耶鲁-新加坡国立大学学院

耶鲁-新加坡国立大学学院(Yale-NUS College)是耶鲁大学与新加坡国立大学联合建立的一所本科生文理学院,位于新加坡国立大学的大学城中,成立于2011年。这是新加坡第一所文理学院,也是拥有300多年历史的耶鲁大学首次在美国以外建立分校。2013年开始招生,首次招生150人。到了稳定阶段,每年将招收250人,学院的总体规模控制在学生1 000人,教师100人。①

耶鲁-新加坡国立大学学院是一所选拔性很强的独立自主的小型学院,其目的是在亚洲尝试建立一种新的文理住宿学院模式,为整个亚洲服务,为迎接21世纪的机遇和挑战培养人才。耶鲁-新加坡国立大学学院通过新加坡国立大学颁发学位,而不是耶鲁大学。教师队伍由耶鲁大学和新加坡国立大学两校教师组成,负责学院的管理和教学任务。在治理模式上,耶鲁-新加坡国立大学学院不同于新加坡国立大学的其他学院,它拥有较大自主

① http://jdip.swjtu.edu.cn/Singapore/Employment/60.html,2017年11月11日。

权，有独立的董事会，董事会成员一半来自耶鲁大学，一半来自新加坡国立大学，其中来自耶鲁大学的成员主要负责课程、教师聘任和入学政策等。办学经费由新加坡国立大学和新加坡政府全额提供，耶鲁大学不需花费任何资金。

耶鲁-新加坡国立大学学院的建立不仅代表耶鲁大学与新加坡国立大学的实质性合作，而且代表耶鲁大学与新加坡政府和所在地区的合作。学费和其他费用与美国州立高校持平，并向学生提供经济资助。此外，学院还将偿还因新学院初期规划而耽误耶鲁大学教学工作的教师的所有损失。新加坡国立大学负责来新加坡为学生上课的耶鲁大学教师的工资，并向教师所在的耶鲁大学院系提供经费支持。

耶鲁-新加坡国立大学学院的建立开创了亚洲文理住宿学院的先例，拓宽了学生的国际视野，使学生获得了感受国际一流高校教育教学的机会；增强了新加坡国立大学和所在城市的吸引力和国际声誉，为所在城市和地区带来了经济收益；扩大了耶鲁大学的国际影响。与此同时，引来了关于学院的各种争议，例如担心新加坡的文化传统和国家规定会影响学院的学术自由，耶鲁大学与新加坡国立大学合作建立文理学院会影响耶鲁大学的质量，使耶鲁大学的声誉受损，等等。尽管存在种种争议和质疑，学院最终宣布成立并于 2013 年秋季开始招生，由此也标志着耶鲁大学不仅与纽黑文建立了联系，而且与新加坡建立了联系。

（2）上海交通大学密西根学院①

上海交通大学密西根学院是美国密歇根大学（安娜堡）与中国上海交通大学于 2006 年共同创办的国际化工学院，坐落于上海。上海交通大学密西根学院旨在借鉴密歇根大学的成功经验，建设一个世界一流的工学院。学院按照国际一流大学标准聘任教师，沿用密西根大学的课程体系和教学模式，全英文授课，旨在培养善于创造性解决问题、综合素质优异、具有国际竞争力的领袖人才。学院目前设有机械工程、电子与计算机工程两个专业，同时与密西根大学工学院 14 个专业合作开展本科双学位项目和本硕连读项

① 校名引自该校官网。

目。该校 2010 届毕业生中 70% 以上的学生选择出国深造，全部被国外一流大学录取，并且大多数是美国专业排名前 10 名的大学；10% 的学生直升国内研究生；选择直接就业的毕业生 100% 被国内外大型企业录用。①

在人才培养方面，学院注重激发学生的专业兴趣和创新潜力，通过大量实践项目培养学生的团队协作、交流沟通、科技英语写作、组织领导等各项能力。同时，坚持国际化培养理念，从课程体系到任课教师，从多模式国际化合作到沉浸式国际化学院氛围，自始至终给所有学生一个国际化的全面培养。② 学院为学生提供了大量高质量的国际化培养机会，如交大-密西根本科双学位项目，交大-密西根本硕连读项目，以及各类短期出国交流项目。

上海交通大学密西根学院是国家教育体制改革领导小组认定的"中国高等教育改革楷模"，也是"上海市示范性中外合作办学机构"，其建设和发展得到了中国教育部和上海市政府的大力支持。中国政府希望通过与国际一流高校合作办学，公开遴选最优秀的教育家群体，放手让他们依法治校，创新高等教育办学的体制机制，从而探索出一条通向世界一流大学的道路。同时，上海市对上海交通大学密西根学院给予充分支持，在资源分配、办学空间、制度创新等领域给予政策支持，使密歇根大学与上海交通大学之间的合作获得了有利的外部条件。加上学院内部自主的治理机制，上海交通大学密西根学院取得了很大成功，成为国际合作办学的楷模。学院的成功建设为密歇根大学、上海交通大学以及中国和美国之间的合作都带来了益处。第一，海外学院的设立一方面扩大了密西根大学的国际影响，提升了其国际地位，另一方面为密歇根大学安娜堡校区的学生提供了更多国际交流和实践的机会。密歇根大学为学生提供了暑期夏令营、海外实习等项目，这些项目都可以在上海交通大学密西根学院实施。第二，学院的成功建设也大大提升了上海交通大学和密西根大学的声誉，强强联合探索出的办学模式使两校在全球竞争中取得了较好的效果。第三，由于学院隶属于上海交通大学，学院的成功办学模式和优质资源可以与上海交通大学其他学院实行资

① http://zsb.sjtu.edu.cn/info/1010/1117.htm，2017 年 11 月 11 日。

② http://umji.sjtu.edu.cn/cn/about/，2017 年 11 月 11 日。

源共享,为其他学科的人才培养模式改革提供了新思路。第四,学院的成功建设以及与密西根大学的紧密联系,也直接或间接影响了部分跨国企业研发中心转移到中国,推动了中国经济和高科技产业的发展,众多跨国企业研发中心落户上海,不仅带动了上海的高科技产业发展,为高校与企业合作提供更多机会,而且为高校毕业生提供了更多就业机会,带动了上海市的经济发展。

第 2 节 美国高校与城市互动机制分析

美国是一个以市场经济为主的国家,市场机制在高等教育运行中发挥着主导作用,联邦政府主要发挥监督和协调作用,州政府是主要管理者,而且各州管理模式不同。总体而言,在高校与城市互动过程中,政府主要从资源角度发挥影响,形成了基于资源依赖的协调机制;市场机制中的自由、竞争机制直接影响着高校与地方企业的互动;而参与和信任则是影响高校与社区互动的文化因素。

一、基于资源依赖的政府协调机制

资源依赖理论的核心是权力,高校与政府之间资源依赖程度越深,权力控制就越强。在高校与城市互动问题上,美国各级政府、各个州与不同层次的高校之间权力范围不同、大小各异,因此互动机制有所差别。

1791 年,美国宪法第十修正案规定:"凡本宪法未授予联邦而又未禁止各州行使的权限,分别保留给各州和人民。"[①]根据这一规定,州政府行使教育行政的管理权,禁止联邦政府实行中央集权制的教育管理体制。美国教育部的主要职责包括:制定联邦教育政策;协调州与地方的关系;管理联邦给高等教育的资助及相关工作;收集和发布教育统计数据和其他情报资料;

---

① 《深度解析美国联邦教育与各州教育行政制度的关系》,http://soton.com.cn/index.php? m = Article&a = show&id = 22,2017 年 11 月 13 日。

提供咨询建议等。州政府的主要职能包括立法、财政资助和预算、专业评估、规划。州政府主要通过两种途径实现对高等教育的管理：一种是州长通过在大学董事会任职或任命董事会成员影响高等教育，另一种则是设立专门的高等教育管理机构（例如州高等教育委员会）。高校作为法人实体，在入学条件、人员聘用、学科专业、课程设置和科研及社会服务等方面有很大的自主权。特别是私立高校，由于不受政府办学经费的限制，具有更大的灵活性和自主性。

随着接受高等教育的机会和入学人数在第二次世界大战后的剧增，美国政府对高等教育协调和治理的关注增加。与此同时，联邦和州政府对高等教育的投资也在增加。在大部分州政府的建议下，治理或协调委员会建立，从而确保政府投资能够促成协调有效的高等教育系统。20 世纪 70 年代经济危机导致高等教育入学人口减少，州政府开始考虑节约成本，因此，州一级的中等后教育委员会控制性越来越强，但结构未变。20 世纪 80 年代中期，州一级的教育委员会经历了渐进性持续改革，各州的改革虽有较大不同，但共同目标是改进高等教育质量。决策者越来越重视高等教育的绩效和效率，更加关注高等教育满足本州经济和生活质量需求的情况。一些州通过分权化管理实现质量改进的目标，一些州则通过建立高等教育系统集中管理本州高等教育，还有一些州保留自己的结构但增加了绩效责任的梯度。

由于受各种因素的影响，美国各州的高等教育治理结构存在较大差异，各州的高等教育管理机构在结构和权力大小方面有较大不同。高等教育治理专家将各州高等教育治理结构归纳为三大类：（1）统一治理委员会（consolidated governing boards）；（2）协调委员会（coordinating boards）；（3）服务机构（service agencies）。在美国 50 个州中，有 24 个州属于统一治理委员会类型，这些州都设有一个或多个全州范围的治理委员会，管理全州公立中等后教育机构。根据州法律，统一治理委员会拥有对任何法人实体的全部权力和责任，包括战略规划、预算、资源分配、高教系统和高校负责人的任职、评价、在统一治理委员会权限内支持高校需求、颁发学位、制定人事政策等。23 个州设有协调委员会。这类机构不直接管理高校，因此不参与任命校长、制定人事政策等事务，通常作为监督高等教育机构的地方委员会发挥以下职能:更加关注全州和整个高等教育系统的需求和发展重点而不是某个高校的需求;对整个中等后教育系统进行规划;维护数据库并提供政策分析;审查学生财政资助;为非公立高校颁发许可证;不直接制定和实施人力资源和人事政策;对专业和公立高校的财政进行评估。5个州设有高等教育服务机构。其中3个州还有统一治理委员会。服务机构通常管理学生资助项目,给非公立学位授予机构颁发许可证,管理联邦和州范畴的项目,收集和分析高等教育数据等。服务机构一般不批准学术项目或者批准和评估财政预算。除上述三类高等教育管理机构外,密歇根州没有相关机构。教育委员会根据宪法规定负责本州高等教育系统的整体规划和协调工作。但是,公立大学仍然拥有宪法赋予的自治,社区学院则由地方管理委员会负责,因此,州委员会起不到全州高等教育协调机构的作用,不必设立。

高等教育管理机构实际上反映了政府与高校之间的权力关系。设有统一治理委员会的州完全控制由它们规划和协调的高等教育机构,对高等教育拥有较多权力。在高校与区域互动方面,统一治理委员会也发挥着重要作用。例如,它可以通过对高校战略规划中的社会服务和社区服务部分提出要求和建议来影响高校与区域和所在城市的关系;或者在委员会的权限范围内通过资源分配(经费和土地等)建立高校与区域之间的联系,减少二者之间的冲突,推动良性合作。协调委员会的权力范围小于统一治理委员会,介于统一治理委员会和服务机构之间,主要功能是与本州中等后教育机构及其支持者一起规划高等教育的发展。在高等教育规划中,也包括高校对地区和社区的服务以及与社区之间的合作关系。服务机构的主要职能是就高校的发展、规划和其他问题向州政府和高校提出意见和建议,为高等教育的发展和学生提供服务。在设有服务机构的州和不设任何委员会和机构的密歇根州,在处理和协调高校与社区关系方面拥有较大的自主权,在高校与城市互动中州政府的作用不明显。

社区学院通常是面向本社区招生、为本社区服务的两年制学院,兼具职业技术教育和转学功能。在与政府的关系上,社区学院与联邦政府、州政府和地方政府之间都有联系。由于认识到社区学院在推动社区经济和帮助社区居民的重要性和潜力,联邦政府为社区学院提供了直接或间接支持。联邦政府主要通过资金支持和税收减免为社区学院提供帮助。美国教育部为各类社区学院和技术学院提供的资金支持包括直接给学校拨款、通过给州政府拨款最终支持社区学院,或者对学生提供资助。对中等收入或低收入家庭的学生或者其家庭,还可以根据《纳税人减税法案》(Taxpayer Relief Act)享受 2 年中等后教育税收抵免;此外,根据《终身学习税收抵免》(Lifetime Learning Tax Credit)的规定,符合要求的学生还可以在中等后教育阶段享受 20%学杂费抵免,且申请年份没有限制。许多其他联邦机构还为社区学院的专业、学生或创新项目提供资助。社区学院学生还可以在联邦的各种机构获得实习、研究或其他工作的机会。[①] 此外,联邦政府也通过立法等手段对社区学院进行宏观政策引导。

州政府和地方政府是社区学院的主要支持者和管理者。在政府给社区学院提供的经费中,州政府和地方政府的经费占比最大。据美国教育部全国教育统计中心资料显示,2004—2005 学年,政府投资社区学院的经费高达 386 亿美元。社区学院的经费来源是:州政府 39.8%,学费 20.5%,地方政府 17.3%,佩尔助学基金 7.3%,其他联邦基金 5.9%,其他 9.2%。除去 13.2%的联邦基金,美国社区学院的其他经费几乎都来源于当地政府,包括州政府、市县政府、地方企业、个人捐款和学生学费等。[②] 大部分社区学院都位于特定区域,这些区域的经费一般来自地方社区的财产税收入。因此,社区学院与地方关系十分密切。除了资金支持,地方政府还为社区学院提供土地资源和公共基础设施,使社区学院能够顺利运转。在管理方面,社区学院由董事会管理,董事会一般由州长指定或由社区居民选举。在有些情况下,例如芝加哥城市学院,董事会由当政的地方政府指定;在芝加哥市,由市长指定董事会。董事会可以直接管理社区学院,或者可以通过大学或大学系统办公室管理社区学院。董事会可以从属于监督所有社区学院或全州高等教育机构的州机构,也可以不从属于它。[③]

---

① US Department of Education, Office of Vocational and Adult Education. *Community Colleges: Federal Resources supporting Local Opportunities*. Washington, D.C.: Sagwan Press, 2004, pp.1-16.

② 姜光辉:《美国社区学院的七大特色分析》,《中国农业教育》2009 年第 4 期。

③ http://en.wikipedia.org/wiki/Community_colleges_in_the_United_States,2017 年 11 月 11 日。

从上面的分析可以看出,社区学院在很大程度上依赖地方政府提供的各种资源支持。同时,社区学院也为地方政府和社区提供了智力支持和文化支持。社区学院的许多专业和课程是基于社区需要而设立的,这样就能更好地实现地方政府推动社区发展目标;社区学院的教师还可以参与地方政府的决策咨询,为其提供智力支持;同时,社区学院面向本社区招生的导向既为本社区居民提供了接受高等教育的机会,也有效解决了地方社会普通劳动力的培养和培训问题,更好地实现地方政府促进教育公平的目标。由此,社区学院与地方政府之间形成了基于资金、土地、人才等多种资源相互依赖的互动机制。这种机制的顺利运行将使地方政府和高校共同受益。

二、基于自由、竞争的市场机制

美国高等教育的运行主要依靠市场机制实现,市场机制发挥着决定性作用。这一机制的最大特点是自由竞争。无论是高校之间,还是高校与其他利益相关者之间,自由竞争都是重要规则,从而保证了美国高等教育的多样性。高校与产业界的互动正是在这种自由竞争的市场机制下逐渐实现互利共赢的。在高校与城市的互动中,市场机制主要体现在高校与企业的互动上。

高校与企业之间通过自由竞争的资源配置方式实现资源共享。在高校与企业的互动中,政府不直接干预高校和企业的活动,对其也没有具体的政策限制或要求。高校和企业可以从各自的目标出发,根据资源的稀缺程度、相互依赖程度和二者利益的达成度等进行合作。高校与企业互动通常以高校科技园来体现。高校科技园建立初期,高校毕业生出于创业目的,而地方企业出于发展区域经济的目的开展合作,这种合作完全出于二者意愿而很少受到政府的干预。因此,二者在互动合作中遵循自由交换的原则。如正是因为斯坦福大学毕业生的创业打算,地方社区给予支持,才促成了"硅谷"的形成。因此有人说"没有斯坦福大学就没有硅谷"。当前,高校已经成为区域经济发展的必不可少的推动力量,高校与企业之间的互动已经不同于"硅谷"初创时期的模式,而是形成了多利益主体共同参与的多元化互动模式。许多州以著名的高校为中心建立科技园区，这些高校科技园区往往是同一区域内多个高校之间以及高校与企业之间共同合作创办，其互动遵照市场竞争原则，通过市场来配置资源，由市场这只看不见的手来解决高校（群落）与地方企业之间的矛盾冲突，推动二者良性合作。

市场逻辑之所以能够在高校与企业的互动中发挥作用是因为二者之间存在资源依赖关系。高校的知识、人才、技术是企业得以发展和获得利润的基础。没有高校培养的各类人才，企业的人力资源难以得到保障，更谈不上创新发展；高校的知识成果（包括基础研究和应用研究）、专利等为企业的进步奠定了基础；高校的技术创新则可以直接为企业所用，为企业带来长期的经济利益。同样，高校的发展离不开企业的支持。企业为当地高校毕业生提供了大量就业机会，许多高校毕业生更喜欢留在学习的城市工作；企业还为高校毕业生提供了各种实习机会和平台，这对工科专业的学生尤其重要，正是通过实习，学生提高了实践能力，也获得了毕业后的工作职位；企业还为高校科研提供了实验田和经费支持，尤其对一些应用研究，高校教师在企业工程技术人员的支持下利用企业的平台进行试验和创新，一些科研项目本身就是直接针对企业所面临的问题而开展的，可以为教师提供接触企业实践的机会，并获得企业资金的支持。正是因为高校和企业都有自己稀缺的资源，自身不能生产而必须需要，所以二者之间基于资源依赖和共享原则达成合作，产生互动。这一过程没有政府的直接干预和推动，而是高校和企业在市场逻辑下自发合作的结果。

三、基于参与和信任的文化机制

在高校与城市社区的互动中，尽管不同层次、不同类型的高校发展目标不同，但对于社区活动都具有强烈的参与意识。

首先，高校对参与社区活动认识充分。无论是研究型大学，还是州立大学和社区学院，都认识到参与社区工作的重要性，都从战略角度将高校自身的发展与城市社区的共同进步结合起来。高校与社区在发展目标上不同，各自的关注点不同，高校关注的重点在人才培养、科学研究、学科建设等方面,社区关注的重点在社区发展和市民生活。尽管如此,高校充分认识到建立良好的合作对于高校和社区的长远发展有利,因此积极参与社区互动。即使在研究型大学,参与社区服务也是其重要职能之一。如密歇根大学,尽管其核心目标是培养世界一流人才、创造一流的科研成果、参与全球竞争等,但这些都离不开社区和所在城市的大力支持,作为安娜堡市最大的土地免费使用者,密西根大学应该为该市的经济发展、居民的生活和文化水平提升做出贡献。正是基于这种考虑,密歇根大学针对安娜堡市冬天积雪较多导致道路破坏严重等问题,研究并制定了具体的解决方案,并提供资助改善该市道路状况。

其次,高校形成了较好的社区参与机制和管理制度。每一所高校都设有参与社区和地方工作相关的办公室,专门协调与社区之间的关系。例如,休斯敦社区学院设有政府事务办公室(The Office of Governmental Affairs, OGA),作为联络联邦、州和地方政府与社区学院之间的专门机构。其主要目的是与董事会、院长、大学校长、行政管理人员和其他主要的利益相关者合作。政府事务办公室与联邦和州的决策者、州长办公室、其他政府机构密切合作,共同提高高等教育的质量,满足学生和社区的需要。此外,政府事务办公室还规划、组织、协调、指导和监管所有会影响休斯敦社区学院的政府以外的机构的决策行动。① 耶鲁大学在公民参与方面提出了一个综合战略,并长期执行这一战略。该综合战略包括四个领域:促进经济发展;加强邻里关系;增强中心城市的安全性、魅力和活力;提升城市形象。为实施这一战略,耶鲁大学首先建立了纽黑文与州事务办公室(Office of New Haven and State Affairs);建立了校长公共服务奖学金(President's Public Service Fellowship);为加强邻里关系,耶鲁大学宣布了"耶鲁大学购房计划"(the Yale Homebuyer Program)。② 通过"耶鲁大学购房计划"鼓励教师在纽黑文地区购房,为购房的教师提供经济支持。上述战略和措施效果明显,极大地改善了耶鲁大学与纽黑文的关系。

---

① http://www.hccs.edu/district/departments/government-affairs,2017年11月11日。

② "Universities and Cities", in Richard C. Levin, *The Worth of the University*. New Haven & London: Yale University Press, 2013, p.105.

通过有效的管理制度和参与机制,高校才能与社区深入互动,而不局限于高校将社区工作置于从属地位,社区只在税收、环境、交通等方面为高校做服务工作。地方政府认识到支持高校与社区合作的重要性,在高校与社区之间形成利益平衡机制,调动二者参与互动的积极性。高校与地方社区之间建立沟通平台加强为社区服务的力度,通过沟通平台来满足社区居民和高校师生的需求。从资源依赖理论的角度看,高校与社区都有自己不能生产的稀缺资源,例如社区的公共设施、土地,高校的人力资本和智力资本等,这些稀缺资源具有互补性,通过双方互动,建立良好的合作关系,高校和社区通过发挥各自的优势在高校和区域发展中起到重要作用。通过正确认识、完善制度和建立机制保障等措施,美国高校与社区形成了比较浓厚的参与文化。

高校与社区的合作在很大程度上源于相互信任,如果缺乏信任机制,二者很容易产生矛盾。高校与社区的矛盾多源于缺乏信任。高校师生与社区居民在目标追求、工作重点、文化认知、生活习惯、兴趣爱好等方面都存在异质性,校园文化也不同于社区文化,师生的一些行动、校园的一些活动有时会引起社区居民的不满,认为高校作为当地最大的免税单位,享受了社区的很多利益,却给社区居民带来了麻烦和不稳定因素。高校有时候也将社区看作不同的群体,将二者作为属于不同文化的两类系统。因此,二者有时在涉及共同利益的事务上很难达成一致,任何一方都在为自身利益着想。高校与社区之间存在的客观异质性和主观上的误解、不信任造成了二者之间的矛盾。因此,解决二者矛盾的根源在于加强高校与社区的相互理解和信任,建立信任机制。为了建立信任机制,高校必须放弃一些利益或者为社区做出更多贡献;社区也要认识到高校为其带来的间接经济利益和文化影响。如耶鲁大学和纽黑文市曾冲突不断,但在20世纪90年代理查德·C.莱文任校长后,二者之间的关系改善了很多。莱文在总结经验时指出,一所大学必须为所在社区带来实质性影响。具体包括:(1) 城市伙伴关系必须成为大学的清晰目标,促进广泛理解要作为校长工作的重点;(2) 招聘优秀的领导,为解决问题提供足够的行政资源;(3) 认识到当前大学与社区关系的重点,这有利于为新的动议提供坚实的基础;(4) 与城市的所有选民建立诚实的、开放的沟通渠道;(5) 形成综合参与战略,使大学的工作满足城市的需要;(6) 通过自愿方式鼓励州和地方政府的投资;(7) 与当选的官员和社区领导建立信任;(8) 要有耐心。当选的官员和社区成员有时候需要保持独立,要给他们提供这样的空间。[①] 从这些经验不难看出,只有当大学将与社区的关系纳入其工作目标,并从战略高度认识大学与社区的关系,采取多种措施为社区发展做出贡献,才能促进二者建立伙伴关系。这一伙伴关系最重要的建立基础是开放、信任、耐心、尊重的文化机制。

第 3 节 典型案例分析

一、耶鲁大学与纽黑文市的互动

(一) 耶鲁大学与纽黑文市互动的历史与现状[②]

耶鲁大学坐落于康涅狄格州纽黑文市,创立于 1701 年,是美国著名的私立研究型大学,也是美国历史上最早创办的三所大学之一,是常春藤联盟核心成员。耶鲁大学创办之际正值殖民时期,当时的殖民牧师为了保持欧洲教育的传统,倡导建立自己教派的学院,直到 1701 年,这所教会学校才成立。为了感谢威尔士商人伊利胡 · 耶鲁(Elihu Yale)对学校的捐款,学校改名为耶鲁大学。[③] 至此,耶鲁大学与纽黑文市在冲突与合作中开始了互动的发展历程。

纽黑文市位于美国康涅狄格州,是耶鲁大学的所在地。第二次世界大战后,由于产业投资逐渐萎缩,就业机会缩减,纽黑文市的经济状况不佳,大量的失业人口得不到很好的安置,贫民窟范围逐渐扩大,城市治安环境受到

---

① "Universities and Cities" in Richard C. Levin, *The Worth of the University*. New Haven & London: Yale University Press, 2013, p.105, pp.115-116.

② 纪照华,郄海霞:《美国高校与区域协同创新的路径探析——以耶鲁大学与纽黑文市为例》,《高教探索》2015 年第 10 期。

③ "About History", http://www.yale.edu/about/history.html, 2017 年 11 月 11 日。

威胁。纽黑文市不容乐观的经济环境,加上耶鲁大学和纽黑文没有意识到合作的重要性,导致双方冲突不断,关系一直比较紧张。

大学的发展离不开与所在城市的互动,城市的发展也离不开大学的支持。耶鲁大学与纽黑文比较紧张的关系显然不利于双方的发展。种种不稳定因素导致耶鲁大学部分教职工士气低落,甚至一些优秀的师资和生源不愿来到耶鲁大学工作和学习,严重影响了耶鲁大学国际化的发展目标;同时,耶鲁大学与纽黑文的紧张关系也影响到纽黑文市的正常发展,给其经济发展、企业生产、居民受教育水平带来消极影响。

耶鲁大学与纽黑文市这种紧张的关系持续了很长一段时间,直到 1993 年,理查德 · C.莱文担任校长后,采取了一系列措施改变这种紧张关系。经过莱文的努力,耶鲁大学和纽黑文市虽然在一些问题上仍存在矛盾,但双方都已经认识到合作的重要性,因此,合作在双方互动的过程中显得越来越重要。

(二)耶鲁大学与政府的互动

联邦政府一般是通过立法、科研拨款和财政援助等方式来促进大学的发展;州政府则是在联邦政府立法的基础上,根据实际情况,通过颁布一些政策法规、下放权力、资助等方式来发挥自己的作用。在耶鲁大学,联邦和州政府除以上几种方式外,还通过会议决策、制定方针计划等方式与耶鲁大学进行合作,促进大学的共同发展。

1. 耶鲁大学与联邦政府的互动

耶鲁大学与联邦政府共同关注贫困、优秀生的入学、毕业问题。2014 年 12 月 4 日,时任美国总统奥巴马在白宫召开了第二次白宫峰会,希望帮助更多的高校学生顺利毕业。在第一次白宫峰会上,耶鲁大学提出了若干承诺,努力帮助家庭条件差但成绩优异的学生顺利完成大学学业,并对此提出了三个有针对性的措施:通过招生人员和大使扩大相关政策的宣传;将耶鲁大学作为此计划的试点;通过在线课程的开发和实施,帮助贫困学生。[①] 耶鲁

---

① "YaleNews", http://news.yale.edu/2014/12/04/yale-expands-programs-ready-students-college-part-white-house-initiative,2017 年 11 月 11 日。

大学的承诺是对联邦政府有关大学教育新决策的积极响应,进而提高美国公民接受大学教育的比例,促进国民素质的提升。

2. 耶鲁大学与康涅狄格州的互动

耶鲁大学与州政府共同促进康涅狄格州居民的健康计划。室内晒黑是一种最近比较流行的换肤方式,随着其迅速传播,康涅狄格州的居民也开始运用此方式。然而,耶鲁大学的公共卫生组织通过对室内晒黑和基底细胞癌(BCC,皮肤癌的一种)的研究和鉴定,发现两者有相关性,并且,使用过室内晒黑方法的居民感染基底细胞癌的可能性高达 69%。① 这项研究引起了康涅狄格州州长丹尼尔 · P.马洛伊(Dannel P. Malloy)的注意,他签署了相关文件,改变了康涅狄格州的相关法律。此外,耶鲁大学公共卫生组织的学生积极参加并实施康涅狄格州组织的食品安全计划,进而加强康涅狄格州的公共卫生,对保障居民健康有一定积极作用。

3. 耶鲁大学与纽黑文市政府的互动

耶鲁大学与纽黑文市政府的互动主要表现在税收和经济发展两个方面。

税收是纽黑文财政收入的主要来源之一,而耶鲁大学是免税机构,因此,在 2003 年,双方因税收问题展开了争论。2003 年,纽黑文市议会表决通过了一项建议,呼吁耶鲁大学在财政危机时为纽黑文市提供更多的资金支持。② 然而耶鲁大学并没有接受纽黑文市的建议,虽然据理力争,但最后,此建议被通过了。此项建议虽然导致双方的关系在税收方面较为紧张,但没有影响双方在其他方面的合作。为了解决争端,缓解双方的紧张关系,近几年,耶鲁大学自愿支付相当于财产税部分的资金,以减轻市政府过重的财政负担③,2014 年耶鲁大学自愿支付了 800 万美元;在纳税方面,虽然全国每一所非营利大学是免除财产税的,但是,耶鲁大学通过重新开发附近社区物业的投资计划,缴纳房产税超过 400 万美元(耶鲁大学 2014 年所有的非学术

---

① "Yale School of Public Health",http://publichealth.yale.edu/news/archive/article.aspx? id=5686,2017 年 11 月 11 日。

② 郄海霞:《美国研究型大学与城市互动机制研究》,中国社会科学出版社 2009 年版,第 131 页。

③ "Office of New Haven and State Affairs",http://onhsa.yale.edu,2017 年 11 月 11 日。

性财产），并且已经成为纽黑文 5 大纳税者之一。[①] 因此，随着问题的解决，双方在税收上的紧张关系逐渐得到缓解。

耶鲁大学推动了纽黑文市经济的发展，主要表现在：① 耶鲁大学为了强调大学与城市互动的必要性及其决定与城市合作的承诺，在学校建立了纽黑文与州事务办公室（Office of New Haven and State Affairs）。该办公室是加强耶鲁大学与纽黑文联系的组织机构，处理纽黑文市政府、市民、企业等机构之间的关系，通过加强与纽黑文市、其他大学部门及社区的联系，进而促进纽黑文市经济的发展、社区的振兴。[②] ② 耶鲁大学为纽黑文市市民提供就业机会，其中包括两个就业导向，第一，作为耶鲁大学的职工。耶鲁大学有超过 13 000 名全职工，其中 4 000 多名是纽黑文市居民。第二，耶鲁大学将与纽黑文市密切合作重大建设项目，其中的监测工作分配给纽黑文市居民。据统计，在过去的 10 年中，耶鲁大学在纽黑文市创办了 30 多个科技企业，推动了纽黑文市经济的发展。[③] ③ 耶鲁大学通过开发和吸引经济发展计划，促进纽黑文市经济发展。自 1990 年以来，除了购房计划，耶鲁大学吸引了 4 000 万美元的经济发展计划，包括纽黑文经济发展公司、启动社区银行、发展科技园、百老汇和教堂街社区投资计划，[④]推动纽黑文市的经济发展。

纽黑文市积极开展与耶鲁大学的合作，促进耶鲁大学国际化的发展目标。过去，因为纽黑文市经济不振、环境和治安问题突出，严重影响了耶鲁大学吸引高水准的师资队伍和生源，阻碍了耶鲁大学的发展。随着经济的快速发展，环境和治安问题得到改善，纽黑文市变成了美国重要的文化和旅游中心，吸引了大批优秀的教职员工和生源来到耶鲁大学。

---

① "Office of New Haven and State Affairs", http://onhsa.yale.edu/economic-growth-and-fiscal-impact, 2017 年 11 月 11 日。

② "Yale and New Haven", http://www.yale.edu/newhaven/index.html, 2017 年 11 月 11 日。

③ "Office of New Haven and State Affairs", http://onhsa.yale.edu/economic-growth-and-fiscal-impact, 2017 年 11 月 11 日。

④ "Office of New Haven and State Affairs", http://onhsa.yale.edu/economic-growth-and-fiscal-impact, 2017 年 11 月 11 日。

（三）耶鲁大学与纽黑文市企业的互动

纽黑文虽然是康涅狄格州的一个小城市，但其经济发展速度不容小觑。对存在于纽黑文市的企业而言，其成功很大程度上取决于知识、技术和高技能人才上的优势，而耶鲁大学是一所著名的私立高校，其核心使命是科研，通过科研培养出企业所需的高技能人才。耶鲁大学与纽黑文市与企业的互动主要表现为：耶鲁大学是企业发展所需人才的培养场所；企业的发展方向是耶鲁大学制定人才培养方案的重要影响因素之一。

耶鲁大学是企业发展所需人才的培养场所。耶鲁大学不仅将知识和科研成果转化为生产力，而且培养了大批专业技术人才。耶鲁大学现有一个本科生院校（耶鲁学院）、一个文理研究生院，以及 13 个职业性研究生院，包括建筑学院、医学院、护理学院、工程与应用科学学院等，共有约 11 250 名学生。① 部分毕业生成为当地政府和企业的核心创新力量，提高了企业员工的整体文化素质。耶鲁大学为纽黑文企业源源不断的输送科技人才，包括科学家、工程师、IT 精英等，耶鲁大学还成立了合作研究办公室（Office of Cooperative and Research），加强与企业合作，加快新产品的开发，耶鲁大学的毕业生对于纽黑文市企业越来越有吸引力。此外，耶鲁大学通过一些科研项目与纽黑文相关企业紧密联系，共同培养企业所需的高技能人才。如耶鲁大学城市设计研讨会自成立以来，致力于促进纽黑文市和社区的综合发展，提供相关项目，包括综合规划、经济发展战略以及社区设施的规划、科研项目等，而这些项目的主要负责人由在读研究生、有时也包括本科生，以及刚毕业的学生等。② 耶鲁大学鼓励教师在纽黑文市创办高科技公司，并为其提供高技能人才，此举极大地改变了纽黑文市的产业环境和就业状况，增强了该市对外部投资的吸引力，促进纽黑文市企业类型的多样化，进而推动纽黑文市经济的发展，满足耶鲁大学学生对毕业岗位的需求。

企业的发展方向是耶鲁大学制定人才培养方案的关键因素。企业的类型、业务发展及对人才的需求在一定程度上表明了当前社会的发展方向，这

---

① “Admissions”，http://www.yale.edu/admissions/index.html，2017 年 11 月 11 日。

② “Office of New Haven and State Affairs”，http://onhsa.yale.edu/community-outreach，2017 年 11 月 11 日。

一方向决定了企业对高校制定人才方案的重要性和关键性影响。耶鲁大学对人才方案的制定也离不开企业发展方向的影响。耶鲁大学是在美国殖民地时建立起来的,当时国家尚未独立,城市还没有发展起来,且经济不发达,企业较少,因此耶鲁大学主要讲授有关神学和法学的课程,以便教会传播自己的宗教思想。直到美国经过独立战争、南北战争之后,随着工业化和城市化的发展,新型工业对高等教育人才的需求越来越旺盛,而这些只有通过大学来获得。尤其是第二次世界大战后,美国认识到科学技术在国家发展中的重要作用,因此,联邦政府加大了对高校科研的资助力度,一些新的企业如IT行业、电子信息公司、飞机制造和建筑设计产业等相继出现,对当地的大学提出了新的人才培养要求。耶鲁大学为了积极响应纽黑文新企业对人才的要求,建立了专业学院,以培养专门性高技能人才为目标,其中包括建筑学院、工程与应用学院、管理学院等。① 随着纽黑文市经济的发展,各种企业和产业组织出现,城市的环境问题也逐渐显现,严重影响居民健康。因此,与之相关的企业如污水处理工厂、食品安全公司逐渐增多,纽黑文市的环境问题促进了耶鲁大学公共卫生学院、森林与环境研究学院的成立。耶鲁大学根据不同时期纽黑文市企业的发展建立新的学院,开设新的课程,制定新的人才培养方案,进而满足不同时期企业对不同专业人才的需求。

(四)耶鲁大学与纽黑文社区的互动

大学与社区的互动是很有必要的。洪成文等提出:“大学与社区缺少互动发展,不仅达不到‘一荣共荣’的目的,而且很有可能‘一损俱损’。”②因此,耶鲁大学与当地社区的互动十分必要,突出地表现在两个方面:住房和教育。

1. 耶鲁大学学生宿舍侵占居民住宅区,加大当地社区的住房压力

随着美国高等教育大众化与普及化时代的到来,越来越多的学生涌进

---

① “About History”,http://www.yale.edu/about/history.html,2017年11月11日。

② 洪成文,伍宸:《耶鲁大学的当代辉煌与理查德·莱文校长办学思想研究》,《教育研究》2014年第7期。

校园,大学校园自身难以满足学生对住宿的要求。[①] 耶鲁大学也不例外,在这种情况下,耶鲁大学将学生的住宿压力逐渐转嫁给当地的社区,这严重影响了社区居民的正常生活,并且导致耶鲁大学与社区的冲突,不利于双方开展合作。

2. 实施购房者计划

为了缓和与当地社区因为住房引起的紧张关系,同时为了振兴纽黑文市的经济,耶鲁大学在 1994 年 4 月开始实施购房者计划(Yale Homebuyer Program)。购房者计划适用于在耶鲁大学工作的任何员工,并为所有在纽黑文市内购房的耶鲁大学雇员提供丰厚的补助金。补助金一共是 30 000 美元,分十年付清:其中包括第一年首付 7 500 美元(首付 2 500 美元,加上 5 000 美元的红利),剩余的补助金以每年 2 500 美元的方式资助,连续 9 年;如果所购房屋在指定区域还可以享受 5 000 美元的特别奖励。耶鲁大学的购房者计划是一个重要的里程碑,是为城市做出贡献最明显又有效的一个项目。[②] 到 2011 年,已经有超过 1 076 名员工参与这项计划。[③] 耶鲁大学通过购房者计划,不仅缓和了自身与社区居民之间的住房冲突,促进了社区和谐发展,也推动了纽黑文市房地产产业的发展,促进了当地的经济发展。

3. 耶鲁大学为纽黑文市民提供了多种学习机会和学习资源

耶鲁大学为社区中小学生提供了良好的学习机会。第一,耶鲁大学与纽黑文市公立学校和人文高中建立了合作伙伴关系,以访问交流、资源共享等方式促进双方的共同进步。此外,纽黑文市公立学校的学生非常喜欢耶鲁大学的学生为他们举办的学术讲座,纽黑文市公立学校的学生通过走访耶鲁大学博物馆、参加耶鲁大学暑期实践活动,提高自身的学术素养。第二,纽黑文市制订了纽黑文青年计划,旨在促进青年健康成长,届时,耶鲁大学会举行科学博览会,其中耶鲁大学的教授、学生和工作人员担任法官和导

---

① 郄海霞:《美国高校与社区关系:冲突与合作》,《比较教育研究》2009 年第 4 期。

② "New Haven Homebuyer Program",http://www.yale.edu/hronline/hbuyer/hbuyworks.htm/,2017 年 11 月 11 日。

③ "New Haven Homebuyer Program",http://www.yale.edu/hronline/hbuyer/index.htm/,2017 年 11 月 11 日。

师，对青年学生进行相关指导，为提高青年学生的科学文化水平服务。[①] 第三，耶鲁大学开展了多种志愿活动，包括到中小学支教、到社区中心工作，定期对社区居民开展相关教育知识的传播活动。第四，耶鲁大学帮助公立学校，促进其发展。来自小山地区职业高级中学（Hill Regional Career High School）约 200 名学生参与 8 个由医学院和护理学院教师的讲座，65 名学生暑期居住在大学校园学习科学知识和实验室实验。[②]

耶鲁大学为社区居民和中小学生提供了多种学习资源。第一，耶鲁大学的承诺。耶鲁大学的承诺是指耶鲁大学每年为从纽黑文市公立学校毕业的学生提供 400 万美元的资助，帮助贫困学生继续接受高等教育。此外，耶鲁大学每年投入数百万美元对纽黑文市居民进行受教育资助，每年有 10 000 名公立学校的学生参加耶鲁大学在校园发起的学术和社会发展计划。[③] 第二，不同于我国大学，耶鲁大学的图书馆、博物馆、音乐会和戏剧作品一般都向公众开放，且很多是免费的。当地居民的孩子可以利用大学的公共设施娱乐和学习。

二、加州大学伯克利分校与伯克利市的互动

（一）伯克利大学与伯克利市互动的历史与现状

加州大学伯克利分校（University of California，Berkeley）（简称伯克利大学）地处加利福尼亚中部的海湾地区中心，坐落于伯克利市，是加利福尼亚大学系统中学术最繁荣，思想最自由，文化最多元的大学，也是美国最著名的公立高校之一。

加州大学伯克利分校成立于 1868 年。19 世纪中叶淘金狂潮在加利福尼亚州出现，其中的有识之士于 1849 年制定了加利福尼亚州第一部宪法，

---

① “Office of New Haven and State Affairs”，http://onhsa.yale.edu/new-haven-youth-programs，2017 年 11 月 11 日。

② 理查德·列文、刘凡丰：《大学与城市：从纽黑文谈起 在凯斯西部保留地大学校长就职典礼暨学术讨论会上的演讲》，《复旦公共政策评论》2005 年第 1 期。

③ “Office of New Haven and State Affairs”，http://onhsa.yale.edu/economic-growth-and-fiscal-impact，2017 年 11 月 11 日。

授权议会建立一所州立大学，1868年，加州大学伯克利分校建立，并逐渐成为世界的著名高校，目前，校友和现任教师中有37位诺贝尔奖获得者。[①] 伯克利大学成为伯克利经济增长和社会创新的催化剂，推动了伯克利甚至加利福尼亚洲经济的快速发展。[②]

伯克利市是美国加利福尼亚州北部的一个城市，位于圣弗朗西斯科湾东部，奥克兰以北。伯克利市东部背山，西部濒临大西洋旧金山湾。独特的地理位置赋予伯克利市一个近乎完美的气候，这里四季温暖如春，降水充沛，被称为世界上最适宜居住的城市之一。而世界著名的伯克利大学就坐落于此，与伯克利市浑然一体：伯克利大学没有围墙，建筑遍布伯克利市。

历史上，伯克利大学与伯克利市的关系比较缓和，没有发生过大的冲突。伯克利大学自成立之初就一直受到加利福尼亚州政府给予的财政支持：1887年联邦政府颁布了《哈奇法案》，规定每年各州拨款建立农业实验站，加强农业科学研究；第二次世界大战后，美国经济持续增长，为加利福尼亚州政府的大量拨款提供了基础，从1946年到1951年加利福尼亚州拨款以平均每年24%的速度增长。[③] 由于伯克利大学在第二次世界大战中意识到高科技的重要性，因此他们对工程教育提出了更高的要求，为以后伯克利大学科研水平的提升打下了良好的基础。伯克利大学也为伯克利市及海湾地区的经济发展做出了突出贡献：通过科研项目带来发展资金；为伯克利市和海湾地区提供就业机会；吸引企业的投资等。

伯克利大学与伯克利市比较稳定的合作关系，推动双方快速发展，且这种合作关系一直在延续。

（二）与政府的互动

伯克利大学为了能够更好地与城市政府合作，成立了政府和社区关系办公室（Government and Community Relations），简称GCR，是校长办公室的组成部分之一。政府和社区关系办公室主要由三部分构成，联邦政府工作团

---

① "History of UC Berkeley", http://berkeley.edu/about/hist, 2017年11月11日。

② "By the Numbers", https://www.berkeley.edu/about/bythenumbers, 2018年7月16日。

③ 谷贤林：《一流大学之路：加州大学伯克利分校发展研究》，《清华大学教育研究》2005年第4期。

队、州政府工作团队和伯克利市政府工作团队。[①] 政府和社区关系办公室的职责分为三部分：一是以建立与联邦、州和市政府的良好关系为使命；二是关注学生的奖学金、招生和科研等方面的相关政策；三是广泛响应政府的政策和政治问题，并提供建议和对策，与政府和社区领导开展建设性对话。[②]

1. 与联邦政府和州政府的互动

伯克利大学成立了联邦政府工作团队（UC Berkeley Federal Relations Team），此团队以保持伯克利大学与联邦政府（国会和行政部门）的积极关系为目的，通过与国会、联邦政府的合作，为伯克利大学服务。随着伯克利大学科研水平的不断提高，联邦逐年增加对伯克利大学的财政预算，2011-2012 年度，伯克利大学的学生获得超过 17 亿美元的援助，其中包括 4 亿多美元礼品援助和超十亿美元的联邦贷款。[③] 2014 年联邦政府对高等教育的最终预算为 22.8 亿美元；2015 年联邦政府对高等教育和学生资助的预算高达 686 亿美元，比 2014 年增加 1.9%。[④] 这些财政信息都可以通过联邦政府工作团队获得，因此，联邦政府工作团队加强了双方之间的联系。在政策法规方面，联邦政府工作团队能够提供联邦有关政策法规方面的信息，同时，伯克利大学的联邦政府工作团队在华盛顿日报告（Washington update report）和月度报告（Washington monthly report）中进行积极监督，及时传递联邦政府的相关信息和政策，密切伯克利大学与联邦的联系。

州政府工作团队（State Government）的成立，标志着伯克利大学与加利福尼亚州合作关系的进一步发展。州政府工作团队以维持伯克利大学与州政府的合作关系为目的，提供州政府相关方面的立法及政策，帮助伯克利大学了解州政府各个时期的政策。加利福尼亚州政府在 2011 年至 2012 年的会议上颁布的《高等教育劳资关系法》进一步规范了伯克利大学职工的职责

---

① "Office of the Chancellor", http://chancellor.berkeley.edu/gcr, 2017 年 11 月 11 日。

② "Office of the Chancellor", http://chancellor.berkeley.edu/gcr/about, 2017 年 11 月 11 日。

③ http://www.ucop.edu/federal-governmental-relations/_files/sequestration/napolitano-chancellors-seq-budget.pdf, 2017 年 11 月 11 日。

④ "Federal Governmental Relations", http://www.ucop.edu/federal-governmental-relations/federal-budget/index.html, 2017 年 11 月 11 日。

和管理法。[①] 该法规的颁布促进了伯克利大学职工的规范化。在预算方面，2013 年至 2014 年，伯克利大学获得州政府约 6.8 亿美元的资助，2014 年至 2015 年获得约 7.1 亿美元的资助，2015 年至 2016 年获得约 7.3 亿美元的资助，远高于州政府给予其他高等机构的资助金额。[②] 同时，随着科研水平的不断提高，伯克利大学通过科研项目为伯克利市和海湾地区提供就业机会，伯克利大学吸引企业的投资等为加利福尼亚州带来了巨大财富，推动加利福尼亚州经济的快速发展。

2. 与伯克利市政府的互动

伯克利大学与伯克利市政府的互动主要表现在以下三个方面。

第一，成立城市政府和社区工作团队（Local and Community）。伯克利大学成立了城市政府和社区工作团队，主要以调节和维持伯克利大学与当地政府、社区的关系为目的。[③] 城市政府和社区工作团队在联邦政府和伯克利大学之间架起桥梁，促进大学与政府的关系，让政府更好地了解大学的需要和存在的问题并帮助解决。政府和社区工作团队的成立，标志着伯克利大学与伯克利市政府合作的进一步加深，有利于双方的共同进步与发展。

第二，与伯克利市政府直接建立合作伙伴关系。伯克利市政府为了确保当地青少年儿童的健康成长，与伯克利大学、伯克利联合学区等成立了伯克利联盟（The Berkeley Alliance），旨在保证伯克利市儿童和青少年学业的成功、生活的幸福。伯克利联盟是一个全市性的活动，吸引了众多伯克利大学的老师和学生的参与。[④] 此项活动不仅丰富了伯克利大学学生的课余生活，也促进了伯克利市居民儿童和青年学生的健康成长。伯克利市政府不仅关注当地青少年的学业，也提倡加强对当地环境的保护。随着美国高新

---

① http://leginfo.legislature.ca.gov/faces/billNavClient.xhtml; jsessionid = c0bfe585502838da45e8f1594ea3?bill_id=201120120SB259，2017 年 11 月 11 日。

② http://www.ebudget.ca.gov/2015-16/pdf/BudgetSummary/HigherEducation.pdf，2017 年 11 月 11 日。

③ "Office of the Chancellor"，http://chancellor.berkeley.edu/gcr/local-community，2017 年 11 月 11 日。

④ "Office of the Chancellor"，http://chancellor.berkeley.edu/gcr/local-community/partnerships，2017 年 11 月 11 日。

技术的发展和人口的增长，环境污染问题越来越严重，伯克利市也不例外，因此伯克利市政府与伯克利大学合作成立了市区伯克利协会和伯克利商会。伯克利协会是一个独立的非营利组织，旨在增强居民的环境保护意识；伯克利商会倡导建立健康的企业和社会，其成员包括实验室和医疗保健机构、伯克利大学的代表等，目标是促进伯克利市的繁荣和服务于伯克利市的居民。①

第三，促进了伯克利市经济的发展。伯克利大学是美国著名的公立高校，是知识和科研的重要载体，在城市经济发展中的作用很大。高校主要通过培养人才、科研项目和技术转让等方式促进伯克利市经济的发展。在伯克利市，大学为当地知识类型的产业输送了大量科技人才，很多毕业生被这里高质量的生活和繁荣的经济所吸引，留在伯克利并且为当地经济的发展做出突出贡献。据统计，1998—1999 学年，伯克利大学授予学位 8 416 人，1997 年至 1999 年，该校共授予学位 24 020 人，2000 年，获得学位者中大约 57%居住在海湾地区，②为当地经济的发展做出突出贡献。此外，伯克利大学的科研项目吸引众多的科研中心和相关企业到该地区来。伯克利市位于海湾地区，这里汇集了著名的高校、研究所、研究开发公司，如伯克利分校、加州大学旧金山分校、劳伦斯·伯克利国家实验室等③，该地区的大多数研究机构的产生，都与该地区的高校有着密切的联系。所有这些研究机构和伯克利大学的科研项目都在吸引外部资金，创造就业机会，从而促进伯克利市经济的发展。

（三）与当地企业的互动

对于存在于伯克利市的企业而言，其成功很大程度上取决于知识、技术和高技能人才上的优势，而伯克利大学是一所著名的公立高校，其重要使命是通过科研培养出企业所需的高技能人才。因此，伯克利大学与当地在企

---

① “Office of the Chancellor”，http://chancellor.berkeley.edu/gcr/local-community/partnerships，2017 年 11 月 11 日。

② 刘宝存：《大学对地方社会经济发展的贡献——加州大学伯克利分校的个案研究》，《清华大学教育研究》2005 年第 6 期。

③ 刘宝存：《大学对地方社会经济发展的贡献——加州大学伯克利分校的个案研究》，《清华大学教育研究》2005 年第 6 期。

业的互动主要表现为:大学为企业提供所需人才和新型产业,企业为大学提供人才培养方向。

1. 为企业提供所需人才

伯克利大学目前包括本科、硕士、博士层次的教育和继续教育(成人教育),其中本科教育包括化学学院、工程学院、环境设计学院、自然资源学院等 14 个学院。[①] 作为美国著名的公立高校之一,伯克利大学为当地企业输送了大量的优秀毕业生,这些毕业生大都留在当地,加入相关企业,发挥自己的能力。1999—2000 学年,海湾地区向该校提供了 12 209 个工作岗位,实际面试 9 000 人。[②] 很多该校的毕业生成为当地企业的领袖。加州大学校长办公室提供的数据表明,247 位校友在海湾地区创建了公司,其中很多是高科技公司,如软件开发、通信和生物技术公司。[③]

2. 依靠科研项目吸引新的企业和投资,促进当地企业的发展与扩大

伯克利大学先进的科研项目吸引了众多的投资,进而推动新型企业的产生,推动当地企业的发展。由伯克利大学与东湾区域合作开展的东湾生物医药制作网络,专注于建立一个健康的生物制造企业。东湾生物医药制造网最先开始于伯克利大学的科研项目,由生物医学的学生和教师参与研究和制作。与其类似的还有东湾经济发展联盟等企业和合作组织[④],这些新型的企业不仅吸引了大量外部投资,也推动了伯克利市相关企业的产生与发展,促进了当地企业类型的多样化。

3. 企业为伯克利大学提供人才培养方向

大学的课程和人才培养计划并非一成不变,而是随着社会对不同人才需求的变化而变化,企业则是这些变化发生较早、较快的场所,因此,企业可以为高校提供人才培养方向。最初,大学以培养政治精英和学术精英为主

---

① "Office of Undergraduate Admissions", http://admissions.berkeley.edu/colleges, 2017 年 11 月 11 日。

② 刘宝存:《大学对地方社会经济发展的贡献——加州大学伯克利分校的个案研究》,《清华大学教育研究》2005 年第 6 期。

③ 郄海霞:《美国研究型大学与城市互动机制研究》,中国社会科学出版社 2009 年版,第 194 页。

④ "Local and Regional Partnerships", https://chancellor.berkeley.edu/gcr/local-community/partnerships,2018 年 7 月 16 日。

要目标，且当时美国工业化和城市化发展还不迅速，城市及其产业发展缓慢，对劳动力要求较低，因此，人才培养规格单一，大学设置的课程单一，并未走向综合类课程。随着美国工业化和城市化水平的提高，产生了许多新兴企业如信息企业、电子企业、生物企业等，这些新型企业对人才提出了新的要求，对高科技和高技能人才的需求越来越紧迫。伯克利大学认识到这一点，所以加大了对专业性、综合性人才的培养，开设了相关的课程：计算机、电子信息、工程教育、化工等。此外，伯克利大学还参与到第二次世界大战高科技产品的制作当中，所以，伯克利大学更能深切体会科技带来的益处及其对经济发展的巨大推动作用。新型企业的兴起带动伯克利大学新专业的开设和新的人才培养模式的建立，也促进了伯克利大学国际化的发展目标。

（四）与所在社区的互动

高校与社区的互动必不可少，伯克利大学与所在社区的互动主要表现在以下三个方面。

1. 伯克利市为伯克利大学提供良好的发展空间

在美国，伯克利市是文化水平较高的城市之一，这一条件为伯克利分校的发展创造了良好的环境。① 首先，伯克利市良好的教育氛围有利于伯克利分校走向国际化。其次，伯克利市环境优美，四季如春，适宜人居，且城市治安稳定，因此，吸引着许多优秀的教职工和生源来到伯克利大学，促进了伯克利大学的发展。

2. 为当地居民提供接受教育的机会

（1）为中小学服务。为中小学服务开始于 1882 年。时任校长里德鼓励地方教育委员会采取措施以保持中学教育符合高校要求，并且希望多建中学。1892 年伯克利大学建立了教育学系，为中小学教师培训提供课程，这进一步密切了伯克利大学与当地社区的关系。1995 年，由伯克利大学发起，在加州 K—12 公立学校系统和伯克利之间建立了一个名为“中小学/大学伙伴关系”的项目，旨在改变伯克利等学区学生的学习业绩。② 伯克利大学为学

① “Office of the Chancellor”, http://chancellor.berkeley.edu/gcr/local-community/advocacy-engagement，2017 年 11 月 11 日。

② 谷贤林：《一流大学之路：加州大学伯克利分校发展研究》，《清华大学教育研究》2005 年第 4 期。

生开设各种课程，帮助学生提高学习能力，每年花费280万美元，帮助海湾地区改进中小学和幼儿园教育。[①] 伯克利大学积极为当地中小学服务，带头发展社区教育，不仅提高了社区居民的文化水平，也保证了自身未来生源的质量。

（2）伯克利大学为当地社区居民提供接受继续教育的机会。继续教育是高校为地方社会服务的一种重要方式。高校在当地社区推广继续教育，既提高了当地居民的平均受教育水平，也促进了高校与社区的联系。伯克利大学推广的继续教育主要为当地居民服务。为了方便居民学习，课程一般在晚上或周末进行。1998—1999学年，共有61 279名学生注册伯克利大学的继续教育课程，学校共开设2 857门课程。[②]

3. 为当地居民提供学习资源

伯克利大学与社区居民共享学习资源，且每年都会开展丰富多彩的文化娱乐活动，并且对当地居民开放，如博物馆、图书馆、体育馆、音乐会等。此外，伯克利大学的研究讲座每年都会邀请著名学者演讲，所有的演讲都是免费对外开放的。伯克利大学开放的校园资源给社区居民带来了巨大的精神财富，这些资源不仅能够提升居民的文化素养，也能够密切伯克利大学与当地社区的联系，促进双方的互动。

① 甘永涛，唐琼一：《美国大学与城市的四种联动行为模式》，《高教探索》2011年第4期。

② 刘宝存：《大学对地方社会经济发展的贡献——加州大学伯克利分校的个案研究》，《清华大学教育研究》2005年第6期。

第6章　日本高校与城市互动机制和案例分析

日本是当今世界的科技经济强国，也是亚洲首屈一指的高等教育强国。日本高校以其严谨、高效和良好的教育质量闻名于世，东京大学、京都大学、大阪大学、东京工业大学等都是享誉世界的一流大学。日本高等教育历史并不长，从1877年创办第一所综合大学——东京大学起，至今也就130多年。但日本高等教育发展迅速，布局合理，讲求质量，注重实用，追求卓越，无论在服务国家还是服务区域发展方面，都取得了较大成就。日本高校之所以能够在短时间里迅速发展，与国际形势密切相关，如19世纪西方入侵带来的脱汉入欧、弃儒从洋和门户开放；20世纪初第一次世界大战带来的资本主义工商业发展机遇；第二次世界大战战败后确立的科技立国、教育民主化政策等。但是，日本高校的成功，更在于其注重自身的质量和能力建设，尤其在服务民生、服务区域经济和城市发展方面，日本高校走在了世界前列。整体上看，日本高校类型多样，布局合理，分布均匀，尤其是优质高等教育资源的分布比较均匀，以东京大学为全国核心，6所原帝国大学为区域性中心，形成了覆盖全国城市和乡村的高校网络，上至北海道，下至九州岛，形成了狭长的、蛛网型的、均匀的高校布局结构。这个高校体系如同发达的根系和血管，延伸到全国的城市和乡村，实现了高等教育全覆盖和无缝对接。其中许多高校都是由大学预备学校、私人诊所、作坊、私塾、专门学校等发展而来，它们大都扎根城市或乡村，与民生息息相关，与区域经济紧密结合。通过服务区域经济、服务城市生活汲取养分，高校不断发展壮大，有的还成了区域性的高校中心，如北海道大学、京都大学、九州大学、东北大学、大阪大学、名古屋大学等。这个等级化、同层均质化和互补性的高校体系，是日本第二次世界大战后迅速恢复并成功崛起的根本支柱。这个体系在服务区域经济和城市经济方面的能力尤其强大，有的主要负责工商业人才培养，有的主要负责法学人才培养，有的主要负责医学人才培养；有的承担高端学问研究，有的负责疏散城市人口，所有的高校都积极推进产学合作。从日本的经验来看，国家的根基在城市和乡村，国家的成功和高等教育的成功，都必须立足于城市和乡村的建设和发展。

第1节　日本高校与城市互动的历史

一、日本城市的形成和发展

距今可考的日本历史大约可以追溯到3万年以前原始社会的旧石器时代。但日本城市的最初形态，则应当出现在公元1世纪或2世纪的邪马台国时期。这个时期日本出现了第一个奴隶制国家邪马台，被认为是日本国家的起源，那么它也应该是日本城市的起源。但是，关于邪马台王国所在的地区，迄今尚有争议，有人认为是在现今的奈良地区，还有人认为是在北九州的福冈市一带。① 其中奈良在日本本州中部，福冈在日本西南九州岛北部。不管这个奴隶制国家到底在哪里，但至少说明，在日本中部和西南部可能已经有城市的雏形。以此为起点，那么日本的城市史至少有2 000多年。

---

① 吴廷璆主编：《日本史》，南开大学出版社1994年版，第22页。

公元 3 世纪末,在以奈良为中心的畿内地区出现了另一个大国——大和国。大和国于公元 4 世纪末到 5 世纪初基本统一日本,其早期统治中心在奈良大和地区。大和国的天皇和豪族有自己的宫殿、屯仓和田庄,形成一个个具有人身依附关系的聚集区域,这些区域就是日本早期的城市形态。以皇宫为中心的都城,即为当时的主要城市,如奈良地区的飞鸟京、藤原京、平城京等。但是,随着天皇的更替和朝廷内部斗争,大和国的都城不断搬迁,天皇的每次更替,基本上就意味着都城的搬迁。例如,645 年,中大兄皇子、中臣镰足等经过精心策划发动政变,一举剪除权臣苏我虾夷、苏我入鹿父子,另立孝德天皇,将都城从奈良的飞鸟迁到大阪的难波。① 653 年,中大兄奏请孝德天皇将都城迁回飞鸟,以便控制守旧势力。天皇没有准许,但中大兄不顾天皇反对,率领皇族和群臣回到飞鸟,孝德天皇限于孤立,第二年饮恨死去。中大兄的母亲皇极天皇重新即位,称齐明天皇。667 年,在中大兄的主导下,大和国再次迁都近江(今滋贺县),中大兄在此即位,称为天智天皇。天武天皇(673—686)打败近江朝廷取得政权后,又将都城迁回飞鸟,并且开始在奈良盆地主干道上建造新的都城——藤原京。继任的持统天皇(686—697)完成了天武天皇的遗愿,并于 694 年迁都藤原京。710 年,元明天皇(707—715)又将都城从藤原京迁到平城京。784 年,恒武天皇(781—806)先将都城从平城京迁到长冈京,10 年后的 794 年,恒武天皇又将都城从长冈京迁到平安京,即京都。从此一直到 1869 年,京都一直作为日本的首都。② 城市发展的中心也从奈良转移到京都。早期的都城,是日本政治、经济和文化的中心,都城的迁移和新的征伐导致城市的迁移,并新建了一些军事据点,这些据点后来也发展为城市,如 733 年修筑了秋田城和多贺城,802 年筑胆泽城,803 年在胆泽城以北筑志波城等。

9 世纪以后,随着皇权的衰落和权臣与庄园主的崛起,日本封建社会相继进入了摄政王、庄园领主以及幕府时代。各个权臣和庄园主割据一方,在各自的封地内形成了相对独立于朝廷的行政、财税、军事和土地制度。与之

---

① 吴廷璆主编:《日本史》,南开大学出版社 1994 年版,第 54~55 页。

② 吴廷璆主编:《日本史》,南开大学出版社 1994 年版,第 58、59、70、77、93 页。

相应,日本的城市发展也进入了以领主和幕府为中心的时代。最大的摄政王藤原氏家族,到 11 世纪的时候已经占有大片土地,几乎为所欲为,引起了农民的反抗。在反抗藤原氏政权的过程中,新兴的庄园主和武士阶层开始登上历史舞台,这又为日本进入院政时代和幕府时代奠定了基础。在武士团的相互攻伐中,出生武士世家的源赖朝消灭平氏政权,成为左右国家政局的人物。他没有接管京都政府,而是选择以镰仓为根据地,在关东建立和巩固自己的政权,日本由此进入了镰仓幕府时期。源赖潮家族盘踞的廉仓和神奈川地区,成为京都之外重要的城市。到足利幕府(也称室町幕府)后期,城市已经在全国范围内发展起来,除了传统的政治、经济和宗教城市如奈良、京都和镰仓外,还出现了三类新兴的城市:一类是港湾和交通枢纽城市,如堺市、兵库、小滨、坂本、大津等;一类是城下町,即在守护大名的山上城堡和居住地附近交通便利的平原上产生的城市,典型的有山口、静冈等;还有一类是神社和寺院门前的"门前町",以宇治山田(三重县)为代表。①

到室町幕府后期,将军的权力衰落,守护大名、豪族、国人之间相互征伐,新崛起的战国大名取代将军和守护大名,成为地方实力派和政局左右者,典型代表有尾张的织田信长、三河的德川家康、东北地方的伊达氏等。由于战国大名采取了一系列措施发展工商业和对外贸易,日本城市进入大发展的时期。堺市、博多等海外贸易基地有了较大发展。从前兴起的港湾城市小滨、敦贺、大津、大湊、兵库、尼崎、尾道等也趋于繁荣。这个时期还出现了自治城市,最具代表性的就是堺市。② 后期的丰臣秀吉家族、德川家康家族如出一辙,都在京都之外营造自己的根据地。这些割据势力在客观上促进了盘踞地区城市的发展,如德川家康家族之于江户、名古屋,丰臣秀吉家族之于大阪等。

16 世纪后半期,织田信长发动了统一日本的战争,但统一过程并没有完成。部将丰臣秀吉继承织田信长的统一事业,直到 1590 年才征服全国。

---

① 吴廷璆主编:《日本史》,南开大学出版社 1994 年版,第 164 页。

② 吴廷璆主编:《日本史》,南开大学出版社 1994 年版,第 192~193 页。

1593 年进一步征服北海道南部，将北海道正式划入日本版图。1590 年，丰臣秀吉将关东之地分封给作为五大老之一的亲信德川家康，并以江户作为德川家康家族的居住城市。1598 年丰臣秀吉死后，德川家康以五大老首席身份主持大政，逐渐掌握了政权。1603 年，德川家康效法源氏和足利氏，迫使皇室封他为右大臣和征夷大将军，在江户开设幕府，日本进入江户幕府时代。与政权更替和政治中心转移相一致，日本的经济、城市发展中心也从京都转移到了关东的江户，为江户超越京都奠定了基础。江户幕府末期，农民起义和暴动风起云涌，幕府和倒幕派之间的战争以倒幕派赢得最终胜利告终。幕府灭亡后，又经过一系列斗争，政权重归天皇，日本进入了明治时代，中央集权的国家最终形成。1868 年，明治天皇将都城由京都迁到江户，并将江户改名为东京，最终确立了东京的首都地位。至此，日本的城市发展趋于完成并一直延续至今。

根据有关统计，日本 1889 年设立市制的时候，当时共设立了 39 个城市，人口 10 万以上的城市仅有 6 个，城市人口总和为 223 万，占全国人口的 5% 左右。到 1992 年的时候，日本共有城市 663 个，人口总和约 9 630 万，占全国同期人口的 77%。[①] 因此，早在 20 世纪 90 年代初的时候，日本就已经是一个城市化水平很高的国家。到 2005 年 12 月，日本共有各类城市 754 个。到 2008 年 4 月 1 日止，日本的城市总数达到 783 个。[②] 根据日本总务省统计局 2015 年发布的《日本统计年鉴》，2010 年日本共有各类城市 787 个，人口 1.16 亿，占总人口 1.28 亿的 90.63%；2014 年日本共有 47 个县 792 个市，城市人口共计 1.17 亿，占总人口 1.27 亿的 92.13%。[③] 可见，日本已经是一个高度城市化的国家。

① 江波，史晓婷：《日本城市与城市文化》，中国社会科学出版社 2011 年版，前言。

② 江波，史晓婷：《日本城市与城市文化》，中国社会科学出版社 2011 年版，第 38~139 页。

③ 数据系根据日本总务省统计局 2015 年颁布的《日本统计年鉴》整理所得，其中，2014 年的总人口为内务省统计局估计人口数，城市数为该年实际统计人口数。数据来源：http://www.stat.go.jp/english/data/nenkan/1431-02.htm，2017 年 11 月 11 日。

二、日本高等教育的形成和发展

日本古代的高等教育具有很深的中国烙印,由于日本与中国等东亚国家的交易和来往,儒学和国学被传入日本,并得到历代多数统治者的尊崇。譬如,奈良时代(710—794),随着日本和中国交流的加深,中国的儒学被大力引进和推广。在中央设立大学,地方设立国学,作为培养官吏的机构,教学内容和课程大体与中国相同,以儒家经典、法律、算术、经学、历史、音乐等为主。平安时代(794—1192),日本除了在中央设大学,地方设国学,还开始广泛设置私塾,大力发展私学。这些创办私学的人,大都有到唐朝学习的经历,或者受到唐朝教育的影响。室町幕府时期,义堂周信(1325—1388)把儒学作为政道的一种参考,为幕府将军足利义满讲解《中庸》《大学》和《鲁论语》[①]。德川幕府时代,独尊朱子学,朱子学在日本得到广泛传播。凡此种种,都表明了日本古代高等教育与中国的深厚联系。

到了 18 世纪中后期,随着西方列强的进入和西方思想的传入,日本出现了儒学、国学和西学共存的局面。传统的学校教育开始融入更多的科学知识,包括医学、天文等。在西方列强的压迫下,日本不得不走上开放国门的道路,西洋学说和思想最终占据上风,并建立了一些具有高等教育性质和特征的机构,如 1691 年设立的昌平黉、1861 年设立的西洋医学所、1863 年设立的开成所等,但这些机构主要是传授汉学经典或译授洋学书籍,还不能算作真正意义上的近代高等教育。[②] 德川幕府灭亡、明治天皇掌握中央政权以后,积极实施维新改革,采取一系列措施,废除一切阻碍经济发展的封建障碍,走上资本主义发展道路。在教育改革方面,明治政府开始尝试创办近代大学和专门学校,加强技术人才的引进与培养。一开始,政府采用改名和升格的方式建设近代大学,譬如,1869 年 6 月,将基于东京昌平黉的东京昌平学校改为"大学校",把西洋西学所改为医学校,把开成所改为开成学校。

---

① 吴廷璆主编:《日本史》,南开大学出版社 1994 年版,第 169 页。

② 贺国庆,王保星,朱文富等:《外国高等教育史》,人民教育出版社 2003 年版,第 330 页。

1870 年 1 月，又将“大学校”改成“大学”，称为大学本校，将开成学校改为大学南校，将医学校改为大学东校。但事实证明，以国学和汉学为主的大学已经脱离当时的洋务需要，因此大学本校很快就停办了，而南校和东校则继续发展。

1872 年 9 月 5 日，明治政府颁布了日本历史上第一个全国统一的近代教育法令——《学制》。《学制》构建了一个庞大的近代学校体系。在高等教育方面，《学制》要求全国设 8 个大学区，每区设 1 所大学。在当时国学和汉学依然有很大影响力的背景下，这个设想不可能一下子实现。但这个设想奠定了日本近代高校的基本布局结构。依据《学制》的改革设计，准备在千叶县国府台征用 73 500 坪土地建设新大学，并做了 193 500 日元的经费预算，但因为征地等原因而失败了。后来政府转变思路，采用合并的方式创办大学预备学校。除了停办的大学本校，前期设立的其他学校大都改为大学预备教育机构，如原来的大学南校改称为第一大学区第一中学，再后来又被改为专门学校；1873 年，原来的大学东校（即开成学校）被拆分，专门科独立建成开成学校，其余部分和德俄汉语学所合并为东京外语学校。1874 年以后，又改名并新设了 7 所外语学校。1877 年 4 月 12 日，明治政府将东京开成学校与东京医学校合并，创办东京大学，设法学、理学、文学、医学四个学部。东京英语学校和东京开成学校普通科同日合并为东京大学预备门，预备门专为法、理、文三学部培养预科生，为医学部培养预科生的任务则由原东京医学校预科承担。① 至此，日本拥有了近代第一所真正的高等教育机构。

在创办东京大学的同时，政府各部还建立了许多专门学校，鼓励民间创办专门学校和实业学校，并在全国尤其是关西地区大力建设大学预备教育机构和高等中学。1879 年 9 月颁布《教育令》以取代《学制》后，日本的各种专门学校、大学预备教育机构和高等中学进一步扩充。经过长期发展，很多专门学校和大学预备机构晋级为大学。如 1880 年 12 月创办的明治法学校，是明治大学的前身；1881 年成立的东京职工学校，即东京工业大学的前身；

---

① 贺国庆，王保星，朱文富等：《外国高等教育史》，人民教育出版社 2003 年版，第 332~336 页。

著名教育家森有礼创办的商法讲习所,1884年发展为东京商业学校,是一桥大学的前身;1882年10月,因政变而下野的日本内阁总理大臣大隈重信创办的东京专门学校,是早稻田大学的前身;著名教育家福泽俞吉创办的庆应义塾,后来发展为庆应义塾大学等。从性质上看,这些机构有国立、公立和私立之分,相应的,在此基础上演变出国立、公立和私立三种高校类型。1886年日本以天皇敕令形式颁布一系列学校令,包括《帝国大学令》《专门学校令》等。从此以后,日本的高等教育机构数量开始大规模扩充。这种扩充主要表现在两个方面:一是建立和扩充帝国大学。除了将东京大学改称帝国大学,又在东京以外地区新建帝国大学。1897年6月,在京都建立第二所帝国大学——京都帝国大学;1907年6月在仙台成立东北帝国大学;1910年12月成立九州帝国大学;1918年在札幌成立北海道帝国大学;1931年4月建立大阪帝国大学;1939年成立名古屋帝国大学。这样,包括东京帝国大学在内,一共建立了7所旧制帝国大学。二是继续扩充和升格专门学校。围绕商业、农业、医学、宗教、法律等各个领域,新增了许多专门学校,这些专门学校大多数后来升格为大学。据统计,到1918年,改称大学的专门学校达到29所。[①] 这样,到20世纪初,日本已经建立覆盖或辐射全国各个区域的高等教育体系。这个体系的骨干是7所帝国大学,其中,东京帝国大学居于核心地位,其余6所帝国大学则发挥区域性大学中心的作用。

根据日本文部科学省的统计,1950年,日本有大学(university)201所,初级学院(junior college)149所,技术学院(college of technology)和专业培训学院(specialized training college)数量不详。2012年,日本共有大学783所,其中国立大学86所,地方公立大学92所,私立大学605所。初级学院372所,其中国立、地方公立和私立数量依次为0、22、350。技术学院57所,其中国立、地方公立和私立学院数依次为51、3、3。[②] 第二次世界大战后日本历年高等教育情况如表6-1所示:

---

① 贺国庆,王保星,朱文富等:《外国高等教育史》,人民教育出版社2003年版,第372页。

② 数据来源于日本文部科学省统计数据:http://www.mext.go.jp/english/statistics,2017年11月11日。

表 6-1　第二次世界大战后日本各类型高等教育机构数量统计(单位:所)

年份	技术学院	初等学院	大学	专业培训学院	总和
1950	—	149	201	—	350
1960	—	280	245	—	525
1970	60	479	382	—	921
1980	62	517	446	2 520	3 545
1990	62	593	507	3 300	4 462
1995	62	596	565	3 476	4 699
2000	62	572	649	3 551	4 834
2005	63	488	726	3 439	4 716
2010	58	395	778	3 311	4 543
2011	57	387	780	3 266	4 490
2012	57	372	783	3 249	4 461
国立	51	—	86	10	147
地方公立	3	22	92	199	316
私立	3	350	605	3 040	3 998

数据来源:http://www.mext.go.jp/english/statistics/,不包括提供函授课程(Corres Pondence Courses)的高校。

从表 6-1 可以看出,第二次世界大战后日本各类型高校呈显著增长趋势,然后趋于平缓并略有下降,但总数已经相当可观。1950 年除去数量不详的技术学院和专业培训学院,共有各类型高校 350 所,到 1980 年共有包括技术学院和专业培训学院在内的各类型高校 3 545 所,2000 年达到顶峰,总数为 4 834 所。此后,各类型高校总数开始呈下降趋势,其中,除大学的数量继续增长外,技术学院、初级学院和专门培训学院都呈明显下降趋势。这些高等教育机构构成了完整的高等教育体系,使日本成为亚洲地区最早实现高等教育大众化的国家之一。

三、日本高校与城市的互动历史

古代日本高等教育机构主要承担教授和传播儒学、国学知识,培养皇室和幕府官员等方面的职责，具有统治阶级上层建筑机器的性质。加之日本的城市建设主要依附于政治和经济中心的转移，客观上城市的形成和繁荣与文化、教育的直接关系并不大。因此，古代日本高等教育机构和城市、社区和民众之间并不存在广泛的互动。当然，由于古代城市大都属于某个将军、大名或庄园主的私人领地，他们在攻伐征战、城市管理等方面也需要各类人才，因此在中央大学和地方国学之外，也需要有专门的教育机构培养各类型人才。将军、大名等实际统治者，对教育机构大都采取支持和庇护的态度。例如，第三代德川幕府将军德川家光赐给著名朱子学者林罗山土地，让他建立圣堂（孔庙）和学塾，教育幕臣子弟，并让林家世袭儒官之职。1690年，第五代德川幕府将军德川纲吉将圣堂学塾迁建至汤岛昌平坂，命林家三代孙凤冈为大学头，主持幕府的最高学府——昌平黉。[①] 不管怎样，古代日本高等教育和城市的互动是非常浅显的，还没有深入城市生活，尤其和城市民生缺乏联系。

19世纪，随着德川幕府的灭亡和中央集权政府的形成，日本的政治、经济和文化等领域发生了巨大变化。在政治上，天皇权力得到集中和回归，近代政府体系逐步形成，国家主义、国家意识和国民意识逐步增强。在经济上，通过打开国门，签订条约，引进西方思想和技术，推动产业革命，走上资本主义发展道路。在文化上，儒学、国学和洋学相互激荡，推动了文化的整合，激发了文化新的生命力。这些深刻的变化为高等教育和城市的共生与互动创造了条件。第一，在国家主义观念日益增强的背景下，儒学和国学作为日本的主流文化，虽然受到洋学的冲击，但仍然是国家的主流学说，仍然是城市和市民生活的一部分。建立在国学和儒学基础上的、具有近代高等教育雏形的许多机构，仍然在国家政治和城市发展中发挥着巨大作用，仍然是国民教育的一部分。如开成所、庆应义塾、女子英学塾等，它们仍然是国民向上流动和培养有教养的日本人的重要场所。第二，在市场经济和实用主义的驱动下，相当一部分具有近代高等教育性质的专门教育机构，如法律、医学、商业、工业等专门学校，注重科学和实学，与社会经济生活联系紧

① 吴廷璆主编：《日本史》，南开大学出版社1994年版，第226页。

密,因而在城市经济发展中的作用越来越大。就城市平民而言,接受实用和技术教育比接受国学和儒学教育更有现实意义。第三,随着城市从领主据点、军事要塞、战争堡垒或贸易中心转变为行政单位和生活场所,近代市民社会逐步形成,社区生活日益丰富,为城市和高校的互动创造了新的领域和契机。学校对人口的吸附和聚集作用,为城市的开化开放创造机会,而城市的扩充和发展,也能够为学校提供空间和资源。因此,进入明治时代以后,日本高校和城市开始走向深层互动。

1877 年东京大学的正式创办,标志着日本第一所真正现代意义上的高等教育机构的诞生。它的诞生不仅仅意味着几所机构的合并和规模的扩大,也不仅仅意味着日本有了第一所近代大学,而且意味着日本社会生活层次、规格、规模和教育需求的上升,及城市支撑能力的上升。高校和城市的共生与互动进入新的阶段,它们不再限于知识、技能、资源之间的交流和互动,而且需要在谋略、文化、品位等高层次领域形成互动机制。当然,由于东京大学所处位置和地位的特殊性,决定了它更多地要发挥示范和辐射作用。立足于首都但不可能局限于首都,这在一定程度上影响了它和所在城市的互动关系。到 20 世纪 30 年代末,日本在东京之外又创办了 6 所帝国大学,加上其他各地升格而成的大学,初步建立起覆盖全国各地的高等教育体系。从服务区域经济、城市经济和推动双边、多边互动的角度来看,这个体系具有以下几个特点:第一,等级性。整个体系等级分明,东京大学居于体系的最顶端,不仅学科最全,实力最强,而且是最早设立研究生院,开展高层次学术研究和高端人才培养的大学。它的示范和带动作用,有利于提升大学与城市互动的层次和水平。第二,竞争性。京都大学和东京大学的良性竞争有利于提升整个高等教育体系的服务质量。第三,互补性。各个大学在功能、定位等方面有所不同,具有互补性。例如,创办京都帝国大学在很大程度上是为了与东京帝国大学展开良性竞争;创办九州帝国大学是为了响应地方发展需要,服务于本地经济发展;创办北海道帝国大学在很大程度上是为了加快北海道地区的开发,促进当地加速发展;创办筑波大学在一定程度上是为了疏散城市人口,等等。第四,公平性。在这个高等教育体系内,各层次的高校在纵向上存在等级和差距,但在横向上则相对均匀和同质,从而确保了优质高等教育资源的平均分布，有利于促进教育公平和社会公平。

高校与城市的互动有冲突也有合作，二者交织于高校与城市互动的全部过程。日本高校与城市的冲突主要表现在：一是政治冲突。在封建时代，日本长期处于将军、大名、豪族和武士团的实际统治下，许多城市并不直接听命于天皇朝廷，而是听命于地方实际统治者和割据者。因此，能否在政治上和幕府保持一致，是否维护将军、大名等的实际统治，往往是影响城市兴衰的一个重要方面。许多城市是在军事要塞、封建城堡、庄园、神社的基础上发展起来的，其政治倾向性比较明显。当城市的实际统治者和市民、农民的利益发生冲突的时候，常常会发生起义和暴动。有的城市在暴动和起义中消亡，这样的例子不胜枚举。19 世纪以后，明治政府通过维新改革实现中央集权，日本开始走上国家主义道路，高校和城市的发展同样向着国家主义的方向发展。那些服从国家发展主流的地区和城市，往往成为全国性或区域性的中心，如东京、京都、大阪等，而一些开化较晚、封建残余势力还比较强大的地区和城市，则相对比较落后，城市化进程也相对落后，如北海道、南部一些岛屿。二是资源冲突。无论是创办高校还是建设城市，都需要耗费一定的空间和资源，包括土地、经费、设备、人口等，而资源总是有限的，当城市不能为高校提供足够的生存和发展空间，或者高校占用过多的城市资源时，二者的冲突便不可避免地发生。三是人口冲突。城市是在人口集聚的过程中形成的，适龄人口为高校提供受教育对象。城市人口规模和高校的办学规模应该适宜，城市人口过少而高校数量过多，城市就不能为高校提供足够的支撑条件，包括资源、生源等；城市人口过多而高校数量过少，又会造成人口过剩，高等教育供给不足，引发城市发展和高校供给之间的矛盾。同时，如果高校占用过多的公共资源，如土地、房屋、交通设施等，也会挤占市民的生存空间和生活资源，从而引发市民和高校之间的冲突和对抗。

日本高校与城市的合作主要表现在以下方面：一是人才培养。人才是联系城市和高校最重要的资源，不管是儒学还是实学人才，都对城市的现代化发展有重要的意义。虽然不是所有的高校毕业生都会留在高校所在城市，但他们对于该城市的声誉、竞争力、生产力有着巨大的影响，他们的流动推动着城市的开发和开放，而那些直接留在城市工作的高校毕业生，则构成了城市人口中最宝贵的人才资源，是城市的高端智力资源和高层次建设人才。二是知识共享。高校除了培养人才，还可以从事知识生产，提供科研成果。从 20 世纪二三十年代起，一些高校相继设立了研究生院和研究所，许多单科大学升格为多科或综合大学，从而强化和扩充了大学的研究功能，使大学成为生产知识的重要场所。知识是人类社会文明的重要组成部分。高校尤其是优质高校越多的城市，其品位、吸引力和发展前景也普遍好于一般的城市。三是咨询服务。高校的咨询服务是和其研究职能联系在一起的，高校的咨询服务既可能是学校制度性的行为，也可能是高校教授的个别行为，不管是集体行为还是个别行为，都在客观上促进了知识的转化和应用。通过知识入股、决策咨询、参与产学合作等方式，高校有效地和外部社会联系起来。四是构建共同环境。高校和城市的发展都离不开良好的外部环境，包括繁荣的经济、良好的治安、稳定的社会、足够的财源等，二者有共同的发展要求和利益诉求。通过建设大学城、研发中心等方式，高校和城市找到了共同点，建立了水乳交融的高校与城市关系。在有些城市，高校已经成为城市的名片，成为城市软实力的重要组成部分。

第 2 节　日本高校与城市互动的现状

一、互动主体更加多元

当前，日本的城市建设比较完备，以东京和京都都市圈为核心，形成了覆盖全国、交通便捷的城市网络。在数量和规模持续扩张的同时，当代日本城市的设施更加完善，现代化、智能化、文明化程度更高，人口更加密集但对居住标准和条件的要求更高，绿色城市、清洁城市、宜居城市成为人们的共同追求。一些特定的城市对于高校还有特殊的定位和要求。例如，对人口密集的中部城市，需要高校疏散人口，缓解人口压力；对沿海和港口城市，需要高校提供专门人才和技术支持；对北部和南部部分传统意义上的偏远地区，需要高校聚集人口，刺激消费，拉动区域经济和城市经济发展。在这种情况下，城市对高校的需求和依赖明显增加，许多城市问题需要高校参与解决，许多时代挑战需要城市和高校共同面对。城市的需求推动了高校的扩张，有城市的地方几乎就有相应的高等教育机构，有的城市甚至拥有多所高校，例如，札幌市拥有北海道大学、北海道工业大学、札幌大学、札幌市立大学、札幌医科大学、札幌国际大学等全日制高校，此外还有多所短期高校。城市和高校的密集分布，使得二者之间的冲突和合作成为常态，互动更加活跃和全面，互动主体更加多元，包含了政府、社区、企业、公司、个人和高校之间的集体性或个体性互动。

政府是高校与城市互动最大和最主要的主体。日本的行政架构包括中央政府和地方政府，中央政府是指以首相为首的内阁府和以国务大臣为行政首长的省厅，包括总务省、法务省、外务省、财务省、文部科学省、厚生劳动省、农林水产省、经济产业省、国土交通省、环境省、防卫省、警察厅等 1 府 12 省厅。地方政府包括都、道、府、县、市、町、村 7 级。截至 2014 年，共包括一都（东京都）一道（北海道）两府（京都府、大阪府）47 县 792 市。[①] 在一些人口大市，还包括若干区，例如北海道的札幌市，包括中央区、北区、东区、白石区、丰平区、南区、西区、厚别区、手稻区、清田区，仙台市包括青叶区、宫城野区、若林区、太白区、泉区。町相当于乡镇，下面最基层的单位是村。由于城市化的快速推进，村的数量不断减少，而市和町的数量在不断增多。不过近年来，町的绝对数量也在急剧减少。例如，1920 年日本有市 83 个，城市人口 0.1 亿，有町 1 365 个、村 10 796 个，町村合计人口 0.46 亿；1960 年，全国有市 561 个，城市人口 0.6 亿，有町 1 933 个、村 1 080 个，町村合计人口 0.35 亿；2010 年，全国有市 787 个，城市人口 1.16 亿，有町 757 个、村 184 个，町村合计人口 0.12 亿。[②]可见，城市和市民构成了日本社会的主体，农村和农民数量较少。尽管市作为一级行政单位在日本行政体系中的级别和地位并不高，但是，由于高度的城市化，加之日本国土狭小，使得城市成为日本政治经

① 数据来源于日本总务省 2015 年《日本统计年鉴》，http://www.stat.go.jp/english/data/nenkan/1431-02.htm，2017 年 11 月 11 日。

② 数据来源于日本总务省 2015 年《日本统计年鉴》，http://www.stat.go.jp/data/nenkan/zuhyou/y0204000.xls，2017 年 11 月 11 日。

济生活中的主体,成为国家治理和社会治理中的重要一级。城市发展和城市治理好不好,不仅是城市政府的事情,而且是国家、中央政府、都道府县政府的事情。不管是中央政府、都道府县政府,还是城市政府,都必然会参与到以城市为中心的现代国家治理和社会治理中。在此意义上,城市和高校的互动,不仅仅包含城市政府与高校的互动,还包含了中央政府、都道府县政府甚至町村和高校的互动。这是日本城市和高校互动不同于欧美国家的一个显著特点。

社区是城市与高校互动的另一个重要主体。社区是一个比较宽泛的概念,一定的地理区域或人口区域都可以叫作社区,如日本人社区、基督教社区、儒家文化区等,有的甚至是超越国界的。但这里所指的社区是一个微观的概念,主要指城市内部的各种功能性社区,是指由于共同的居住区域、兴趣爱好、工作生活、经济地位、宗教信仰等而在空间上集中在一起的社会生活共同体,包括居民社区、科技社区、商务区、旅游休闲区、富人区、贫民区等,高校也是一个重要的社区。社区是城市的基本单位,它关系到特定人群中每一个人的衣食住行、休闲娱乐、生存发展等基本事务。高校能不能生存和发展下去,一定程度上与所在社区的理解和支持是分不开的。高校和社区的联系是否紧密,是评价一所高校生存能力的重要方面。扎根于现实和社区,才可能赢得更高更大的声誉。日本许多享有世界声誉的大学,在努力追求全国和国际声誉的同时,将服务对象努力下移,与区域和社区需要衔接。例如,大阪大学就是在服务关西地区工业发展和社会经济发展的过程中不断壮大。它的尖端焊接技术曾经在濑户大桥的建设中发挥了巨大作用;它的微生物病理研究被广泛应用于附属医院的临床服务,有利于促进社区卫生健康水平的提升,等等。对于城市社区来说,面临的主要问题包括居住问题、就业问题、安全问题、税收问题、福利问题、出行问题、娱乐问题、教育问题、文化问题、空间问题等。对于高校来说,需要解决知识转化和技术推广问题、办学空间问题、建筑设施问题、教职工住宿问题、学生住宿问题、生活配套设施问题、社区服务问题、社区文化建设问题、高校形象建设问题等。无论是社区的问题还是高校的问题,都离不开双方的互动,在房屋建造、租赁,社区文化共建,社区改造等许多领域,高校和社区都能找到合作点。日本城市社区一般都有业主委员会、自治会一类的组织,负责协调和解决社区问题。高校和社区的互动,有的是自然形成的,有的是规划形成的,不管什么形式的互动,都在客观上促进了高校与社区的融合和共生。

企业是高校与城市互动中的重要主体之一。对高度城市化的日本来说,企业是城市经济发展的重要推动力。随着科学技术的飞速发展和竞争的加剧,企业必须拥有自己的核心技术、核心服务和核心产品,必须注重原创性产品的设计和研发,必须不断推陈出新,更好地迎合和满足市场的需要。现代市场经济发展中的很多问题,并不是企业能够独立承担和解决的,需要政府、企业、高校等的多方面合作。产学合作成为企业和高校互动的一种重要形式。例如,日本的东海地区是世界上最大的汽车产业中心之一。名古屋大学在汽车研究领域优势明显,而爱知县和丰田市为业界和学术界之间的合作提供了关键的支持制度。2013 年 3 月,名古屋大学联合丰田自动车株式会社、爱知县、丰田市等发起了一项建立基于产学合作和利用区域资源的国际科技创新中心的提案,通过提供这样一个平台,将不同领域的专家整合到创新的研发工作中,合作利用区域资源创造新的产业和新的就业领域。① 2014 年 4 月,名古屋大学未来社会创新研究所社会创新设计中心与爱知县幸田町签订了合作协议,将“建立设计创新的多样化和个性化的社会”作为双方的共同愿景。这项协议旨在建立一个可以将公民引导向更积极生活的社会,通过充分利用人力和物力资源,赋予物品、服务、系统、社会和生活新的价值和意义,从而试图处理地区性的社会问题。② 此外,诺贝尔奖得主野依良治的“不对称合成研究”,赤崎勇的“蓝色发光二极管的基础研究”等,都是名古屋大学产学合作的典型案例。

除政府、社区、企业等互动主体外,社会组织、家庭和个人等,也是城市与高校互动的重要主体或潜在主体。尤其是家庭和个人,作为城市生活的基本单元和细胞,实际上始终是城市和高校互动最基本、最重要的参与者。

---

① “建立基于产学合作和利用区域资源的国际科技创新中心的课题提案入选”,http://cn.nagoya-u.ac.jp/news/adoption/2013-03-08.html,2017 年 11 月 11 日。

② “名古屋大学社会创新设计中心与幸田町达成合作协议”,http://cn.nagoya-u.ac.jp/news/post_1.html,2017 年 11 月 11 日。

二、互动内容更加深入

随着日本的城市化的深入，城市和农村的界限日益模糊，城市人口占比很大，町村的数量不断减少。城市化促进了城市经济的繁荣，但是也带来一系列城市问题，包括环境问题、生活质量问题、城市负荷问题、社会治安问题、公共设施问题等。在这样的背景下，高校与城市互动的内容必然更加深入。

第一，高校与城市在政治上互动更加深入。由于高度城市化，日本的城市在国家政治经济生活中的作用日益突出，国家安全、国家形象、国家实力、国家竞争力、国家政治格局等，都与城市的经济发展有着密切联系。以若干个大城市为中心的城市群，构成了日本的国家实力和竞争力基础。如东京、京都、大阪、神户、名古屋、横滨、札幌、仙台、九州等，它们或为政治中心，或为汽车工业中心，或为创意产业中心，或为传统制造业中心，或为高科技电子产业中心，或为旅游产业中心，以这些中心城市为核心形成的城市群和经济带，构成了日本国家实力和竞争力的基础。这些城市群和经济带人口众多，经济实力强大，企业密布，财团能量强大，对日本的政治、经济、文化、科技等各个领域都有着深远影响。例如，三井财团起家于东京和京都，住友财团发家于四国岛，三和财团以大阪为根据地，这些财团对日本的方方面面都有着重要影响。不管是自民党还是民主党，背后都有财团的影了。在这样的背景下，高校与城市的政治互动有了新的内涵，它从维护政治统治延伸到了维护国家和民族的需要和利益。从国家和城市的角度来看，国家、城市的发展要求有一批高水平大学，这些大学不仅要培养政治经济精英，而且要提升国家和城市的实力和形象。从高校的角度来看，自己的发展不仅要立足于地区和城市的发展，而且要服从国家和民族的需要和战略。应该说，日本能够在亚洲乃至世界占有一席之地，与它的科技立国政策以及拥有若干所世界一流大学不无关系。国家、民族命运与城市、高校的发展紧密联系。

第二，高校与城市的经济互动更加密切。以资源交换为中心的经济互动,始终是高校与城市互动的核心。推动产学合作,服务城市经济、区域经济和国家经济的发展,始终是日本高校的重要任务。许多高校已经与城市、城市群、都市圈或经济带融为一体,形成了牢固的共生关系。根据日本总务省统计局的分类标准,日本的城市分为主要城市、中等城市和小城市,主要城市人口较多,主要包括东京、札幌、仙台、埼玉、千叶、横滨、川崎、静冈、滨松、名古屋、京都、大阪、神户、冈山、广岛、北九州、福冈等。根据 2015 年《日本统计年鉴》的数据,截至 2015 年 1 月,东京现有 902 万人口,排名第一。接下来依次为横滨(371 万)、大阪(267 万)、名古屋(225 万)、札幌(193 万)、神户(155 万)、福冈(147 万)、川崎(143 万)、京都(142 万)、广岛(119 万)、仙台(105 万)。中等城市人口在 10 万以上,10 万以下属于小城市。目前日本有 100 万人以下中小城市 779 个,最小的城市为北海道的歌志内市,只有 4 033 人,其次为北海道的三笠市,有人口 9 699 人,再次为北海道的夕张市,有人口 9 801 人[①]。根据城市的规模和聚集情况形成了三大都市圈,它们是东京大都市圈,也称首都圈,包括关东地方南部的 1 都 3 县(东京都、埼玉县、千叶县、神奈川县);名古屋大都市圈,又称中京大都市圈,包括岐阜县、爱知县、三重县(不含伊贺地方);京阪神大都市圈,又名近畿圈,包括京都府、大阪府、滋贺县、兵库县、奈良县和歌山县共 2 府 4 县。这三大都市圈囊括了日本的 6 个主要城市:东京、横滨、名古屋、大阪、京都、神户。各个地方还形成了一些小的区域性生活经济圈,如北海道的道南圈、道中圈、道北圈、十胜圈等。日本总务省统计局定义了七大“都市圈”,这七大都市圈是札幌大都市圈、仙台大都市圈、京滨叶大都市圈、中京(名古屋)大都市圈、京坂神大都市圈、广岛大都市圈、北九州·福冈大都市圈。[②] 这些城市、都市圈或经济带集中了日本众多的大型企业和高等学校,是日本国家经济、区域经济和城市经济的支柱和骨干。这种现状有利于高校和城市的深入互动,每个都市圈都依赖于一所或若干所高校的智力支持。许多高校已经成为区域性的智力中心,成为区域经济发展的发动机和动力源,如名古屋大学与关西地区

---

① 数据来源于日本总务省 2015 年《日本统计年鉴》,http://www.stat.go.jp/data/nenkan/zuhyou/y0206000.xls,2017 年 11 月 11 日。

② 江波,史晓婷:《日本城市与城市文化》,中国社会科学出版社 2011 年版,第 157 页。

的制造业、筑波大学科技园与东京地区的科技界、北海道大学与札幌都市圈的经济发展等形成了密切的共生关系。

第三，高校与城市的微观互动更加频繁。高校与城市的微观互动主要体现在与社区、家庭和个人等的互动方面，以帮助解决具体的高等教育入学问题和生产生活问题，构建和谐的社区关系为目的。高校与家庭和个人之间的微观互动，主要表现在扩大高等教育入学率，推进高等教育入学公平；提供差异化、个性化、多样化的高等教育，满足不同的高等教育需求；努力提高高等教育质量和办学水平，提高居民的受教育水平和职业竞争能力等。日本的高等教育机构主要包括四种类型：技术学院、初级学院、大学和专业培训学院。根据日本文部科学省的统计，2010 年日本技术学院招生 10 936 人，初级学院招生 72 047 人，专门培训学院招生 318 324 人，大学招生 619 119人（含硕士研究生 82 310 人，博士研究生 16 471 人，专业学位 8 931 人），故其招生总数约为 102 万。而根据 2015 年《日本统计年鉴》提供的数据，2010 年日本 18 岁的高等教育适龄人口大约为 122 万。因此，粗略估计其高等教育毛入学率为 83.61%，其中大学的毛入学率约为 60.7%。根据《朝日新闻》的相关调查统计，2014 年日本平均大学入学率为 53.9%，但各地存在较大的差异。在 47 个都道府县中，东京都大学入学率最高，为 72.5%，排在第二位和第三位的分别是京都府（65.4%）和神奈川县（64.3%）。共有 5 个县大学入学率低于 40%，排在最后三位的分别是鹿儿岛县（32.1%）、岩手县（38.4%）、青森县（38.6%）①。可见，日本高等教育已经实现大众化，在一些地区实现了普及化。总体而言，日本的各类型高等教育机构能够满足居民接受高等教育的需求。在高校与社区互动方面，东京工业大学、名古屋大学等一流大学正在为社区居民提供更多的咨询或技术服务，并参与社区文化建设。具体包括邀请企业管理者或知名人士到校园演讲，分享社区的发展动态；高校研究人员针对特定社区问题开展研究和提供解决方案；高校与社区签订房屋租赁合同，等等。

---

① 《日本大学入学率为 53.9% 地区差距巨大》，http://japan.people.com.cn/n/2014/1015/c35467-25841920.html，2017 年 11 月 11 日。

三、互动机制逐步完善

高校与城市互动的主要形式是产学合作，包括高校与产业界、政府的互动。目前，日本许多高校都建立了产学合作机构，相关机制也日益完善。这些机构已经形成长期有效的产学合作机制，致力于推动高校与城市、产业界和政府的合作。例如，东京工业大学发起了产业推广和合作计划（Industry Outreach and Collaboration），具体包括：合作研究计划（collaborative research grogram），即邀请企业的研究人员和东京工业大学的教师进行合作研究；合作研究席位和部门计划（Collaborative Research chair / Division Program），即由企业提供赞助，在东京工业大学设立合作研究席位和部门；赞助研究计划（sponsored program），即由企业提供赞助，支持东京工业大学教师开展研究，最终向公司提交研究报告；研究联盟计划（research alliance program），即东京工业大学和企业签署合同，共同开展合作研究和其他研究活动；访问研究员计划（visiting researcher program），即东京工业大学接收来自企业的研究人员到校进行访问研究；学术咨询计划（academic consulations），即由东京工业大学的教师为公司企业的生产活动提供学术咨询；技术支持计划（technology assistance），即由东京工业大学的教师就企业的某个具体问题提供解决方案，企业为教师提供一定的报酬；技术咨询计划（technology consulations），即由东京工业大学的教师基于自身的知识、专业和经验，为企业面临的各种的问题提供技术咨询；产业合作会员计划（industry liaison membership），即企业通过购买东京工业大学的研究会员资格，获得使用东京工业大学研究成果的权利。会员资格分为两种，会员资格一可以在商业活动中使用东京工业大学的专利，会员费为120万日元（中小企业会员费为30万日元），会员资格二可以获得东京工业大学的研究信息，这类会员单位主要是金融服务单位、智库、地方政府等，会员费为200万日元。① 根据该项目2010年制定的

① “Tokyo Institute of Technology. Industry Outreach and Collaboration”, http://www.titech.ac.jp/english/company/industry/index.html，2017年11月11日。

《合作会员指南》,会员可以享受下列具体服务:为每个会员指定一名经验丰富的研究合作者;通过电子邮件或会员专用网站,向会员提供有关产业活动信息;为会员提供有关政府资助方面的信息;根据会员的要求召开教师研讨会;优先向会员公布高校的应用发明;邀请会员召开技术会议和研讨会;召开观点或意见交流会。① 该项目还制定了成员规则,约定了双方的权利和责任。东京工业大学校长三岛良直(Yoshinao Mishima)大力推动高校和产业界的合作,他认为通过产学合作能够培养有竞争力的研究者。因此,他呼吁社会各界支持东京工业大学在产学合作方面的努力。②

东京大学的产学合作研究规模不大,但规格和质量比较高。根据东京大学提供的信息,目前大约有 200 家国内外的企业和东京大学合作开展 100 多项研究项目。目前东京大学拥有 11.7 亿日元的基金用于支持大学的各种活动。通过产学合作,东京大学获得了很大的收益。根据 2011 年的统计,东京大学共获得合作研究资助或赞助 20 281 项,资金总收入为 681.51 亿日元,其中来自私人部门的合作研究项目 1 473 项,资金 52.38 亿日元;科研捐赠项目 4 698 项,资金 232.26 亿日元;合同研究项目 1 208 项,资金 292.37 亿日元,其中政府竞争性研究项目 526 项,资金 147.03 亿日元,政府非竞争性研究项目 457 项,资金 136.96 亿日元,非政府研究项目 225 项,资金 8.38 亿日元;社会捐赠 12 902 项,资金 104.5 亿日元。在这些收入中,大约 2/3 用于支持基础研究,10%用于支持青年研究者的工作,还有 1%用于支持新研究者或者婚育后重新返回研究岗位的女性研究者。从 2004 年实行产学合作以来到 2011 年,东京大学的专利权数量大幅度增加,其中,大学申请和拥有的国内专利分别为 2 865 项和 282 项,教师个人申请和拥有的专利分别为 730 项和 157 项;大学申请和拥有的国际专利分别为 2 333 项和 259 项,教师个人申请和拥有的专利分别为 529 项和 177 项;大学拥有的授权专利和带来收入的专利分别为 1 492 项和 511 项,教师个人拥有的授权专利和带来收入

---

① "Tokyo Institute of Technology. The guide of industry liaison membership (2010)", http://www.sangaku.titech.ac.jp/english/system/pdf/member_2010.pdf,2017 年 11 月 11 日。

② "Yoshinao Mishima. President's Message to Industry and Researchers", http://www.titech.ac.jp/english/company/message/index.html,2017 年 11 月 11 日。

的专利分别为379项和281项,共获得专利收入36.87亿日元。① 由企业资助的研究项目和社会合作的研究项目大都比较强调应用性,涉及的具体领域有医学、工程、建筑、人口流动性、分子生物等。东京大学还制定产学合作的规则,约定合作各方的权利和责任。

大阪大学一直很重视产学合作。大阪大学的校训是:"立足本地,放眼全球"(Live Locally,Grow Globally),很好地诠释了它积极推动产学合作的动因。为了推动产学合作,大阪大学建立了非常健全的产学合作机构——产学合作部。产学合作部受校长直接领导,设本部部长1名、副部长2名,本部的常设机制为本部会议和顾问委员会。本部之下设综合企划部、知识产权部、创新部等,此外还设有评价委员会,各部设部长、副部长各1名,部员若干名。大阪大学产学合作部共有成员60余人。在各部之下对接各研究单位。产学合作部主要负责合作项目的策划、商谈、资金调配和使用、谈判和签订合同、管理和应用专利和知识产权、推动技术转化和应用、培养人才等。产学合作部之外还有很多支撑体制,包括大阪大学彩都科技园分部、大阪大学创新中心、大阪大学技术转移机关等,这些机构为大阪大学的产学合作提供研究环境、法务、创新、资金等方面的支持。大阪大学与社会和产业界合作的主要机制是通过协商、洽谈等方式,与社会和产业界开展技术商谈、共同研究或委托研究,并由大学收集和提供情报信息。除了赞助研究项目,企业还可以出资在大学设立奖学金、研究员席位和部门等。双方共享或特许使用产学合作成果,包括专利、技术创新、技术发明、知识产权等。② 此外,名古屋大学、东北大学等高校都建立了完整的产学合作推进机构和机制,这些机构和机制越来越成熟和完善,是高校与城市互动的重要推动力。

---

① "University of Tokyo.Research Income & Intellectual Property",http://www.u-tokyo.ac.jp/en/about/data/finances.html#ResearchIncome,2017年11月11日。

② "产学合作体制",http://www.uic.osaka-u.ac.jp/system/index.html,2017年11月11日。

第3节 日本高校与城市互动机制分析

一、高校与政府的互动机制

人才始终是高校与政府互动的核心资源。培养人才既是高校的本职功能,也是高校教育质量的体现,更是高校与政府互动的重要桥梁。日本许多高校成为精英人才的摇篮,培养了政治、经济、科技、文化、艺术等各方面的杰出人才。例如,东京大学培养了包括中曾根康弘、宫泽喜一、福田赳夫在内的多位首相,其余都道府县市町村各级官员和议员不计其数,是日本名副其实的官员的摇篮。东京大学还培养了多位诺贝尔奖获得者和沃尔夫奖获得者,川端康成、大江健三郎等一批有影响的作家也毕业于东京大学。东京大学还培养了各行各业的从业者,而且这些从业者主要集中在城市。以 2011 年为例,东京大学大学院和学部共毕业学生 3 144 名,其就业去向的人数从高到低依次为:金融保险业(220 人)、公务员(160 人)、制造业(148 人)、情报通信行业(134 人)、流通和零售业(95 人)、学术研究和专门技术服务等行业(62 人)。再接下来是运输和邮电业(43 人)、服务业(24 人)、教育学习支援行业(23 人)、不动产和物品信贷行业(22 人)等。人数最少的行业是农业(2 人)、采矿采石采砂(1 人),无人从事渔业。[①] 根据东京大学提供的 2003 年至 2011 年毕业生就业去向统计,毕业生集中在金融保险、公务员、制造业、信息通信这四大行业。而传统的农业、渔业、采矿采石采砂、娱乐餐饮等行业从业人数较少。可见,东京大学毕业生主要集中在城市,并且大都从事行政管理行业(公务员)、高端产业(金融、情报通信)或主流产业(制造业),这些行业不仅影响日本的经济形势,而且影响日本的政治形势。虽然经过了第二次世界大战后的民主化改革,但日本本质上仍然是一个威

---

① “学部毕业生及就业去向统计(平成 15 年—平成 23 年)”,http://www.u-tokyo.ac.jp/stu04/e09_01_j.html,2017 年 11 月 11 日。

权主义盛行的等级化社会,因此,能不能培养各行各业的精英人才和领导者,是决定一所大学社会声誉、社会地位的基础条件。东京大学如此,京都大学、东京工业大学、大阪大学、名古屋大学、北海道大学、神户大学、早稻田大学、庆应大学等国立、公立和私立高校同样如此。培养人才的类型、层次、规格,决定了一所大学的地位、规格和声誉。在日本,一流大学或精英大学的毕业生成为领袖和杰出人物的概率要高一些,这种高度集中的现象不仅存在于日本政界,在科教界、产业界和学术界也是如此,譬如,东京大学历任校长中,除茅诚司毕业于东京工业大学和东北大学,其余全部出自东京大学。可见,作为一个高度城市化和等级化的社会,人才或者说人脉关系始终是日本高校与政府互动中一个不可否认的核心要素。

科研成果是高校与政府互动的另一个重要资源。科研成果体现的是一所大学的研究水平和知识生产能力,它是人才培养之外决定一所高校地位和声誉的重要因素。在高度城市化、市场化的日本,政府面临着很多问题和挑战,需要借助高校的智力资源和智力优势来解决。高校越来越多地发挥着智库的作用,成为各级政府的智囊和参谋,学者参政从政的例子并不鲜见。高校为各级政府提供政策、法务等方面的服务,而政府则通过提供资金、委托项目、官学合作等方式促进高校的科研工作。根据文部科学省的统计,在历年的政府学校教育支出当中,投入高等教育中的经费仅次于小学而高于幼儿园、特殊教育、初中和高中。例如,2005 年学校教育总支出为185 586.56亿日元,其中用于高等教育的经费为 38 626.96 亿日元,占学校教育总支出的 20.81%。幼儿园、小学、特殊教育、初中、高中的经费依次为4 882.13亿日元、63 664.93 亿日元、8 681.27 亿日元、35 566.09 亿日元、33 424.5亿日元,分别占学校教育总支出的 2.63%、34.30%、4.68%、19.16%、18.01%。这种格局历年来都没有改变,从 2005 年到 2010 年,高等教育支出在学校教育总支出中始终排在第二位,所占比例依次为 20.81%、19.58%、20.33%、21.05%、22.24%、20.75%。在研发规模方面,高等学校占有重要位置,仅次于商业企业。根据文部科学省历年(2001—2012)的统计,研发规模最大的机构是商业企业,其次为大学和学院,最后是非营利机构和公共组织。2012 年日本共有研发机构 16 248 个,研究人员 844 430 人。其中,商业企业拥有研究机构 11 677 个，研究人员 490 290 人，分别占总数的 71.87%和 58.06%；大学和学院拥有研究机构 3 631 个，研究人员 313 912 人，分别占总数的 22.35%和 37.17%；非营利机构和公共组织拥有研究机构 940 个，研究人员 39 598 人，分别占总数的 5.79%和 4.69%。① 按单位机构拥有研究人员数量算，大学和学院为 86.45 人，而商业企业为 51.97。从这个角度来说，大学和学院在研发方面具有人力优势。从争取政府拨款、补贴和政府研发项目等方面来看，大学和学院也有一定的优势。以东京大学为例，2011 年在大学管理方面获得的政府补贴为 853.2 亿日元，占东京大学该年度预算收入的 36.2%，其余的收入为合作研究和捐赠收入共 565.2 亿日元，占总收入的 24%；大学医院创收 399.66 亿日元，占总收入的 16.9%；研究收入 276.83 亿日元，占总收入的 11.7%；学费收入 183.31 亿日元，占总收入的 7.8%；设施建设和维护补贴 79.96 亿日元，占总收入的 3.4%。可见，政府补贴是大学收入的重要来源，在各种收入中居第一位。在 2011 年的科研收入中，政府竞争性基金项目和非竞争性基金项目数量较少，一共 983 项，远远低于私立部门合作研究项目（1 473 项）、科研捐赠项目（4 698 项）、其他捐赠项目（12 902 项）等方面的项目数量，但政府资助额度最大，资助总额为 283.99 亿日元，占总收入（681.51 亿）的 41.67%，而私立部门合作研究收入（52.38 亿）、科研捐赠收入（232.26 亿）、其他捐赠收入（104.5 亿）和非政府基金收入（8.38 亿）的比例依次为 7.69%、34.08%、15.33%、1.23%。② 可见，政府的资助力度是最大的。

除了依赖人才和资金这两项核心要素展开直接互动，政府还通过引导、规范和确立市场规则，与高校、产业等开展间接互动。政府往往在推动产官学合作、大学科技园建设、大学创新等过程中发挥着推动者、牵头者和协调者的作用，通过提供土地、优惠政策、配套设施等方面的支持，促进高校和产业界的合作。中央、都、道、府、县、市、町各级政府的行政长官，往往是双方或多方合作协议的签订者、见证者、协调者和监督者。以名古屋大学为例，

① “statistics”，http://www.mext.go.jp/english/statistics/index.htm，2017 年 11 月 11 日。

② 以上数据均来自东京大学 2011 年统计数据，百分比系计算所得。数据来源：http://www.u-tokyo.ac.jp/en/about/data/finances.html，2017 年 11 月 11 日。

在中央政府方面,2013 年 10 月 30 日,名古屋大学的《多样化和个性化社会的创新设计平台:社会和移动性使公民过积极的生活》获得文部科学省创新计划(COI STREAM)的支持。这项计划将依托名古屋大学产官学创新中心,项目负责人为江崎研司,研究负责人为小野木克明,共有 190 名成员。项目预计建设时间为 9 年(2013—2021 财年),预计总投入为 160 亿日元。通过这项创新计划“将开发(i)有活力的个性化移动技术,(ii)实现安全感的健康促进系统,以及(iii)实现连接感的社会信息系统。还将实施融合‘工程、艺术、医学和脑科学’的社会设计”①。在地方政府方面,2013 年 3 月 8 日,名古屋大学《建立基于产学合作和利用区域资源的国际科技创新中心》课题提案入选丰田自动车株式会社、爱知县、丰田市联合主办的创新计划。该课题的目标是提供业界和学术界合作利用的仪器和设备以及此类合作的设施,预期的参与者有大学、大学院校(实现协同利用)、技术学院、独立行政法人(实现研究和开发)、市政府、城市和农村辖区、内阁命令指定的城市以及国家控制下负责科学与技术的企业。② 2014 年 4 月 22 日,名古屋大学社会创新设计中心与爱知县幸田町签订合作协议,中心负责人齐藤永宏和幸田町町长大须贺一诚签署了协议,这项协议“旨在建立一个可以将公民导向更积极生活的社会,通过充分利用人力和物力资源,赋予物品、服务、系统、社会和生活新的价值和意义,从而试图处理地区性的社会问题。”《协议》共 9 条,其中第 2 条明确了双方合作的具体事项,一共 6 个方面:地域文化、健康福祉相关方面的事宜;地域内产业振兴方面的事宜;人才培养与教育发展相关事宜;协同创新相关事宜;人才交流相关事宜;其他必要事宜。第 3 条和第 4 条约定了双方合作的常设机构为协议会,协议会负责合作事宜的设计、策划,经费的筹集、分配和使用,知识产权保护、应用,相关利益者的协调等。③ 北海道的小樽商科大学与北海道财政局签订协议,在人才培养、人员

---

① “2013 财年名古屋大学的多样化和个性化社会愿景入选文部科学省革新的创新计划(COI STREAM)基地”,http://cn.nagoya-u.ac.jp/news/20131030.html,2017 年 11 月 11 日。

② “建立基于产学合作和利用区域资源的国际科技创新中心的课题提案入选”,http://cn.nagoya-u.ac.jp/news/adoption/2013-03-08.html,2017 年 11 月 11 日。

③ “名古屋大学社会创新设计中心与幸田町达成合作协议”,http://cn.nagoya-u.ac.jp/news/post_1.html,2017 年 11 月 11 日。

互派、服务地域经济等方面展开合作。[①] 在官产学合作的过程中，政府、社会、企业和高校实现了多元互动，最终实现共赢。

二、高校与企业的互动机制

日本是当今世界科技和经济强国，国内大型企业众多，其分支机构和工厂遍布全国。许多企业享有全球声誉，代表了日本汽车产业、数码电子产业等支柱产业的世界性水平。从布局结构来看，北海道地区的主要产业有渔业、农业、林业和中小企业，工商业、新兴产业和高科技产业相对比较薄弱，为此，北海道地方政府采取了一系列措施去刺激中小企业、振兴商业和发展海外经济交流。与之对应，该地的大型企业比较少，中小企业比较多。但是，北海道的高校数量并不少，有的高校影响力较大，如北海道大学、北海道工业大学、室兰工业大学、小樽商科大学等。与北海道隔津轻海峡相望的东北 6 县（青森、秋田、岩手、宫城、山形、福岛）则是日本主要的产粮区，农业、林业、渔业等比较发达。青森县的苹果、秋田县的大米和杉树、山形县的樱桃和葡萄都比较有名。沿太平洋海岸的岩手、宫城、福岛县有很强的工业基础，其中宫城县的仙台市是东北地区的政治、经济和文化中心，福岛是日本的电源基地，建有最大的核电站。东北 6 县的高校数量比较多，分布也比较均匀，但除了仙台的东北大学，有影响力的高校比较少，主要大学有秋田大学、青森大学、八户工业大学、岩手大学、富士大学、盛冈大学、山形大学、宫城大学、仙台大学、东北工业大学、福岛大学等。

日本的人口、工业企业、大型公司、知名高校、大城市等主要集中在本州岛中部的关东地区，即关东平原中部的 1 都 6 县（东京都、茨城、栃木、群马、埼玉、千叶、神奈川）。东京都是日本的政治、经济、文化中心，也是全国最大的都市圈。根据内务省与经济产业省 2012 年的一份调查，日本全国有资产

---

① “財務省北海道財務局との包括連携協定を締結しました”，http://www.otaru-uc.ac.jp/news/2015/02/post-196.html，2017 年 11 月 11 日。

1亿日元以上法团企业3 213个，而东京都就有2 749个，占了85.6%。[①] 另据东京都厅下属的产业劳动局2014年7月2日发布的统计，东京都有各类企业259 771个，占全国的15.2%(2012年)，其中中小企业占99.1%(2009年)；涉外企业2 371个，占全国的76.4%(2013年)；工厂34 879个，占全国的8.9%(2011年)。[②] 日本绝大多数大企业都将总部设在东京。根据财富中文网2014年7月公布的信息，2014年又有57家日本公司进入世界500强，从而使日本公司进入世界500强的总数达到78家，其中58家公司总部在东京，占总数的74%。如丰田汽车公司、本田汽车公司、日本邮政控股、JX控股、日本电报电话、日产、日立、三菱、丸红株式会社、软银、东京电力、日本第一生命保险、三井物产株式会社等。[③] 日本全国约1/3的高校分布在东京，其中不乏一流高校，如东京大学、东京工业大学、早稻田大学、一桥大学等。除了东京都，神奈川的横滨市、赤城县的鹿行地区和筑波市、栃木县的宇都宫市等也是重要的工业生产基地，它们不仅在经济、科技、文化等方面受到东京都市圈的辐射和带动，而且本身也有很强的产业基础。县域内高校的分布也比较密集和均匀，主要高校有群马大学、群马县立女子大学、前桥工科大学、宇都宫大学、足利工业大学、茨城大学、筑波大学、埼玉大学、埼玉县立大学、埼玉工业大学、文教大学、明海大学、大正大学、东京家政大学、日本大学、立正大学、立教大学、千叶大学、中央学院大学、江户川大学、圣德大学、淑德大学等。

关东平原以西是传统的关西地区，包括了中部9县和以奈良、京都、神户、大阪为支点的近畿地区。这里是日本古代的政治、经济和文化中心，有深厚的历史文化积淀。关西地区不仅受到东京首都经济带的辐射带动，而且本身也是一个强大的经济带。该地区人口众多，城市密集，企业和高校众多，经济活跃。根据财富中文网2014年7月发布的信息，在日本的78家世

---

① "统计资料"，http://www.metro.tokyo.jp/CHINESE/ABOUT/APPENDIX/appendix05.htm，2017年11月11日。

② "Industry and Employment in TOKYO-A Graphic Overview-2014"，http://www.sangyo-rodo.metro.tokyo.jp/monthly/sangyo/graphic/2014nen/pdf/2014Total.pdf[07-02-2014]，2017年11月11日。

③ 《2014年财富世界500强排行榜》，http://www.fortunechina.com/fortune500/c/2014-07/07/content_212535.htm，2017年11月11日。

界 500 强企业中,除了 58 家企业的总部在东京外,其余的大都在关西地区,如有 7 家 500 强企业总部落户大阪市(日本生命保险公司、日本伊藤忠商事株式会社、住友生命保险公司、关西电力、夏普、大和房建、住友电工),有 2 家总部在名古屋(日本中部电力、铃谦公司),京都市上京区青龙町(株式会社 Maruhan)和大阪市大关町(松下)各有 1 家,爱知县刈谷(爱信精机)、刈谷市(电装公司)和大阪府的守口市(三洋电机)各有 1 家。[①] 有的大型企业虽然总部迁移到了东京,但其创业起点和基地在关西地区,如本田、雅马哈和铃木都是从静冈县起家,当地依然有其制造工厂,而且其产量占到国内摩托车市场的 66%。静冈的钢琴产业涌现出雅马哈、卡瓦依等世界品牌,占据国内 100%的市场。在光电子、塑料模型和灯芯绒纺织工业领域,静冈县的企业也是领导者。[②] 爱知县丰田市是日本,也是世界仅有的以汽车品牌命名的城市,这里有丰田汽车的工厂,城市人口绝大部分是丰田汽车员工。爱知县的刈谷市、冈崎市也是由与丰田汽车及汽车制造业相关联的产业发展而来的城市。许多大型企业在三重县设置工厂,如丰田和本田的汽车加工厂、东芝和富士通的半导体工厂、夏普的液晶工厂、松下的电器工厂、味之素的食品工厂、日立的金属工厂、三菱的化学工厂等。关西地区也是日本重要的产粮区,新潟县和石川县都是重要的大米产地。山梨县农业发达,养蚕业兴盛。关西地区文物古迹众多,是著名的旅游胜地。这个地区的高校主要有京都大学、大阪大学、名古屋大学、新潟大学、静冈大学、金沢大学、富山大学、长野大学、信州大学、岐阜大学、朝日大学、福井大学、山梨大学、浜松大学、爱知大学、名古屋工业大学等。本州岛西边是中国地区和四国地区,西南部是九州地区,这些地区的工业基础也比较雄厚,企业、高校等分布比较均衡,主要有广岛大学、冈山大学、山口大学、高知大学等。总体上看,日本除了大型企业比较集中外,各种产业所属的中小企业分布比较均匀,区域经济发展也比较协调,互补性较强。从高校的分布看,基本上每个都、道、府、县的高校构成状况是这样的:第一,都有 1 所以行政地域名字命名的大学,

---

① 《2014 年财富世界 500 强排行榜》,http://www.fortunechina.com/fortune500/c/2014-07/07/content_212535.htm,2017 年 11 月 11 日。

② "静冈概况",http://www.shizuoka.tw/about/industry.html,2017 年 11 月 11 日。

这类大学大都为国立法人大学，如千叶大学、岩手大学、静冈大学、北海道大学、名古屋大学、大阪大学等；第二，有1~3所都、道、府、县立大学，如京都府立大学、大阪府立大学、广岛县立大学、广岛市立大学等，这类高校大都为公立大学；第三，若干所其他综合大学和分科大学，这类大学有公立有私立；第四，若干所短期大学。这种密集的、均匀的和相互对接的企业和高校布局，为二者的互动创造了良好的环境和条件。

日本的企业一般都有自己的研发机构，但这些研发机构主要从事应用性商业研发，而高校则主要从事基础性研究。从长远来看，基础研究具有更深厚、更长久的经济和社会效力。因此，企业的长期发展需要与高校对接。高校与企业的互动要素主要包括人才、资金、项目、专利等。许多私立部门、企业通过合作研究、委托研究、设立奖学金、出资在高校设立讲座或部门等方式，与高校形成了良好的互动关系。如在东京大学的科研收入中，私立部门和企业研究资金是仅次于政府支持的资金来源。位于北海道室兰市水元町的室兰工业大学，是日本传统的四大国立工业大学之一，它利用自身在建筑、机械、信息、材料、电子电气、应用化学等方面的学科优势，积极开展产学合作，取得了不错的成绩。有多家企业与其签订合作协议，这些企业既包括三菱、日立、东芝、三井、富士通、五十铃、日本航空电子工业、鹿岛建设、月岛机械等知名大企业，也包括大量中小型或地区性的企业，如北海道综合通信、北海道电力、函馆交通株式会社、神田通信机株式会社、日本甜菜制糖株式会社、日本造纸株式会社、北海道用友软件株式会社、株式会社奈良机械制作所等。这些企业覆盖的产业领域也非常广泛，包括电子、电机、航空、制造、印刷、旅游、食品、建筑、通信等，学校定期和企业召开研讨会，解决合作中的各项事宜。[①] 在外部研究项目和经费方面，室兰工业大学每年获得外部科研赞助情况是：2006年46项，经费1.18亿日元，2007年46项，经费1.24亿日元，2008年42项，经费0.94亿日元，2009年50项，经费1.21亿日元，2010年55项，经费0.95亿日元。历年获得合作研究项目的大致情况是：

---

① "合同企業セミナー日程表"，http://www.muroran-it.ac.jp/saisin/event/150304seminar.pdf，2017年11月11日。

2006 年获得合作项目 89 项，经费 1.07 亿日元，2007 年为 91 项，经费 1.15 亿日元，2008 年 88 项，经费 1.04 亿日元，2009 年 80 项，经费 1.22 亿日元，2010 年 70 项，经费 1.09 亿日元。历年获得委托研究项目的情况是：2006 年 94 项，经费 1.16 亿日元，2007 年 80 项，经费 0.84 亿日元，2008 年 87 项，1.56 亿日元，2009 年 87 项，经费 1.98 亿日元，2010 年 89 项，经费 0.9 亿日元。此外，还有其他一些科研补助金，2010 年获得补助金项目 12 项，金额 1.2 亿日元。① 在机构和机制方面，室兰工业大学设立了社会合作统括本部、地域共同研究开发中心、知识产权本部等专门机构去推动全校的科研成果转化和产官学合作。

三、高校与社区的互动机制

城市本身就是一个大型社区，若干城市或者城市所在的区域形成一个个更大的社区，而城市内部又包含了很多小型的社区。与政府和企业相比，社区与市民的生活联系更紧密，他们的健康福祉、生活质量、文化水平和科技意识等决定着一座城市和一个国家的实力和水平。作为公益性的高等教育机构，日本许多高校自觉承担起社会责任，积极参与社区生活。日本大大小小的社区为高校的生存发展提供了空间，同时它们也有赖于高校的参与和服务。密集的分布格局为高校与社区的互动创造了客观条件。当然，由于高校、社区分属于科学世界和生活世界，二者在组织特性、追求目标、生活旨趣等方面有显著的不同。因此，过去二者之间的合作并不常见，反而冲突时有发生。随着日本城市化和科技化的推进，科学世界与生活世界日益融合，服务社区的理念日益兴起，许多高校将服务区域和社区看作自己的使命，并采取了一系列措施促进二者的合作，解决一些社区比较关注的问题。尽管这种合作还不够深入，合作的效果也还不够明显，但毕竟已经开始行动。

---

① “外部資金の獲得状況”，http://www.muroran-it.ac.jp/guidance/r_so/ciulg_rc/outside_fund.html，2017 年 11 月 11 日。

从日本高校与社区的互动实践来看,主要的互动机制有科普讲座、恳谈会、协商会、社区图书馆和基础设施共享等。例如,从 2014 年开始,名古屋大学产官学合作推进本部以学术沙龙的形式,将“科学和我”系列讲座开到社区和咖啡店。他们先后邀请名古屋大学环境学研究科准教授三村耕一、国际复合中心研究员长冈猛、高田宏章、竹冈敬和等人 ,以陨石的撞击与生命的诞生、人体机能和塑料材料的复合应用、信息化汽车今后的发展方向、黑白粒子在多种颜色材料中的创造性应用等为主题,举办学术讲座。① 这种贴近社区的科普活动,拉近了高校和社区的关系。小樽商科大学则很早就开始与社区互动,从 2003 年开始,每年举办一次大学与市民的恳谈会和协商会(即一日教授会)并回答市民的提问。例如,2003 年召开的恳谈会和协商会的主要内容包括小樽商业大学的历史、升格过程等校情的基本情况介绍,以及在教育研究事业、地域合作事业、产学合作事业、地域性招生录取、国际交流事业等各个方面取得的成就,并征求市民的意见。参会的市民提出了许多有益的意见,包括增强大学研究与地域性需求的结合,重视英语教育,根据时代要求增设新的学科,提高大学对地域性教育需求的贡献,改革一县一名的推荐入试制度等。2010 年恳谈会和协商会的主要内容包括:山本学长就小樽商科大学百年校庆纪念情况做说明,然后就学生和市民关心的问题如学生入学、就业、地域性合作服务等进行交流和协商。② 通过恳谈和协商的方式,集思广益,增进了大学和市民的了解,解决了某些共同关心的问题。近年来,小樽商科大学地域合作推进委员会还将该校每年在地域合作中的事例汇编成册。小樽商科大学主要的地域性服务活动包括一日教授会、公开讲座・市民讲座、公开授课、北海道札幌市 9 校之间的校际交流合作、商务创造中心系列活动、地域研究会系列活动、共同研究、委托研究、委托事业等。

秋田大学也积极开展社区服务活动,主要活动形式有公开讲座、开放校园、地域防灾、教师派遣等。公开讲座主要是就科学知识、艺术、生活常识等

---

① “イベント”,http://www.aip.nagoya-u.ac.jp/event/index.html,2017 年 11 月 11 日。

② “市民等との意見交換会:一日教授会”,http://www.otaru-uc.ac.jp/contr/ichinichi,2017 年 11 月 11 日。

对市民进行科普教育,秋田大学每年都要安排若干次公开讲座。2014 年共安排了 7 次讲座,讲座的范围涉及音乐和唱法、乐器、绘画、分子细胞、学习认知、地球知识等。例如,2014 年 3 月 15 日,秋田大学横手分校与横手市交流中心联合举办了一场"琴与筝"的特别公开讲座,有 50 名市民参加了讲座。讲座由秋田大学教育文化学部音乐教育讲座准教授武内恵美子主讲,包括两种乐器的形成历史、音乐特征等。另外,秋田县生田流筝曲清弦会特别讲师足达清贺也加入了解说,国学院大学北海道短期大学部讲师山寺美纪子现场示范演奏了两种乐器,最后,解说者和演奏者还向与会者进行现场教学。开放校园主要是向市民和社会开放大学的一些项目、场所和设施,如教室、研究室、实验室、图书馆、博物馆、天文台、体育馆等。包括接纳中小学生到秋田大学参加趣味活动或科普活动,体验大学校园生活;举办小学生暑期夏令营,参加校园环保项目和科学实验;开放秋田大学天文台,市民可以使用天文仪器观察夜间天体;邀请区域内的孩子参加在校园里举办的美食体验活动;向市民开放科学教室、实验室和课外活动设施等。地域防灾主要是与当地有关部门、市民等合作,对各种自然灾害尤其是频发的地震进行宣传、科普、调查取证等,如派遣教师或专家到幼儿园、中小学、自治体、企业等进行地震知识的科普和安全教育,对地震造成的海啸、堆积物和生态环境等进行调查取证,探索地震发生的规律和预防措施等。教师派遣主要是应邀向社区内的公共部门、企业、团体、中小学等派遣秋田大学的教师提供讲课、演讲、咨询和指导等方面的服务,等等。[①] 应该说,在高校和社区互动方面,作为一所地方性的国立法人大学,秋田大学做了很多切实有效的工作,取得了一系列的成果。

在服务社区方面,日本几乎所有的高校都非常重视。几乎所有的国立法人大学都建立了产学合作、地域合作服务机构和机制,私立大学和地方公立大学也不例外。它们的合作机制和方式大同小异,一般都包括公开讲座、开放校园、教师派遣、合作研究、委托研究等,但在合作的广度和深度上存在一定的差距。这种差距和多样性主要取决于地域、城市和社区的特色和多

① "バックナンバー",http://www.akita-u.ac.jp/honbu/general/back.html,2017 年 11 月 11 日。

样性。例如,有的偏重抗震救灾,有的偏重地域性企业发展,有的关注科普教育,有的关注市民生活,有的兼而有之。这与大学所处的地域、城市的地理环境、类型、定位、规模、产业格局等有很大的关系。同时,日本高校服务社区也呈现一定的层次性和等级性,越是顶尖的大学,越关注社区服务的质量、深度和广度,其在相关方面的投入更多,机制更健全,工作更具体细致,相关情报信息也更容易获取。地方公立大学和一般私立大学虽然也设有产学合作、地域合作机构,但限于学校本身的实力和影响力,其合作的广度和深度比国立法人大学和著名私立大学要逊色。以国立法人大学为代表的一批精英大学,在产学合作和地域合作方面堪称表率。日本能够在第二次世界大战后半个多世纪赶超西方发达国家,一跃成为世界性的经济大国,与其科教立国的政策密不可分,也与其高校注重实用、扎根地域和社区的服务导向不无关系。

第4节 典型案例分析

一、筑波大学与城市的互动

筑波大学位于茨城县筑波市天王台,是日本一所历史悠久的大学,也是一所一流的国立法人大学,被人们称为"新构想大学"。筑波大学原址在东京文京区,原名东京师范学校,第二次世界大战后实行新学制改名东京教育大学,20世纪60年代初响应内阁政府建设筑波科学园、疏散东京过度密集环境的号召,东京教育大学与其他一批科研机构开始搬迁选址调查。1969年11月,在文部省设立筑波新大学创设预备调查委员会。1971年6月,东京教育大学决定通过"有关筑波新大学的基本计划方案",7月,筑波新大学创设预备调查委员会向文部大臣汇报"筑波新大学构想",10月,在文部省设立筑波新大学创设预备委员会。1972年5月,内阁决定筑波新大学(暂定名)等42所机构作为迁往筑波研究学园都市的研究教育机构。同年根据文部省(昭和47年文部省令第19号)"改正国立学校设置法试行规定一部分"

命令,在东京教育大学设置筑波新大学创设预备办公室。1973年10月,根据部分改订的国立学校设置法等设立筑波大学。1978年3月,东京教育大学停办。2002年10月,根据国立学校设置法的部分修改规定(2002年法律第23号),与图书馆信息大学合并。2004年4月,筑波大学成立。① 目前,筑波大学共有9个本科生院(学群·学类),8个研究科(研究生院课程),1个东京校区在职人员研究生院、1个昼夜开课制研究生院和1个联合研究生院。②

与东京教育大学搬迁选址以及筑波大学筹备成立同步的是筑波市的建立。筑波市是日本政府为了发展新城镇和科学园而做出的专门规划。20世纪60年代,内阁政府将东京东北部筑波山麓周围的一些町村规划成待开发区域,1968年正式动工,相继在这片区域规划建设了市中心、筑波大学和46处基础科学研究实验室。1987年筑波郡的谷田部町、大穗町、丰里町和新治郡的樱村合并为筑波市,市役所位于研究学园1丁目1番地1。筑波郡的筑波町和稻敷郡的茎崎町分别于1988年和2002年划入筑波市。可以说,筑波市是一座非常年轻的城市。根据日本总务省统计局的统计信息,2014年筑波市共有人口21.89万人。这些人口中大多数为研究·学术相关人员和留学生及其家属,其中还有来自约120个国家和地区的7 000多名外籍人。筑波市内聚集了一大批国家、地方和私人研究机构、自治团体,是日本最大的研究机构聚集城市之一。近年来这里孕育了数名诺贝尔奖获得者以及多项科学成果,2011年筑波市被评选为日本"国际战略综合特区"③。筑波市区主要由筑波研究学园及其周边开发区构成,研究学园处于城市中心,南北18公里,东西6公里,占地面积约2 700公顷。目前筑波市拥有约60所教育和研究机构,包括文教类、建筑类、理工类、生物类及共用设施等。④

筑波大学和筑波市可谓高校和城市交相辉映的典范。筑波市依靠研究

---

① "历史沿革",http://www.tsukuba.ac.jp/chinese/about/history.html,2017年11月11日。

② http://www.tsukuba.ac.jp/chinese/organization,2017年11月11日。

③ "筑波市役所 TSUKUBA FACT BOOK",http://www.city.tsukuba.ibaraki.jp/dbps_data/_material_/_files//000/000/008/865/TSUKUBA_FACT_BOOK_pdf.pdf,2017年11月11日。

④ "筑波大学与筑波研究学园都市",http://www.tsukuba.ac.jp/chinese/about/tsukuba.html,2017年11月11日。

和学术立市，与筑波大学有着先天的共通之处和共生关系，无论是茨城县厅、筑波市役所、园区内的研究机构还是筑波大学，都积极推动官产学合作。主要合作机制：一是共同研究、委托研究、学术指导和专利出让等。近年来，筑波大学和筑波市、企业等积极开展研究合作，取得了很大的成绩。例如，2012 年筑波大学从事产学合作的研究人员共 311 人，获得共同研究项目 311 个，研究资金 6.91 亿日元，接受委托研究项目 240 个，研究资金 36.61 亿日元，大学提供学术指导 25 件，获得资金 110 万日元；大学自身开发项目 7 件，获得资金 960 万日元；大学发明 136 项；申请专利 134 项；大学拥有知识产权 159 项，产权收入 190 万日元。[①] 二是企业家教育讲座。由筑波大学、筑波市和英特尔株式会社共同主办，由来自筑波大学的教师或研究机构和企业的代表主讲，对民众免费开放。讲座的主题有领导力培养、人才成长环境、企业发展规划等。三是恳谈会。主要有科学技术恳谈会、筑波市医疗产业恳谈会等。恳谈会的目的是产官学等各方就调查研究、产品开发、专利转让、技术支援、共同研究等展开协商和洽谈。四是产学合作交流会、报告会、发表会、研修会和成果展。从 2011 年开始，筑波大学定期举办产学合作交流会、报告会、研修会等各种会议，并积极参加各种成果展，向各方面交流和展示大学的研发成果，引起各方的关注。如 2013 年举办了 10 余场产学交流会、报告会、发表会等。会议的主题大都是大学、企业和政府共同关心的一些热点问题和民生问题。例如，在 2013 年 2 月举办的茨城县产学合同成果发表会上，筑波大学坂本和一准的“根据健康长寿机制与抗衰老机制延长遗传因子中活性物质的开发与机能解析”和体育系大藏伦博的“根据健康度评价系统开发家用体重计”引起了众多参会者的兴趣。在参加成果展方面，筑波大学相继参加了在筑波、东京、横滨等地举办的各种成果展。例如，在 2011 年 10 月东京大田区举办的产业开发成果展上，筑波大学北村丰的“生物质的现场开发利用与生物乙醇的生成”，小池关也的“根据球棒尺寸与打击作用原理开发拍击器材”等研发成果引起了企业的关注。[②] 在一定程度上

---

① “筑波大学産学官連携実績の推移”，http://www.sanrenhonbu.tsukuba.ac.jp/about/statistics，2017 年 11 月 11 日。

② “イベント情報のご紹介”，http://www.ilc.tsukuba.ac.jp/news_event，2017 年 11 月 11 日。

可以说,筑波大学因筑波市而生,筑波市因筑波大学而成,二者之间的长期互动已经显示了深厚的共生关系。

二、横滨国立大学与城市的互动

横滨国立大学位于日本神奈川县横滨市保土谷区常盘台 79 号,是日本知名研究型国立综合大学。横滨国立大学源于 1876 年 4 月建立的横滨师范学校,1879 年 5 月改为神奈川县师范学校。1949 年 5 月 31 日,神奈川县师范学校与神奈川青年师范学校、横滨经济专门学校、横滨工业专门学校等合并,成立横滨国立大学。2004 年 4 月 1 日,横滨国立大学改名为国立法人大学横滨国立大学。现有教育学部、教育人间科学部、工学部、理学部、经济学部、经营学部 6 个学部和大学院教育学研究科、大学院国际经济法学研究科、大学院国际开发研究科等 8 个大学院。① 现有教职员工 1 016 人(包括 36 名特任教员/职员和代替教职员),学部学生 7 458 人,大学院学生 2 467人。②

横滨市是日本的政令指定都市之一。江户时代初期,横滨不过是一个有 200 多人的小渔村,后来在德川幕府的开发下逐渐繁荣起来,成为地域性的经济、文化中心。1854 年,日本和美国签订《神奈川条约》,将静冈县下田和北海道函馆两个地方作为日本和美国通商口岸。1858 年日本和美国修改通商条约,同意除在下田和函馆开设通商口岸之外,另外在神奈川、长崎、新潟、兵库等港口开设通商口岸。1859 年横滨正式开港,设置相关办事机构,并成立横滨町,标志着城市的初步形成,此后分别在 1901 年、1911 年、1927 年、1936 年、1937 年、1939 年进行了 6 次市域扩张,形成今日横滨市的基本格局。1923 年的关东大地震和 1945 年的空袭,横滨市遭到严重损毁,但都

---

①　“大学の沿革”,http://www.ynu.ac.jp/about/ynu/history/ynu.html,2017 年 11 月 11 日。

②　“役員・教職員数・学生数”,http://www.ynu.ac.jp/about/ynu/persons/index.html,2017 年 11 月 11 日。

很快恢复并得到进一步完善。① 目前,从人口规模来看,横滨是日本仅次于东京的第二大城市,现有人口371万;从经济规模和实力来讲,横滨是仅次于东京和大阪,排名第三的大城市。横滨也是日本最大的海港城市。横滨市的高等教育也比较发达,市内有横滨国立大学、横滨市立大学、神奈川大学、横滨商科大学等多所普通高校,有神奈川县立外语短期大学、横滨女子短期大学等短期高校。

作为一个开放的港口城市、人口大市和经济强市,横滨和高校有合作的基础和需要。地域内的政府、企业、社区和高校之间相互依赖,相互合作,形成了良好的共生关系。横滨国立大学积极推进官产学合作,形成了完善的服务机制,其主要合作和服务机制如下。

1. 共同研究和委托研究。目前,与横滨国立大学签订合作协议的政府、企业、高校等有26家,包括横滨市、横滨市保土谷区、都留市、日产自动车株式会社、株式会社日立制作所、独立行政法人海上技术安全研究所、株式会社三菱东京UFJ银行、公立大学法人横滨市立大学等。② 在共同研究方面,横滨国立大学承担的共同研究项目和资金总体呈逐年增长趋势。如2000年承担共同研究项目67件,资金12.79亿日元;2005年承担共同项目162件,资金31.57亿日元;2013年166件,资金33.45亿日元。在受托研究方面,总体呈增长趋势,但是在个别年份有起伏。例如,2000年接受委托研究61件,资金38.08亿日元;此后呈下降趋势,到2005年又开始呈增长趋势,该年接受委托研究76件,资金53.70亿日元。到2007年达到一个高峰,该年接受委托研究82件,金额159.96亿日元,此后又开始下降并时有起伏,但总体呈下降趋势。2013年接受委托研究项目67件,资金63.13亿日元。③

2. 共同研究讲座。共同研究讲座是横滨国立大学不同于其他日本高校公开讲座或学术讲座的方式。这种讲座是针对某个具体企业,围绕某个特定主题,在规定时间段内开展的一系列讲座。例如,根据一财港湾空港综合

---

① "横浜市のあゆみ",http://www.city.yokohama.lg.jp/somu/org/housei/sisi/chronological-table.html,2017年11月11日。

② "协定企业一览",http://www.crd.ynu.ac.jp/?cat=62,2017年11月11日。

③ "横浜国大との共同研究",http://www.crd.ynu.ac.jp/?cat=3,2017年11月11日。

技术株式会社的要求,在 2013 年 7 月 1 日至 2016 年 3 月 31 日,横滨国立大学组织了“海洋利用共同研究讲座”。再如,根据京三制作所的要求,横滨国立大学在 2013 年 4 月 1 日至 2016 年 3 月 31 日,举办了“京三先端技术共同研究讲座”。①

3. 参加或举办一系列交流会、演讲会、推进会等。例如,2011 年 1 月与东海大学、横滨市立大学、日本压着端子制造株式会社等共同举办了技术说明会,同年 11 月参加了神奈川县技术交流会;2014 年 9 月参加了在横滨市举办的“创新日本”科技成果展,此外,横滨国立大学还举办了超寿命材料产学官系列讲座,等等。

4. 开放附属图书馆。通过开放附属图书馆,方便群众使用大学的情报资料,也有利于城市的文化建设。

三、广岛大学与城市的互动

广岛大学创立于 1949 年,现位于东广岛市镜山一丁目 3 番,是一所新制国立综合大学。广岛大学由广岛市的几所学校于 1949 年合并而成。广岛大学有几个渊源:第一个渊源可以追溯到 1874 年 7 月 1 日在广岛市东白岛町创办的白岛学校,这所学校在 1875 年 4 月 12 日更名为广岛县公立师范学校,后来又多次更名,如 1877 年 3 月改称广岛县师范学校,1879 年 9 月改称广岛县广岛师范学校,1886 年 4 月根据《师范学校令》改称广岛县寻常师范学校,1898 年 4 月根据《师范教育令》又改回广岛县师范学校,其间相继合并了广岛县福山师范学校和广岛县三原女子师范学校,最终于 1943 年 4 月改称广岛师范学校。广岛大学的第二个渊源来自于 1887 年 12 月 6 日广岛县知事千田贞晓、官名有志等在广岛市天神町创办的广岛市高等女子学校,这所学校经过多次变革,最终发展为广岛女子高等师范学校。广岛大学的第三个渊源是 1902 年 4 月 1 日在广岛市国泰市村创办的广岛高等师范学校。广岛大学第四个渊源来自 20 世纪 20 年代相继建立的几所专门学校,包括

---

① “共同研究講座の実績”,http://www.crd.ynu.ac.jp/?cat=86,2017 年 11 月 11 日。

1920年1月在广岛市国泰市创办的广岛高等工业学校,1922年4月在广岛县贺茂郡西条町创办的广岛县实业补习学校教员养成所,1923年12月在广岛市皆实町创办的广岛高等学校,1929年4月在广岛市东千田町创办的广岛高文理科大学。其中,广岛县实业补习学校教员养成所于1935年4月改称广岛县立青年学校教员养成所,随后又在1944年4月改称广岛青年师范学校;广岛高等工业学校于1944年4月改称广岛工业专门学校。广岛大学的第五个渊源是1944年8月创办的广岛文理科大学附属理论物理学研究所、1945年8月创办的广岛县立医学专门学校和1945年4月创办的广岛市立工业专门学校,其中,广岛县立医学专门学校于1948年4月改称广岛县立医科大学。1949年5月,广岛高等学校、广岛文理科大学、广岛文理科大学理论物理学研究所、广岛女子高等师范学校、广岛青年师范学校、广岛师范学校、广岛县立医科大学、广岛工业专门学校、广岛市立工业专门学校共9所机构合并成立新制广岛大学。①从广岛大学的渊源可以看出,它和广岛的县、市、町、村关系密切,是在服务地域需要的过程中发展起来的。广岛大学现有综合科学部、文学部、教育学部、法学部、经济学部、理学部等11个学部和特别支援教育1个特别专攻科,有综合科学研究科、文学研究科、教育研究科、理学研究科等11个大学院。学部学生10 959人,大学院学生4 241人,教职员工3 324人。②

广岛市位于本州岛西南,历史悠久。现在广岛市所处的太田川下游、大部分海岛、牛田、矢野、五日市和广岛湾的诸多岛屿,都有比治山绳纹时代的遗迹。中小河川下游的冲积平原和丘陵中心地带,以及现在市域覆盖的区域,都有弥生时代的遗迹。在漫长的历史发展过程中,由于贵族、领主、将军、守护大名等的相互征伐,这一地区的军事、政治和经济中心不断迁移,如府中町、安芸町等都曾经是不同时代守护大名的军事、政治和经济中心。到了1589年,当时的守护大名毛利辉元在太田川三角洲上的五村开始筑城,

---

① "広島大学の歴史",http://www.hiroshima-u.ac.jp/top/intro/rekishi/enkaku/p_0d7600.html,2017年11月11日。

② "広島大学の概要",http://www.hiroshima-u.ac.jp/top/intro/gaiyou/index.html,2017年11月11日。

后来就把这个地方叫作广岛。经过两年多,筑城工作完成。1591 年,毛利辉元在家臣的陪护下进入这座城池,并从领地迁移一批商人到城里。与此同时,京都和大阪的城下町也仿效广岛城开始建造。江户时代以后,广岛城下南边的干潟相继通过填海造田进行开拓,1820 年后,新开拓的町村数达到 35 个,人口为 4.8 万人,加上城内和城下原有人口,广岛的人口总数达到 7 万人左右,是仅次于江户、大阪、京都、名古屋、金沢之后的大城市。[①] 1945 年,广岛市遭到原子弹轰击,城市基本被毁灭,1958 年恢复重建,很快成长为日本的大城市。根据广岛市役所统计局的数据,2015 年,广岛共有人口 118.85 万。[②] 广岛市的工商业发达,马自达的总部就设在广岛市,三菱重工也在此设有工厂。

广岛大学和广岛市的互动机制和其他日本高校与城市的互动机制相似,主要的合作机制包括技术洽谈、创新工场、合作研究、委托研究、高校研发、地域支援、企业派遣、公开讲座等,其中的创新工场可以通过对话获得更多的创新思想,参加者有企业人员、大学教师和学生等。经过长期的努力,广岛大学在官产学合作方面取得了很大的成就,与城市、地域之间形成了牢固的共生关系。根据广岛大学的统计,与广岛大学签订合作协议的政府、公共机构、企业、高校等达到 89 家,其中与大学签订协议的机构 54 家,与大学内的部局等签订协议的机构 35 家。在这些机构中,既有中央、县、市、町各级政府和公共单位,如国土交通省地方整备局、金融厅、广岛县、南相马市、东广岛市、三次市、吴市、广岛县教育委员会、广岛市教育委员会、世罗町、北广岛町、广岛县市长协会、广岛县立美术馆等政府部门和公共机构,也有各类国立、公立和私立高校,如广岛工业大学、广岛修道大学、广岛国际大学、广岛国际学院大学、福山大学、福岛大学、近畿大学、立命馆大学、明治大学、广岛市立大学、龙谷大学、吴工业高等专门学校、福岛县立医科大学、明石工业高等专门学校、宇部工业高等专门学校、高知工业高等专门学校、德山工

① “広島の歴史”,http://www.city.hiroshima.lg.jp/www/contents/1111373388687/index.html,2017 年 11 月 11 日。

② “広島市各区役所・出張所別の所管別人口・世帯数”,http://www.city.hiroshima.lg.jp/www/contents/1427939475937/simple/jyu2712.xls,2018 年 3 月 4 日。

业高等专门学校、国立米子工业高等专门学校、津山工业高等专门学校、广岛商船高等专门学校、神户市立工业高等专门学校、松江工业高等专门学校等。此外,还有大量的企业和自治团体,如三菱重工业株式会社、广岛银行、国际协力银行、日立株式会社、日本投资政策银行、酒类综合研究所、县立广岛医院、中国放送、日本红十字会、国立环境研究所、日本电气株式会社、日本银行广岛支行、常石造船株式会社、富士电机株式会社等。从合作的内容来看,覆盖了经济社会的各个方面,如新产品开发、环境保护、人才培养、情报共享、宇宙探索、居民福祉、产业振兴、放射性物质控制、原子设施、生命科学、加速器、地震灾害等。① 可见,广岛大学和城市互动的内容非常广泛,而且大都为深度互动。通过广泛而深度的互动,广岛大学与所在区域和城市建立了良好的信任关系和合作机制,为地域、城市乃至整个国家的发展做出了贡献。

总体而言,日本是一个高度发达但资源贫乏、地震频发、国土狭小、人口密集的岛国,这些优势和短板决定了知识和智力的地位和作用,奠定了高校和城市合作的基础和条件。从日本高校和城市互动的机制来看,竞争和合作超过了矛盾和冲突,总体上以合作和互利为主。通过长期的合作,高校和城市形成了良好的互动机制,尤其在官产学合作方面,日本高校无疑取得了令人瞩目的成就。日本高校建立的官产学合作机构和机制,有专人负责其事,有完整的组织机构,有专门的设施和场所,这与其他国家和地区的高校形成了鲜明的对比。在服务地域经济的过程中,高校获得了更多的资源和更大的生存空间。注重扎根地域始终是日本各级各类高校的显著特色。也正是由于此,日本高校才能够从区域性的高等教育机构成长为全国性乃至世界性的高等教育机构。脱离了地域基础,高校也就失去了根基,不可能成长为参天大树,这或许也是日本高校带给世人最大的启示。

---

① "協定締結状況一覧",http://www.hiroshima-u.ac.jp/top/syakai/kyotei/index.html,2017年11月11日。

第7章　中国高校与城市互动机制和案例分析

经过多年的发展，中国已经成为世界上的高等教育大国，中国的经济总量也已经跻身世界前列。但是，中国还不是高等教育强国，高等教育与城市经济、区域经济乃至国家经济发展需求脱节的现象一直存在。现有的经济成就更多地建立在巨大的资源消耗基础之上，高投入、低产出、高污染的发展方式仍然存在。社会诚信的缺失和法治的不健全使得中国的市场经济面临诸多挑战。近年来，尤其是党的十八大以来，中国正在努力转变这种粗放型的发展模式，向节约型、环保型、创新型的发展模式转型，积极探索可持续发展道路并建立社会诚信体系和现代化国家治理体系，打造法治国家、法治政府和法治社会。在转型过程中，法律、科技和教育的力量日益显现，知识因素和智力因素越来越成为重要的生产要素。同时，中国的城市化建设也在加速推进，中国的人口越来越多地向城市聚集。这些新的动向和趋势，必然会推动高校和区域、城市逐渐走到一起，共同应对城市和区域发展中面临的各种挑战并实现互利共赢。

第1节 中国高校与城市互动的历史

一、各自独立和相互分离阶段

自古以来,中国的高等教育机构就具有比较浓厚的政治性、功利性色彩,长期与城市、区域发展需要脱节。无论在古代还是在近代,高等教育机构大都是服务于国家和政治的需要。无论是“学在官府”还是“学在四野”,都与出仕做官联系在一起,与城市、区域乃至国家联系较少。无论是古代的党、庠、序、校、太学、私塾和书院,还是近代洋务运动之后创办的各类型高等教育机构,其办学的主要目的都是培养统治阶级所需的各类专门人才,读书求学的目的是“学而优则仕”,即通过读书考试谋得一官半职。从教育内容来看,这些高等教育机构长期以“六艺”和儒家经典为主,实效性较差,无法满足生产生活的实际需要,加之中国长期属于农业社会,城市化水平较低且发展不均衡。无论从高等教育的角度还是从城市和区域经济发展的角度来说,二者都缺乏合作的动机和需要。高等教育机构和城市是相互分离的状态。当然,这种总体上的分离状态并不否认它们可能存在局部或零星的合作和互动。

我国学者对河南安阳小屯村出土的大量甲骨文进行考证,发现在这些甲骨文中出现了“大学”和“庠”的名称,有的卜辞中列举的人类活动场所有祖丁神坛、宗庙中庭神坛和大学,证明我国在商代甚至更早已经建立大学。①当然,这些所谓的大学肯定不是现代意义上的大学,但不可否认它是早期的高等教育机构。这些古代大学分布在部落、宗族聚集区或国家城池、都邑、宫廷之中或附近。这时候的大学兼顾宗教和教育功能,是祭祀、祈祷、习射和教育场所,它与国家政治生活和居民的宗教生活息息相关,但和经济活动与城市建设几乎没有关系。从我国古代城市的发展来看,也没有足够的证

① 毛礼锐,沈灌群主编:《中国教育通史》第1卷,山东教育出版社1995年版,第67页。

据表明教育和城市之间存在强烈的依赖关系。作为军事据点、都邑而存在的城市(严格说来应该是城池),对教育的依赖程度非常低。我国有学者认为,古代中国属于农业社会,城市商品交换的主要内容是农业产品,手工业产品在城市商品流通中所占比重很小,不足以主导城市经济的发展,因而出现了乡村支配城市的经济格局。[①] 从这个角度来说,不管是在乡村还是城市,古代学校都可以获得能够生存的物质和经济基础,一些乡村和集镇的经济条件、安宁状态、富裕程度、战争威胁等,在某些方面可能还要好于城市。因而,不管是"学在官府"还是"学在四野",中国古代高等教育机构的选址似乎不会太在意是乡村还是城市,实际上不管在哪里选址都不会存在太大差别,因而高等教育机构和城市之间似乎不会有强烈的依赖关系。事实上许多私塾、书院都是建在环境清幽、远离闹市的名山胜地,这从某种程度上也印证了古代高等教育机构和城市的关系。

19 世纪中后期,西方列强的坚船利炮打开了中国的国门,西方的科学文化知识、教育制度、宗教思想也进入中国,对中国的社会经济、封建制度和教育制度产生了深刻的影响,也触发了近代中国的现代化。19 世纪 60 年代之后兴起的洋务运动,促使一大批新式学校建立,北洋水师学堂、京师同文馆、广方言馆、福州船政学堂、北洋电报学堂等,这些新式学堂主要培养军事、翻译和技术人才,它们逐渐取代传统的私塾和书院,成为近代中国高等教育的开端。稍后的维新运动,则直接催生了中国近代第一批大学,包括京师大学堂、北洋大学堂等。由于新式学堂和新式人才的聚集,这些学堂所在的城市在现代化方面走在了前列,高校和城市的相互促进作用已经有所显现。但这种作用是间接的和表层的,城市和高校依然是两个独立的世界,缺乏全面而深入的互动和合作。

辛亥革命推翻了清王朝的封建统治,建立了中华民国。民国时期中国的城市发展较快,民族工商业有了很大的发展,城市人口有了较大增长,出现了一些比较繁荣的城市,如上海、天津、广州、武汉、南京、青岛、北平、长沙等。民国时期的高等教育也进入一个短暂的黄金时期,出现了一批知名大

---

① 何一民:《中国城市史》,武汉大学出版社 2012 年版,第 31 页。

学,如国立中央大学、国立北平大学、国立北平师范大学、清华大学、北洋大学、中山大学、武汉大学、浙江大学、南开大学、厦门大学等。1929 年国民政府公布了《大学组织法》《大学规程》《专科学校组织法》,建设了一批国立大学。由外国传教士和教会开办的教会大学也有很大发展,如圣约翰大学、辅仁大学、震旦大学、燕京大学、沪江大学、东吴大学、齐鲁大学、金陵大学、之江大学等。到 1937 年的时候,全国有高校 91 所,在校学生 31 188 人。[①] 这些高校大都重视实学和实践,重视培养学生的实验和动手能力。有的高校还设立研究所,从事化学工业、经济、农业等方面的研究,对当时的工农业生产乃至战争产生过一定的影响,如南开大学的化工研究和经济调查,清华大学的防毒面具研究等都发挥过实际作用。1938 年由北京大学、清华大学和南开大学联合组成的西南联合大学,被誉为"学府北辰"。但是除了人口的集聚和疏散,高校和城市并没有实质性的依赖和合作关系。由于连年的战争,民国时期高校和城市的发展只是昙花一现。

中华人民共和国成立以后,中国的高校和城市发展进入稳定期。在高校方面,经过政府的接管和逐步改造,新中国的高等教育体系初步建立。1949 年底,全国共有高校 205 所,其中公立高校 124 所,私立高校 81 所,学生 11.7 万人。除此之外,还有中央人民政府人民革命军事委员会领导的 7 所高校。[②] 在城市建设方面,人民政府迅速医治战争创伤,依托国民经济建设计划,大力推进城市建设。在这一时期,主要进行了城市环境整治、改善居住条件、加强城市管理等工作。在第一个五年计划期间,启动了重点城市建设、原有城市改造和扩建等工作。[③] 经过努力,中国的城市化水平有了很大提高。但是与西方发达国家相比仍有很大的差距。城市布局不合理,发展不均衡,城市规划缺乏前瞻性,城市基础设施投入不足等问题比较突出。在高校与城市的关系方面,双方长期处在各自独立的状态,尤其是受升格风、改名风等影响,中国的高校大都向金字塔顶端的各部委高校看齐,趋同

---

① 毛礼锐,沈灌群主编:《中国教育通史》(第 1 卷),山东教育出版社 1995 年版,第 294 页。

② 中央教育科学研究所编:《中华人民共和国教育大事记(1949—1982)》,教育科学出版社 1983 年版,第 14 页。

③ 曹鸿涛,储传享主编:《当代中国的城市建设》,中国社会科学出版社 1990 年版,第 25~58 页。

现象比较严重，在服务城市、地区经济方面缺乏动力和机制。对于城市来说，由于涉及土地、资源和资金的划拨或共享等问题，许多地方政府将高校看作竞争对手而不是合作伙伴和依赖对象，甚至有极个别地方政府和地域内的高校关系紧张，相互漠视，更谈不上合作和互动。

二、相互吸引和有限合作阶段

高校和城市的互动需要诸多条件，尤其是生产力发展水平和城市现代化水平，只有达到一定的条件，才能为高校和城市的互动提供支持。高校和城市的互动还建立在一定的基础上，比如双方都有迫切需要、双方有强烈意愿、有良好的合作机制等。随着城市化水平的不断提高以及经济发展对科技、教育的依赖加深，城市和高校走向合作是一个必然的过程。中国的改革开放加速了经济发展和城市繁荣，但也带来很多问题，如人口过度集中于一线城市，高能耗工厂设立在市区及其周边，城市规划不合理，城市基础设施建设跟不上人口增长速度，居住环境日益恶化，空气污染严重，过度消费带来的资源缺乏，地下水位下降，城市创新乏力，经济结构单一等，与现代环保城市、宜居城市、科技城市、绿色城市、创新城市的理念和目标有一定距离。在这种情况下，城市和高校开始寻找合作的目标和途径。

从 20 世纪 70 年代末开始，中国的高校和城市就开始尝试合作，主要的合作方式是承担城市建设规划研究、在高校开设城市建设类专业、新建城建类高校等。例如，同济大学的“TS-78 型溶气释放器”项目曾经获得城市建设系统国家发明奖四等奖，该校是最早参与城市建设研究并获奖的高校之一。在城市建设专业和城建高校建设方面，1977 年至 1984 年，全国部分地区相继成立多所建筑工程类高校，一些高校增设了建筑、城建类专业。[①] 根据 1986 年的统计，当时全国设置城建、建筑类专业的高校（包括职业大学）有 206 所，其中招收本科学生的有 92 所，招收专科学生的有 180 所，有的高

① 曹鸿涛，储传享主编：《当代中国的城市建设》，中国社会科学出版社 1990 年版，第 391 页。

校兼招本科和专科学生。1986 年共招收本科生 11 964 人,专科生 10 277 人。[①] 许多高校还设立了城市建设方面的研究机构,从事城市建设规划项目的申报、研究、组织实施等工作。总体来说,这个阶段的有限合作主要集中在城市建设项目研究、城市建设专业设立和人才培养几个方面,还没有深入城市发展的各个领域。

三、积极探索和努力实验阶段

进入 21 世纪以后,中国的高等教育事业有了跨越式发展,总体规模已经位居世界前列。1995 年全国共有各类型高校 1 054 所,其中综合大学 78 所,理工院校 286 所,农业院校 56 所,林业院校 10 所,医药院校 126 所,共有在校生 290.6 万人。[②] 2013 年,全国共有各级各类高校 2 491 所,其中中央部门所属高校 113 所,地方高校 1 661 所,民办高校 717 所,共有在校本科、专科和硕士生 2 647.67 万人。[③] 这样的体量、规模和增长速度,在世界范围内也是少见的。与此同时,中国的城市化水平也达到一个新高度。1995 年全国共有城市 640 个,其中,200 万人以上的城市 10 个,分别是北京、天津、沈阳、哈尔滨、上海、南京、武汉、广州、成都和西安;100 万~200 万人的城市 22 个,包括石家庄、太原、乌鲁木齐、长春、杭州、南昌、济南、郑州、长沙等;50 万~100 万人的城市 43 个,20 万~50 万人的城市 192 个,20 万人以下的城市 373 个。[④] 2013 年,全国城市总数达到 657 个,其中直辖市 4 个,副省级城市 15 个,地级市 270 个,县级市 368 个。其中,市辖区人口在 1 000 万以上的超大型城市 3 个,它们是重庆(1 779.1 万)、上海(1 358.4 万)、北京(1 297.5 万);人口在 500 万~1000 万的特大城市有 9 个,分别是天津(812.5 万)、广州

① 曹鸿涛,储传享主编:《当代中国的城市建设》,中国社会科学出版社 1990 年版,第 391~392 页。

② 中华人民共和国国家统计局:《中国统计年鉴 1996》,http://www.stats.gov.cn/tjsj/ndsj/information/zh1/r221a,2017 年 11 月 11 日。

③ 中华人民共和国教育部:《2013 年教育统计数据》,http://www.moe.gov.cn/publicfiles/business/htmlfiles/moe/s8493/index.html,2017 年 11 月 11 日。

④ 中华人民共和国国家统计局:《中国统计年鉴 1996》. http://www.stats.gov.cn/tjsj/ndsj/information/zh1/j011a,2017 年 11 月 11 日。

（678 万）、沈阳（522.1 万）、郑州（587.2 万）、西安（572.8 万）、成都（554.2 万）、南京（553.3 万）、汕头（525.4 万）、武汉（513 万）；200 万～500 万的大城市有 33 个，包括哈尔滨（471.4 万）、杭州（445.4 万）、佛山（377.7 万）、长春（363 万）、青岛（363.9 万）、济南（352.2 万）、苏州（329 万）、徐州（320.9 万）、唐山（325 万）、大连（299.2 万）、长沙（297.9 万）、太原（284.1 万）、淮安（282.8万）、石家庄（247.1 万）、无锡（241.1 万）、扬州（230.1 万）等。① 高校和城市规模的增长、发展水平的提升与布局结构的调整，为高校与城市的全面互动奠定了基础。

随着布局结构的调整完成，以及高校整体水平的不断提高，在推动区域经济和城市经济发展、产学合作、协同创新等方面，高校发挥了更多作用，具体包括人才库、研发基地、创新中心、孵化器、科技园、智库等。近年来，中央和地方政府积极推动高校教育和科研体制改革，客观上为高校服务国家、区域和城市经济创造了条件。第一，在城市建设规划和科研方面，高校继续发挥主力军的作用。例如在 2011 年，国家重点基础研究发展计划项目中，同济大学朱合华的“城市轨道交通地下结构性能演化与感控基础理论”、中国科学技术大学孙金华的“城市高层建筑重大火灾防控关键基础问题研究”、浙江大学陈云敏的“城市固体废弃物填埋孕育环境灾害与可持续防控的基础研究”都与城市建设直接相关。② 第二，在人才培养方面，积极推动高校与行业企业协同育人机制改革，积极实施卓越人才培养计划，积极探索分类人才培养的规律和机制，大力培养各级各类人才。第三，在科研方面，引导高校承担更多基础性、原创性、应用性的项目，积极推动科技成果的市场转化；建立多学科和跨学科的协同创新中心，联合高校、企业与政府共同开展重大科研项目攻关以促进资源共享，协同创新将成为高校人才优势与产业优势能否紧密结合的载体和重要抓手。第四，在智库建设方面，启动高校智库建设，以高校为依托遴选专家，建立咨政研究核心人才库，给予长期稳定支持，引导和支持专家围绕全局、战略问题和热点难点问题展开研究和提出政策

① 国家统计局城市社会经济调查司编：《中国城市统计年鉴 2013》，中国统计出版社 2014 年版，第 1 页，第 13～26 页。

② 《中国教育年鉴》编辑部编：《中国教育年鉴 2012》，人民教育出版社 2012 年版，第 251～252 页。

建议。

当前我国正处于城市化高速发展阶段,国家战略和区域经济、城市经济和农村经济的发展密不可分。高校的智库不仅应当关注国家战略发展中的重大问题,而且应该关注城市化、城乡一体化发展中的基本问题。城市和农村问题,始终是国家的根基所系。伴随着中国高等教育的急速扩张和城市化进程的加速推进,许多高校和城市已经开始探索新的合作方式。例如建立大学城或教育园区,整合地方高等教育资源,拉动城市某个区域或郊区特定地段的经济发展,疏散中心城区过度密集的人口;地方政府与高校签订合作协议,整合校地资源,为地方政府提供人员培训、公开讲座、决策咨询等服务,而地方政府则为高校提供资金、项目、土地、设施等方面的支持;高校向社会开放校园,与社区共享部分设施和资料,如体育设施、图书馆资料等。但总体而言,我国高校和城市、区域之间的合作广度和深度都还不够。高校的人才优势和智力优势并没有充分发挥,而地方政府受各种因素的影响,对高校的一些支持措施也难以到位,高校和地方的相互信任和合作关系还没有完全建立。

第 2 节　中国高校与城市互动的现状

一、初步形成分类互动格局

根据功能定位的不同,中国的高校可以分为研究型大学、教学科研型大学、教学型大学和高职高专。根据影响力的不同,可以分为"双一流"建设高校、全国重点高校、省级重点高校、地方高校。根据录取顺序和本科层次,可以分为一本院校、二本院校和三本院校。这些不同层次和类型的高校,在历史传统、办学理念、功能定位、社会声誉、整体实力等各个方面都存在较大差异。它们有的偏重科研,有的偏重教学;有的重在参与解决国家重大发展战略问题,有的强调服务地方经济发展;有的着力追求卓越的品质,有的旨在促进公平和公正;有的位于城市中心,发挥集聚人才的效应,促进城市核心功能区建设,有的坐落于城郊,发挥疏散人口压力的功能,拉动特定区域经济发展。正是由于功能、定位和层次的不同,中国高校在服务区域、城市发展过程中,初步形成了分类互动、选择性合作的格局。

对于那些位于中国高等教育体系金字塔顶端的高校,它们属于中国高等教育的第一梯队,这些高校大都属于研究型大学,以培养高端人才,开展科研和学术创新为核心功能,定位于国内一流、国际知名或世界一流大学标准。近年来,随着竞争的加剧,高等教育资源的日益稀缺,以及中国市场经济体制的逐步建立,这些高校也越来越多地参与到服务地方经济发展需要的行动之中。作为研究型大学,它们往往在人力、物力、财力等方面占有很大的优势,在科研投入(经费、人员)、科研产出(论文数量、技术转让、专利、著作、获奖成果)、科研能力(申报课题、合作交流)等方面有较好的表现,为服务地区经济尤其是城市经济的发展奠定了强大的基础。这部分高校虽然数量很少,以"双一流"建设高校为例,2017 年 9 月国家确认公布的世界一流大学建设高校 42 所,仅占全国高校总数的 1.44%,所占比例极小,这些高校却承担了绝大部分的博士生教育、重大科研项目和重大咨询决策项目。无论从资源投入还是从成果产出来说,都明显地存在向这些高校集中的现象。例如,在高校、科研机构和企业界共同参与的民口科技重大专项、"973 项目""863 项目"、科技支撑计划项目、国家自然科学基金会支持项目以及地方自然基金、科技攻关等重大课题中,以"双一流"建设高校为主的研究型大学扮演着重要的角色。

总的来说,随着我国社会经济的高速发展和市场经济体制的不断完善,以及高等教育管理体制改革的深入,高校的行政等级将逐步淡化,政策扶持力度和行政干预力量将逐步减弱,高校的地位、声誉、排名等将越来越取决于一所高校的教育科研质量和服务水平。在这种大背景下,这些研究型大学将越来越关注地区经济发展的需要,越来越希望能够扎根到区域环境中,在地区经济发展过程中汲取营养和资源,在服务区域经济发展过程中获得新的机会和增长点。

与上述高校相比,普通院校、地方院校和高职院校占有的资金、资源、空间等要小得多,它们一方面在努力提高竞争力,通过升格、扩招、综合化等方式，提升自己的影响力。另一方面，它们为了自身的生存和发展，采取了立足地区、服务地区、辐射全国的发展策略。正是在服务地区经济和城市经济的过程中，这些院校形成了局部性的、单方面的竞争优势。实际上，就办学定位、办学特点和人才培养目标而言，它们与所在城市的关系更为密切，在土地、资金、政策等方面得到了地方政府的支持。它们立足地区、注重实用的特点，使它们与地方企业和产业部门更容易找到对接点和建立合作关系。它们在招生、就业、文化建设、区域服务等领域，直接影响所在城市。地方院校和高职高专对城市发展的贡献主要体现在促进城市经济、社会和文化发展三个方面。在促进城市经济发展方面，它们为城市的经济发展提供高级技能型人才，直接为城市经济发展服务，促进劳动力顺利就业。它们还有助于推动高等教育大众化；促进学习型社会建设；提高城市人口文化、道德水平。地方院校大都依托地方政府，是距离城市、社区居民较近的文化单位。它们的图书馆、体育场等基础设施可供周围居民使用，能够为城市居民提供一个学习、休闲和运动的场所。

二、互动机制依然不够健全

高校与城市的互动需要依赖一定的机构、规章和制度，包括专门的负责机构、推进机制、激励机制、动员机制等，也需要双方有互动的意愿和主动性。但从中国高校和城市的互动现状来看，这种机制还不够健全。当前高校和城市的互动主要是靠行政手段推动，高校和城市都缺乏足够的动力和意愿。其原因主要在于我国高校和城市长期以来形成的独立性。从高校的角度来说，高校的人才培养、科学研究和社会服务与区域经济和城市发展的需求存在一定的错位，难以全面融入地区发展中，难以为地区和城市发展提供高质量的服务，理论指导实践的能力还不够。从城市的角度来说，在计划经济时代，中国的城市发展主要取决于政策倾斜和资源投入，与高校的多少、强弱并没有太大的关系。改革开放之后，社会主义市场经济体制逐步确立和完善，但是行政指令、政府意志仍然在部分城市的发展过程中发挥着基础性和主导性的作用，教育资源和智力资源的重要性受到忽视。由于二者之间的交集少，缺乏专门的对接机构和机制，使得二者之间的互动和合作都是暂时的、局部的和个别的。

除了行政因素外，高校和城市双方互动意愿不高、主动性不强，也是影响二者互动机制难以形成的重要因素。层次和类型不同，决定了一所高校的行政地位、整体实力、获得资源的能力和社会影响力。由于历史积淀、社会声誉、办学实力的不同，中国高校在服务区域和城市发展方面的能力、质量和水平方面有一定的差距。同时，由于存在行政级别、政策支持力度等方面的差异，高校在服务区域和城市发展方面的积极性、主动性和态度等也存在一定的差异。通常来说，层次越高的高校越关注全国性和国际性竞争，注重服务国家重大发展战略，而较少关注区域和城市的发展。有的高校在不断求高求大的发展过程中，忽视或无暇顾及地区和城市的发展需要；有的是受行政级别影响对接不畅，不愿服务于地区经济发展的需要，尤其在服务于城市、社区方面，中央部委所属高校和 985 工程建设高校相对缺乏动力和积极性。而普通高校、地方高校，虽然强调立足于地区和城市，但受限于自身的能力和条件，很难为地区和城市发展做出实质性的重大贡献。尤其是一些新建高校，建校时间短，资源投入不足，社会认可度不高，在自身尚且处于艰难的生存和发展过程中的时候，很难对地区和城市发展做出积极的贡献。近年来我国大量新建或升格一些地方高校，促进了高等教育的大众化，推动了教育公平。但由于这些地方高校教育质量不高，毕业生就业困难等问题日益显现，对地方和城市发展的促进作用还比较有限。

从城市的角度来说，地方政府借助高校的资源和力量来发展城市的动力和意愿不够强。一些城市政府更相信政策、行政和资源的力量，而不太相信教育、知识和智力资源的力量，也不太关注决策的科学性、民主性和有效性。地方政府大都愿意在自己的任期内做出成绩，看到实效，而往往不太关注发展的可持续性和连续性。与高校相比，见效快的房地产业、工业企业、金融业等更受一些城市政府的青睐，发展这些行业也更容易在繁荣城市经济方面发挥显性的作用。近年来中国城市急剧扩张，房地产业异军突起，一些城市房价上涨过快，大量涌现的金融街、金融中心和金融广场，已经在一定程度上表明了当前城市建设方向。城市和高校之间看法、地位的不一致，造成二者难以形成有效的互动关系。近年来中国的城市发生了翻天覆地的变化,城市变得更加繁荣和发达,但也变得更加拥挤。这与一些地方政府不太注重教育资源和智力资源的投入和运用有一定的关系。党的十八大以后,在以习近平同志为核心的党中央领导下,随着我国全面深化改革的持续推进,一系列新的治国理政理念开始发挥作用,如依法治国,发挥市场在资源配置中的决定性作用等,这些新的理念必然会对地方政府发挥积极的影响,推动我国城市从资源、行政主导型发展模式朝着智力、市场主导型发展模式转变。

三、互动内容依然不够深入

高校和城市的互动包括人才、资金、科研成果、技术发明、土地、公共设施等要素。从互动的对象来说,应该包括高校和中央部门的互动、和省级部门的互动、和市县级部门的互动、和企业的互动、和居民社区的互动等。但现实的情况是,高校大都愿意和中央和省级部门互动,因为这样的互动能够给高校带来更多的资源和政策优惠、更大的发展空间和影响力。一些高校以培养出多少政府高官、拿到多少国家级项目、获得多少国家拨款、参与多少国家重大文件的起草和决策咨询等作为评判自己是否成功的标准。在这种片面的价值追求和功利化的评价标准驱使下,一些高校不能扎根于地方,不能为地方、城市和社区提供有效的服务。即便高校从地方和企业争取到很多横向合作项目,但这些项目只能给高校和教师个人带来一部分财源和科研收入,距离真正的校企合作还有一定的距离。现实中,很多高校没有将自己的服务目标定位于城市和社区的发展,一些高校基本和所在城市、社区、市民生活等没有太多的联系。从政府的角度来看,中央政府和省级政府拥有高校的举办权、领导权和管理权,它们对一所高校的生存和发展有较大的影响力。而地市、区县、乡镇、社区等受资源、权力等的影响,对于高校没有太大的约束力、影响力和吸引力,因此高校的触角常常不能延伸到这些基层部门。

近年来,一些地方政府为了拉动地区和城市经济的发展,开始重视发挥高校的作用。通过争取中央政府的政策、拨款，由地方政府提供土地、资金等方式，实现中央、省市、企业和高校合作办学，主要合作形式有合作共建高校、建设大学城、建设教育园区等。其中大学城建设和教育园区建设是系统工程，涉及城市规划、园区选址、土地开发、居民搬迁、基础设施建设、配套政策、税收等一系列问题。中国已经建立了一批规模不一的大学城和教育园区，如上海松江大学城、南京仙林大学城、广州大学城、珠海大学园区、廊坊东方大学城、杭州下沙高教园区、北京沙河高教园区、天津海河教育园区等。这些大学城或者教育园区，是地方政府主推的合作项目，承担了高校搬迁、土地开发、人口疏散、拉动经济等工作。但总体来说，受体制、机制、经营等各方面因素的影响，目前真正成功的案例还不多，有的大学城或教育园区甚至到了举步维艰、面临破产的局面。从具体的实施过程来看，这些大学城或教育园区内的高等教育机构，大都是大学分校、二级学院、高职高专院校等，除了个别地方如天津海河教育园区和天津大学城将实现整体搬迁之外，真正将校本部整体搬迁到大学城或教育园区的例子还比较少见。因此，这种合作方式的成效、深度和广度都还有待时间的检验。

第 3 节　中国高校与城市互动机制分析

一、高校与政府的互动机制

中国高校的生存和发展，离不开政府的支持。政府是大多数高校的举办者、投资者和管理者。高校能否与政府形成良好的互动机制，是考量一所高校发展状况的重要标准。从 20 世纪 90 年代末开始，中国高等教育进入了共建、调整、合并和合作阶段。由于中央政府财力有限，不可能全额资助所有的高校，因此，政府通过下放教育管理权、合作办学、多元筹资等方式，实现中央与地方分级管理、分级办学的局面。在一系列调整和改革过程中，地方政府越来越多地参与高等学校办学。政府和学校合作共建成为中国高等教育发展的主流趋势。从 2000 年开始，教育部与有关部门、地方政府签订合作共建高校协议。2000年首批合作共建北京大学、清华大学、哈尔滨工业大学、复旦大学、上海交通大学、南京大学、浙江大学、中国科技大学、西安交通大学9所高校,重点建设经费114亿元。其中,国家计划委员会投入4亿元,教育部投入69亿元,有关部门投入6亿元,地方政府投入35亿元。① 2011年,教育部又先后与11个省市重点共建19所直属“985工程”高校,到2011年年底,教育部累计完成与广东、上海等14个省市重点共建26所直属“985工程”高校,为共建高校争取协议配套经费180多亿元;2011年教育部与国家海洋局、国家国防科技工业局、水利部合作共建了13所直属高校。截至2011年年底,教育部累计完成了与农业部、国家林业局等34个部门共建52所直属高校的工作;2011年教育部还与陕西省签署共建西安电子科技大学等3所“211工程”高校的协议。② 这种合作从国家政策层面拉近了中央政府、地方政府和高校的关系,以资金和政策为纽带,为高校和地区、城市的互动和合作奠定了基础。

在启动合作共建的同时,为了改变高校管理体制过于分散、高校分布不均匀、一些中心城市缺乏本科院校、高校主要集中于直辖市、省会城市等问题,教育部进行了大规模的高校调整、合并和设置。到2000年年底,全国共有556所高校(其中普通高校387所,成人高校169所)合并组建为232所高校(其中普通高校212所,成人高校20所);全国共有509所高校进行了管理体制的调整(其中普通高校296所),其中中央部门所属高校划转地方管理的360所(其中普通高校205所),部门之间划转的99所(其中普通高校83所),体制维持不变的有32所(成人高校改为部门所属培训中心),省(市)业务厅局划转省(市)教委(教育厅)管理的18所。批准设置了48所新高校,其中:批准山东建材工业学院与济南联合大学合并组建济南大学;批准设置唐山师范学院等40所本科院校,其中师范类20所,非师范类本科院校20所(包括1所民办高校);批准设置沙洋师范高等专科学校等7所高

① 中国教育年鉴编辑部:《中国教育年鉴2001》,http://www.moe.gov.cn/publicfiles/business/htmlfiles/moe/moe_375/200411/4483.html,2017年11月11日。

② 中国教育年鉴编辑部:《中国教育年鉴2012》,人民教育出版社2013年版,第216页。

等专科学校。[①] 通过调整和合并，强化了地级市和地域性中心城市高等学校的分布。

通过与政府的互动和合作，高校获得了大量的资源。例如，2011 年，全国高校通过各种渠道共获得科技经费 1 030.2 亿元，比上年增长 9.57%。经费主要来自国家各类科技计划以及地方、部门和企事业单位委托项目。2011 年，全国高校主管部门批准的研发机构 5 564 个，机构中从事研究与发展人员 8.5 万人，其中高级职务人员折合 7.3 万人，培养研究生 26.9 万人。2011 年，全国高校共承担各类科技课题 39.5 万项，其中研发类课题 34.3 万项，非研发类课题 5.24 万项。当年投入课题经费 813.3 亿元，其中基础研究经费占 26.2%，应用研究经费占 42.9%，实验发展研究经费占 12.3%。[②]

高校为政府提供人才、科研成果和咨询服务。例如，为了实施人才强国战略，中共中央组织部、教育部等相继实施了一系列拔尖创新人才和卓越人才培养计划。高校尤其是重点大学成为主要承担者。为了培养更多的拔尖人才和卓越人才，各高校纷纷建立相关的机构和机制，创新人才培养方式和途径，大力推动拔尖创新人才和卓越人才的培养。例如，天津大学为加强“卓越工程创新人才”的培养，2009 年建立“求是学部”，通过选拔具有创新精神的高素质人才进行有计划的定向培养，旨在培养一批满足国家和区域建设需求的工程领域领军人物。在科研成果方面，以 2011 年为例，在国家科学技术奖授奖项目中，清华大学的吴良镛获得 2011 年度国家最高科学技术奖。全国高校获得国家自然科学奖 23 项，占总数的 63.9%，国家技术发明奖 29 项（2 项一等奖均为高校获得），占通用项目总数的 70.7%；国家科学技术进步奖 162 项，占通用项目总数的 74.3%（不包含专用项目）。2011 年，全国高校出版科技专著 3 171 部，在国外学术期刊发表学术论文 20.92 万篇，鉴定科技成果 9 669 项，签订技术转让合同 10 550 项，当年实际收入 24.1 亿元。2011 年，高校申请专利 88 957 件，比 2010 年增长 29.4%；获得专利授权

① 中国教育年鉴编辑部：《中国教育年鉴 2001》，http://www.moe.gov.cn/publicfiles/business/htmlfiles/moe/moe_375/200411/4483.html，2017 年 11 月 11 日。

② 中国教育年鉴编辑部：《中国教育年鉴 2012》，人民教育出版社 2013 年版，第 242~243 页。

49 436件,比2010年增长40.85%,其中获得国外专利授权275件。① 在咨询服务方面,高校也积极为政府出谋划策,例如南开大学与天津市旅游局合作,共同完成了《2015年天津旅游客源市场调查报告》,为天津市的旅游规划提供参考。南开大学还积极为天津市举办的达沃斯论坛、滨海新区开发开放、京津冀一体化等各项重大活动和战略提供调研报告和决策咨询。

二、高校与企业的互动机制

目前中国已成为世界上经济最活跃、经济能量巨大、企业越来越集中的国家之一,大、中、小型企业纷纷建立,许多企业成长为中国500强和世界500强企业。根据财富中文网2017年的统计,2017年共有115家中国企业进入世界500强企业排行榜,其中中国大陆(含香港在内,不包含台湾地区)为109家企业。② "在2018年7月公布的中国500强企业中,中国石化、中国石油、中国建筑、中国平安保险、上汽股份分别位列榜单前五名。"③这些企业都是中国的大型和骨干企业,对中国的国民经济发挥着举足轻重的作用,包括中国石化、中国石油、中国石油天然气、中国移动、中国工商银行、中国铁建、国家电网、上汽集团、中铁、中国建设银行、中国农业银行、中国人寿保险、中国银行、中国平安保险、中国交通建设、中国电信等等。在这些企业涉及的行业中,"包括阿里巴巴、腾讯、爱奇艺在内的7家互联网服务公司的总市值占比接近500家上市公司总市值的15%,而公司数量占比不到4%的两个行业——保险业和石油、天然气、石化行业的18家上榜公司却创造了近20%的收入。"④这些企业大部分属于知识密集型、技术创新型的行业,是高校与企业合作的重点行业,许多大中型企业都与高校签订了横向合作协议。

---

① 中国教育年鉴编辑部:《中国教育年鉴2012》,人民教育出版社2013年版,第242~243页。

② 《2017年财富世界500强排行榜》,http://www.fortunechina.com/fortune500/c/2017-07/20/content_286785.htm,2018年7月16日。

③ 《2018年中国500强排行榜》,http://www.fortunechina.com/fortune500/c/2018-07/10/content_309961.htm,2018年7月16日。

④ 《2018年中国500强排行榜》,http://www.fortunechina.com/fortune500/c/2018-07/10/content_309961.htm,2018年7月16日。

中国对国际企业的吸引力也日益加大，不少外资企业纷纷来中国单独或合资建厂，有的甚至将总部搬迁至北京、上海。

除了这些知名企业，在榜单之外还有大量的企业和事业单位，也和各类高校建立了各种横向合作关系。根据国家统计局提供的数据，从控股情况看，2016 年中国共有企业法人单位总数为 14 618 448 个，其中，国有控股法人单位 310 992 个，集体控股企业法人单位 243 393 个，私人控股企业法人单位 12 537 206 个，港澳台商控股企业法人单位 103 849 个，外商控股企业法人单位 99 987 个，其他企业法人单位 1 323 021 个。从登记注册类型看，2016 年共有企业法人单位 14 618 448 个，其中，内资企业法人单位 14 378 293个，国有企业法人单位 132 373 个，集体企业法人单位 141 442 个，股份合作企业法人单位 67 654 个，联营企业法人单位 20 094 个，有限责任公司法人单位 2 532 423 个，股份有限公司法人单位 174 881 个，私营企业法人单位 10 500 697 个，港澳台商投资企业法人单位 117 764 个，外商投资企业法人单位 123 391 个。[①] 除了企业法人单位，中国还有大量的事业法人单位、机关法人单位、社会团体法人单位和其他法人单位。根据国家统计局的数据，2016 年我国共有事业法人单位 821 777 个，机关法人单位 256 531 个，社会团体法人单位 303 393 个，其他类型机构法人单位 2 191 233 个。[②] 这些法人单位也和高校有着各种各样的合作关系或潜在的合作可能。

中国庞大的企业数量为高校与企业的互动提供了客观条件。实际上，高校和企业的互动也非常活跃，许多高校都与知名企业、国有大型企业、地方中小型企业等签订横向合作协议，通过委托研究项目、人员互派（高校向企业派遣教师、企业人员到高校进修访问等）、联合攻关等方式，建立了牢固的合作关系。例如，为加强校企协同创新的建设，2014 年 6 月天津大学依托“仪器科学与技术”这一重点学科，协同南开大学、清华大学、中国计量科学研究院、北京航空航天大学、哈尔滨工业大学等与北京京仪集团有限责任公司、沈阳飞机工业集团公司等 8 家企业携手成立“测量科学与高端仪器协同

---

① 《国家数据》，http://data.stats.gov.cn/index.htm，2018 年 7 月 16 日。

② 《国家数据》，http://data.stats.gov.cn/index.htm，2018 年 7 月 16 日。

创新中心”,着力解决测量与仪器领域的核心和瓶颈问题。从2009年6月开始,教育部启动了“蓝火计划”,旨在推动高校与地方及企业产学研合作,协同创新,加速高校创新科技成果向社会转移和产业化。该计划相继在常熟市、漳州市进行试点,2011年6月继续在徐州市推进。截至2011年年底,徐州市铜山区企业和高校签订科技成果转化项目合作协议68项,联合申报各类科技计划项目93项,其中国家级项目22项、省级项目41项、市级项目30项;申报企业专利320件,申报高层次人才项目23个,博士集聚计划项目29个;北京大学、吉林大学、浙江大学等6所高校与徐州市铜山区签约,共建淮海科技创新研究院;清华大学、复旦大学、华中科技大学等高校联合中国安全生产科学研究院及徐州中矿大华洋通信设备有限公司、徐州中矿大传动与自动化有限公司等企业与徐州国家高新技术产业开发区联合组建安全科技产业产学研合作联盟、极光与等离子先进制造装备产学研合作联盟等。[①] 可见,无论是高校、企业、地方政府还是主管部门,都在积极推进产学研合作。

三、高校与社区的互动机制

中国作为一个地理大国和人口大国,具有数量庞大的社区。如果按照狭义标准,很难统计出一个精确的社区数量,但可以从广义的社区统计中,大致了解中国社区数量之庞大。以行政区划为参考标准,根据国家统计局的数据,2016年中国共有地级区划数334个,地级市293个,县级区划2 851个,市辖区954个,县级市360个,县1 366个,自治县117个,乡镇级区划39 862个,镇20 883个,乡10 872个,街道办事处8 105个。[②] 尽管这些数据并不能表明我国的社区数量,但由这些数据可以推断我国社区数量很多。我国绝大部分中小型企业、乡镇企业分布在乡镇和街道,它们和社区的就业、收入、健康、福利、环境等直接相关。这些中小企业和乡镇企业大都在经

---

① 中国教育年鉴编辑部:《中国教育年鉴2012》,人民教育出版社2013年版,第262页。

② 《行政区划》,http://data.stats.gov.cn/easyquery.htm? cn=C01,2018年7月16日。

济实力、资质条件、生产工艺、环保意识、资源效率等方面和大型企业、知名企业有一定的差距。这些企业要进行升级改造、转型升级，离不开人才和先进技术，而高校可以利用自己的人才和智力优势发挥积极作用，帮助企业改善工艺和流程，提高产品质量和产量；采用新技术和新成果，提高产品的科技含量和经济效益；加强成本控制，提高资源利用效率；提供环保方案，减少废水废弃废物排放，加强三废处理、回收、循环使用等。许多高校都和所在地区的中小企业和乡镇企业建立了这样的合作关系，这种合作对社区发展有着深远影响，它能够改善社区环境，提高居民生活质量。随着政府对企业的改造升级和环保要求越来越高，中小企业和乡镇企业对于社区居民的影响会越来越大，这些影响可能是积极的，如更高的收入、更舒适的居住环境、更多的福利等；也可能是消极的，如就业门槛提高，对高端人才和创新性人才的需求增加，而对粗放型的体力劳动者的需求减少，这就意味着一部分人要转型转岗甚至失业；再比如，一部分企业的搬迁也可能会影响到原有社区居民的生活水平和生活质量。面对这些新的问题和挑战，高校和企业、社区同样有很大的合作空间，例如，企业职工的转岗培训，下岗工人的再培训等都可以由高校来承担。

有些高校在与社区互动方面走在了前列。例如，中南大学与长沙市岳麓区有长期合作，双方签订“区校共建”大学生志愿服务道德高地总协议，与街道、社区制订项目服务计划，在云麓园、左家垅等 5 个社区建立服务基地，推进街校互动。具体服务项目包括“爱心”家教、“亲子共读经典”、医疗义诊、敬老助残、义务维修、法律援助、义务助学、社区雷锋岗等。其中，“爱心”家教项目为社区贫困家庭子女提供义务家教，33 年没有间断，2 000 余名学生参与，授课时间近 3 万课时；“亲子共读经典”项目每周向各社区开课，5 年授课 600 余课时。[①] 合肥工业大学积极推进“志愿助残阳光行动”常态化，先后开展了“孤独症儿童康复教育及家庭支持”“智障青年日间照料及家庭支持”“公众教育与残疾意识普及”三个志愿助残项目，对残疾儿童、智障青

① 《中南大学“区校共建”完善学生志愿服务体系》，http://www.moe.gov.cn/publicfiles/business/htmlfiles/moe/s205/201503/184543.html，2017 年 11 月 11 日。

年等进行帮扶。目前全校共设立志愿助残服务基地 5 个，结对帮扶残疾家庭 178 户；成立专项志愿助残服务队 8 支，骨干志愿者维持在 400 人，全年辐射带动志愿助残 1.5 万余人次。这些行动相继在残疾儿童基地以及合肥市的 4 个社区展开，并形成了兼顾残疾儿童和正常儿童的“社区儿童福利志愿服务项目”。[①] 大连理工大学与所在辖区街道合作开展基层党组织共建活动，由学校党委提供专项经费支持，先后举办了精彩党课、法律知识讲座、中小学生科技知识普及、关爱空巢老人、设立爱心书屋、小天使游校园、“绿色和谐，最美凌水”生态环保行动、“我的中国梦，爱国情”社区讲堂、“与爱同行，文明凌水”扬青春正能量等各类主题活动 40 余场，惠及数万户居民。[②] 但从总体上看，中国高校和社区互动还不够深入和紧密，相关的机制还不够健全。例如，缺乏资源保障，缺乏可持续性，涵盖的社区范围还比较小等。

第 4 节　典型案例分析

20 世纪 90 年代以来，随着城市化进程的加快和社会对高等教育需求的增加，在一些经济发达地区，地方政府和企业家开始探索新的高等教育办学模式，于是在一些城市出现了一批大学城，这成为我国高等教育发展中的新现象。由于各地发展水平和发展环境不同，各地大学城有一定的不同。本书以出现较早、规模较大或影响力较大的几个大学城为例来说明高校与城市的互动机制问题。

一、上海大学城的探索和尝试

上海是一个高校比较多的城市，高校对提升上海市的经济地位和文化形象发挥着重要作用，成为城市文化的重要象征。这里以大学城的发展来

---

① 《合肥工业大学推进“志愿助残阳光行动”常态化》，http://www.moe.gov.cn/publicfiles/business/htmlfiles/moe/s190/201501/183527.html，2017 年 11 月 11 日。

② 《大连理工大学聚焦社区共建，创新党建工作》，http://www.moe.gov.cn/publicfiles/business/htmlfiles/moe/s160/201501/183412.html，2017 年 11 月 11 日。

审视高校与城市关系的变化及其互动情况。

(一) 大学城概况

上海最早的大学城形成于 20 世纪初的吴淞镇与炮台湾之间,当时著名的高校有:中国公学、复旦公学、同济医工学堂、吴淞商船学校、江苏省立水产学校、国立第四中山大学医学院、国立政治大学。后由于战争,许多高校因校舍房屋被毁坏,大学被迫搬迁到上海其他地区。

现在的上海大学城包括 9 个园区:松江大学城、杨浦大学城、闵行大学城、奉贤大学城、临港大学城、金桥大学城、南汇大学城、上海大学城、张江大学城。松江大学城汇聚了上海外国语大学、华东政法大学、上海对外经贸大学、东华大学、上海工程技术大学、上海立信会计金融学院、上海视觉艺术学院等高校,以及周边的上海政法学院、上海立达职业技术学院、上海农林职业技术学院。杨浦大学城汇聚了复旦大学、同济大学、上海财经大学、上海理工大学、第二军医大学、上海体育学院、中国人民解放军南京政治学院上海分院等高校;闵行大学城汇聚了上海交通大学、华东师范大学、上海东海职业技术学院等高校;奉贤大学城汇聚了华东理工大学、上海师范大学、上海应用技术大学、上海商学院、上海旅游高等专科学校等高校;临港大学城汇聚了上海海事大学、上海海洋大学、上海电力学院、上海电机学院等高校;金桥大学城汇聚了上海第二工业大学、上海立信会计金融学院、上海杉达学院、上海建桥学院、上海海事大学海华高等技术学院、上海交通职业技术学院等高校;南汇大学城汇聚了上海电力学院、上海思博职业技术学院、上海工商外国语职业学院以及周边的上海理工大学基础学院等高校;上海大学城汇聚了上海大学、上海邦德职业技术学院等高校;张江大学城汇聚了上海交通大学信息安全工程学院、上海科技大学、上海中医药大学等高校以及一批科研机构。

(二) 松江大学城

松江大学城位于上海松江新城区西北角,占地约 8 000 亩,是我国较早投入使用、规模较大的大学城,2005 年基本建成。松江大学城坚持“自愿结合、平等协商、优势互补、互惠互利、协调发展”的原则,采取新机制、新模式,以政府出地、银行贷款、高校租赁的方式进行建设。大学城内高校之间资源共享优势互补，共同建设没有"围墙"的大学，形成整体规划、资源共享、后勤社会化、集中管理的运作模式。在松江大学城的辐射作用下，松江地区的经济、科技和文化建设水平有了明显的提升。

1. 政府宏观规划，积极引导

松江大学城是20世纪90年代后期在上海市委、市政府实施"科教兴市"战略的推动下发展起来的，政府在大学城的选址、空间布局方面进行总体规划，并提供土地和政策支持。松江大学城位于上海市近郊，距离市区30公里，紧邻沪杭高速公路和佘山国家旅游度假区，具有地理位置佳、土地相对便宜、自然环境优雅、交通便利等优势，成为大学城选址的理想之地。在大学城建设初期，市、区及高校领导共同参与方案论证、规划立项、资金筹措、设计建造、投入运作等各环节工作。在规划建设过程中，各高校既遵循整个城市和区域发展的特色和要求，在总体规划、总体风格上保持一致，也在建筑风格等方面体现各校特色，处理好独立与集中的关系。

除了进行总体规划，政府还下设专门管理机构对大学城进行具体管理。大学城内设有园区管理委员会，该委员会是上海市教育委员会的派出机构，主要负责协调大学园区资源共享、园区综合管理、文化建设、后勤管理、内外联络等工作。同时，制定园区的管理制度，加强对大学城内各项工作的管理、监督和检查。园区管委会下设学生工作组，由大学城内七所高校的优秀学生干部组成，主要职能是促进园区、校区、松江新区之间的信息沟通和交流，构建学生交流平台，引导学生积极参与园区的管理和建设，帮助学生树立主人翁意识。① 此外，松江区政府还在大学城内设了松江大学城服务办公室，"主要职责是协调和管理公共区域内的社会事务，主要工作是联合执法"②。

为了鼓励区域创新，推动高校与城市在经济、科技领域的深层次互动，2000年7月，松江区人民政府和上海市科学技术委员会批准建立了上海松江高科技园区。在松江区委、区政府加快推进松江高新技术产业发展政策

---

① 《松江大学城》，https://baike.baidu.com，2018年7月16日。

② 严大龙：《大学城管理模式研究——以松江大学城为例》，华东师范大学硕士学位论文2007年。

的支持下，上海松江高科技园区内吸引了一大批高科技企业入驻。

2. 社会积极参与

大学城不同于传统的高校建设模式，它充分利用社会资源，积极吸引社会力量参与办学。第一，大学城的后勤管理实现了社会化。大学城的学生公寓建设引进社会资金，实行社会化物业管理，不同学校的学生居住在一起，由物业统一管理。大学城内共享地带的后勤工作，全部由上海高校后勤服务中心和上海高校后勤发展中心负责，校区绿化、维修工作则通过招标由企业承包。第二，大学城的建设资金得到企业的支持。松江大学城的建设资金主要通过政府投入、老校区土地置换、学校贷款、后勤社会化、企业投资等渠道筹集。第三，大学城的校园没有围墙，与周围社区融合，形成了校园社区化，校园生活和社区生活融为一体。

3. 高校之间资源共享

松江大学城各高校之间没有围墙，只用绿化带或河流划分边界，资源共享是其突出优势。一是公共建筑设施共享。对于一些使用频率比较低的公共设施，大学城对其总体规划和建设，而不是由各校自建自管，建成后按照市场运作方式租赁使用，从而提高使用效率。① 二是图书馆、实验室、体育场等教学资源共享。高校的图书馆、实验室和体育场可以互相“联网”使用，对大学城内的师生实现“一卡通”，避免重复投资造成的资源浪费。三是师资、课程等软件资源共享。通过实行学分制，鼓励学生跨校选课，实现优质教学资源共享。教师可以跨校上课，各校师资可以相互聘用，促进教师不断提高教学水平，实现优质教师资源共享。此外，“大学城内各校都建立了较完整的数据库，数据库向大学城内所有用户开放查询功能。”②这样，一方面方便各校人员查阅信息，另一方面也提高了资源的使用效率。

综观松江大学城的建设情况，可以看出上海高校与城市的互动形成了政企校联合互动的模式。在这一模式中，政府起主导作用，新校区的选址、

① 皮耐安：《走近大学城——上海松江大学校区的建设和管理》，华东理工大学出版社 2003 年版，第 23~24 页。

② 严大龙：《大学城管理模式研究——以松江大学城为例》，华东师范大学硕士学位论文 2007 年，第 13 页。

土地的使用、园区的规划等都与政府有很大关系。同时,银行和房地产企业也在园区建设中发挥了重要作用,基础设施建设主要靠银行贷款,大学城的建设同时带动了周边房地产市场的发展,而校址的选择与政府和房地产企业的合作有着密切联系。

二、广州大学城的探索和尝试

广州大学城位于广州市番禺区新造镇小谷围岛及其南岸地区,其布局采用城(大学城)→组团(功能组团)→校区(大学校区)的空间结构层次。广州大学城规划面积约43.3平方公里,可建设用地面积约35平方公里,规划人口为35万至40万(包括村镇人口)。① 进驻的高校有中山大学、华南理工大学、广州中医药大学、华南师范大学、广东工业大学、广东外语外贸大学、广州药科大学、广州大学、广州美术学院、星海音乐学院等。目前,广州大学城已经成为华南地区高层次人才培养基地、高科技中心以及广州市的文化名片,大大促进了广州市的经济、科技和文化发展。

1. 政府宏观规划引导

2000年8月,广州市提出创办大学城的设想,后经过多方论证,确定了大学城的选址,计划三年内建成。2003年1月,时任广东省委书记张德江到小谷围岛视察大学城建设工作,提出"把广州大学城建成为全国一流的大学城"的要求②,并提出2004年9月开学招生的目标。与此同时,广州市委、市政府结合省委、省政府"统一规划、统一建设、统一管理"的要求,成立了广州大学城建设指挥部,具体负责组织实施广州大学城建设工作。2004年9月,大学城开学招生。

广州大学城主要是在广东省和广州市的宏观规划和推动下建立起来的,这一规划推动了城市和高等教育的和谐发展。这主要体现在两个方面,

---

① 《广州大学城定下建设目标 要建全国一流大学城》,http://news.southcn.com/gdnews/hotspot/dxc/fz/200303271002.htm,2018年7月16日。

② 《特事特办加快步伐 广州大学城明年7月使用》,http://unn.people.com.cn/GB/channe1242/243/1189/200303/27/251362.html,2017年12月12日。

一是突出大学城具有承担特定功能的“城市”特征，二是突出大学城具有大学聚集区的“教育”特征，其发展定位于以高科技制造业为基础，推动科学技术研究和开发应用，形成产学研一体化的国家一流大学城。可以说，政府的规划引导为大学城的建设指明了方向。

2. 社会积极参与

社会参与一方面表现在后勤管理社会化，另一方面表现在师生居住、生活社会化。教师居住问题由大学城周围的房地产企业解决，学生公寓、教室等都由物业公司来管理。

3. 高校与城市资源共享

大学城通过新的空间组织模式，设置不同的功能区，通过开放的空间使大学城内各类资源共享。第一，公共资源共享。主要包括：学术交流中心、会议中心、博物馆、展览馆、艺术馆、科技馆、推广教育中心、体育场、体育馆、游泳馆、网球中心、酒店、医院、中小学、商业服务设施（如大型商业、书店、餐饮等）影剧院、行政中心、物业管理中心、活动中心、休闲广场、公共停车场、公共绿化等。第二，学术资源共享。主要包括：校级图书馆、会议厅、实验室、研发中心等。第三，教学资源共享。和上海松江大学城类似，广州大学城也推行教学设施共享，学分互认，校园卡通用，既方便了学生，又提高了高校优质教学资源的使用效率。

总体而言，广州大学城的建设相对比较完善，从其发展策略来看，采取的是政府主导与市场化操作相结合的机制。第一，政府作为主要推动力量推进大学城的建设，设立开发基金为大学城募集资金，通过规划等政策引导投资，推进开发。第二，充分发挥市场作用，采用多元化的市场开拓手段，重点选择、开拓合适的目标市场。第三，根据目标市场及其需求特征，营造良好的高校发展环境，包括物质环境、文化环境和政策环境，以保证高校的集聚、发展。在政府、市场的共同作用下，建立开放、共享的大学城市空间。广州大学城取得的初步成功主要基于以下措施：通过行政干预、优惠政策等手段促进部分高校、研究机构整体或部分向大学城搬迁；通过规划手段，要求今后新设立的高校、研究机构或现有机构的空间扩展在大学城选址；以优惠政策鼓励与吸引私立高校、研究机构进驻大学城；以各种优惠政策与方式吸引国内外著名高校、著名科研机构进大学城办分校或分支机构。

三、天津海河教育园区的探索

作为海滨城市，天津的高校在推动城市发展、提升滨海新区产业竞争力、提升以及加强天津市的文化建设方面具有重要作用。与北京、上海、广州相比，天津的全国性高校较少，教育部直属高校仅有天津大学和南开大学，尚未形成比较成熟的大学城。目前高校基本集中在两个区域，一个是位于西青区滨水西道延长线的、以天津师范大学、天津工业大学和天津理工大学为主的西青大学城；另一个是位于津南区的天津海河教育园区。天津海河教育园区容纳了天津大学、南开大学以及大批高职院校，是天津市目前主要的教育园区，本部分将重点介绍天津海河教育园区的情况及其与天津市的互动机制。

（一）园区概况

天津海河教育园区位于天津市中心城区和滨海新区之间的海河中游南岸，北至天津大道，南至津港公路、津晋高速，西至蓟汕高速联络线，东至咸水沽西外环，园区规划总占地面积37平方公里，规划办学规模20万人、居住人口10万、年社会培训30万人次。①

天津海河教育园区是国家级高等职业教育改革实验区、教育部直属高等教育示范区、天津市科技研发创新示范区。园区整体形成"一廊两翼"的布局结构。"一廊"是指结合城市生态走廊规划的中央生态绿廊，"两翼"是指绿廊两侧的高校、居住及配套设施建设区。园区分两期建设，一期主要是高职园建设，占地10平方公里，于2009年6月启动，2011年4月建成使用。入驻7所高职院校，6.5万名师生，总建筑面积133万平方米。② 一期建设包括了高职院校的校园建筑，以及园区管理中心、职业教育国际交流中心、公共实训中心、公共图书馆等共享设施。在一期建筑投入使用后，这里已经成

---

① 《基本概况》，http://hjy.tj.gov.cn/yqjj/jbgk，2018年7月18日。

② 《基本概况》，http://hjy.tj.gov.cn/yqjj/jbgk，2018年7月18日。

为全国职业院校技能大赛的永久承办地和天津主赛场。二期主要是高教园建设,占地 14 平方公里,于 2011 年 12 月启动建设。天津大学、南开大学一期工程于 2015 年建成,学生在 2015 年秋季开学正式入驻。目前,园区周围的生活居住设施、幼儿园、小学、中学等正在建设中。计划到 2020 年,园区将聚集近 20 所学校及单位,成为涵盖幼儿园、小学、中学、高职、全日制普通高校、教育培训机构等多层次、多类型、优质教育资源聚集的教育园区。

(二) 互动机制分析

1. 市政府统一规划部署

天津海河教育园区是在国家大力发展高等教育和职业教育的背景下,由天津市委、市政府推动和统一部署建立起来的。为了推进天津高等教育和职业教育发展,使之更好地服务于天津市的发展,同时整合全市教育资源,支撑海河中游地区开发,增强综合竞争力,提升天津市的文化形象,天津市委、市政府部署在海河中游地区规划建设天津海河教育园区。根据统一部署,天津规划局在 10 个月的时间内,经过多次的调研考察和 20 多轮的方案深化,完成了天津海河教育园区总体规划、起步区城市设计、起步区校园详细设计等编制工作,并获得了专家的肯定。截至 2016 年,天津海河教育园区已有天津大学、南开大学 2 所教育部直属高校、8 所高职院校和 2 所中职院校入驻。规划建设天津海河教育园区是天津市委、市政府做出的一项重要决策,是实施科教兴市和人才强市战略的重大举措,是落实“一轴两带、南北生态,双城双港、相向拓展”城市空间发展战略的支撑点,是整合优质职业教育资源、形成教育高水平聚集发展的高地。① 天津海河教育园区建设对推动天津市经济社会发展,提升城市科技创新能力和文化水平具有重要意义,尤其对促进津南区的经济和文化建设具有直接的带动作用。

在规划建设过程中,天津市委、市政府发挥了主导作用。以天津大学和南开大学(简称“天南大”)新校区建设为例,从 2008 年 11 月开始,天津市委、市政府做出批示,要求把天南大新校区建设和城市的规划布局一并考虑。随后,市政府召开多次会议,讨论校园选址问题,审议天南大新校区总

---

① 《基本概况》,http://hjy.tj.gov.cn/yqjj/jbgk,2018 年 7 月 18 日。

体规划方案等。市规划局对新校区建设提出指导性建议。此外,新校区的土地划拨事宜由高校向市政府申请。

除了天津市委、市政府的主导作用,作为教育部直属高校的天津大学和南开大学,在新校区建设过程中还得到了教育部的支持。天南大新校区建设是以教育部、天津市共建的形式进行的。2010年3月,教育部和天津市人民政府在北京签署了《教育部 天津市人民政府共建天津大学、南开大学新校区框架协议》。2011年3月,教育部与天津市又在北京签署协议,继续重点共建天津大学、南开大学,积极推进高校科技成果转化,服务滨海新区开发开放。①

在土地划拨事宜上,天南大新校区先得到教育部批准,然后再向天津市政府申请办理。2011年9月,教育部对《天津大学关于征地建设新校区的请示》进行了批复,同意天津大学在津南区征地3 750亩建设新校区,土地划拨事宜由天津大学向天津市人民政府申请办理,并同意按照国家规定处置老校区相关地块以整合办学资源,筹集新校区建设资金。② 在资金筹集方面,不同类型高校有所不同。对于教育部直属的天津大学和南开大学,按照教育部和天津市共建协议,天南大新校区建设由教育部、天津市及两校共同筹资,教育部和天津市加大支持力度;对于进驻天津海河教育园区的市属高校,则由天津市安排解决。

2. 高校在政策引导下发挥主动作用

天津海河教育园区建设是在政府规划指导下进行的,但也离不开各高校的主动参与。高校积极落实天津市委、市政府的政策和指示,与市政府联合商讨新校区的选址、规划方案等重大问题,并通过多种渠道主动筹资,积极到其他城市的高校开展调研。例如,2009年7月,在新校区规划阶段,天津大学调研小组赴浙江大学等6所高校考察调研新老校区规划建设情况。天津大学在2010年6月第八届党委常委会第68次会议讨论决定成立天津

① 《天津大学新校区建设大事记》,http://edu.ifeng.com/gaoxiao/detail_2014_06/19/36909543_0.shtml,2017年11月11日。

② 《天津大学新校区建设大事记》,http://edu.ifeng.com/gaoxiao/detail_2014_06/19/36909543_0.shtml,2017年11月11日。

大学新校区建设领导小组;2010 年 8 月,天津大学新校区建设指挥部成立暨规划工作营开营仪式举行。2012 年 3 月,天津大学新校区规划建设管理办公室成立,组织召开各种会议安排部署或协调新校区建设具体工作。

3. 天津海河教育园区内资源共享

天津海河教育园区集聚了天津市各类优质教育资源,集中办学为各高校之间资源共享提供了条件,提高了优质资源的使用效率,也节约了各高校的办学成本。园区内资源共享主要体现在以下方面。第一,公共设施资源共享。天津海河教育园区设有图书馆、实训中心、体育中心等。图书馆为天津三大图书馆区之一,藏书总量为 100 万册,面向社会和园区高校全面开放。实训中心隶属天津市人力资源和社会保障局,面向企业、院校和社会各界提供公共实训和技能鉴定服务,并承接各类职业技能竞赛。体育中心位于园区内,主要承担各类集体赛事。第二,教学资源共享。作为国家级高等职业教育改革实验区,天津海河教育园区整合优化配置各类职业教育资源,职业院校之间实行教师互聘、课程互选、学分互认,最大限度地利用资源。第三,建立各种共享平台。园区创新办学体制机制,改革人才培养模式,不断提升教育国际化水平,构建社会培训和终身学习服务平台;充分利用全国职业院校技能大赛主赛场的优势,共享实训中心和设备设施,搭建国内外职业教育展示交流合作平台;吸引众多国内外知名企业现场招揽人才,为园区内各高校学子就业提供平台。

与此同时,由于高职院校和天南大入驻时间较短,各方面设施、资源和管理制度等还在不断完善中,园区在资源共享过程中仍然存在不少问题。例如,高教园与高职园之间的资源共享问题。目前天南大和其他高职院校之间联系较少,资源共享的范围较小;高校与相关企业的合作有待加强,学生实践能力培养、校企合作需要再深入;由于地处郊区,居住社区还在建设之中,高校与社区的关系相对疏远,高校的资源未能很好地在推动社区文化建设方面发挥作用。随着园区内高校与天津市政府、企业和社区的互动逐渐深入,园区内的资源利用率将进一步提高。

通过对天津海河教育园区规划建设情况的考察不难发现,园区的建设主要是在政府规划下进行的,高校与城市的互动是政府主导模式。尽管如此,天津海河教育园区的建设对天津市产生了积极影响。园区的发展大大提升了天津市的软实力,使天津成为创新型人才和高技能人才培养的高地、国内外职业教育展示交流合作的重要平台。同时,天津海河教育园区内的高校通过人才培养、科技创新与成果转化和社会服务推动了天津市的发展。例如,为当地培养了各类高水平人才,许多学生毕业后留在天津工作,高校的基础研究和成果转化成为企业实现创新的源泉,带动了区域经济的发展,提升了城市和社区文化水平。

第8章　高校与城市互动机制比较分析和对策建议

第1节　高校与城市互动机制比较

本书提出高校与政府、企业、社区互动的三个维度，运用美国教育学家伯顿·克拉克提出的“政府—市场—高校”分析模式，试图从政府、市场、文化三个方面分析城市中各利益相关主体与高校之间的相互作用，根据发挥主导作用的主体概括出三种类型的高校与城市互动模式：自然形成型、政府主导型、市场需求型。三种互动模式中发挥主导作用的主体不同，其互动机制也有差异。

一、自然形成型

自然形成型指的是高校诞生于城市中，并与城市建立了广泛而密切的联系，高校与城市的互动是自然形成的，高校和教师与城市建立了密切联系，城市向高校开放，高校即城市，城市即高校，二者形成了“你中有我，我中有你”的局面。这种互动模式主要存在于欧洲中世纪及现在的部分欧洲国家。

欧洲中世纪大学由学者行会发展而来，这种组织是随着城市的发展而出现的。城市的发展促进了工商业的发展，一批工商业者和手工业者为了维护自身的权利自发组织建立了各种行会，其中包括学者的行会，这些行会就是大学雏形。中世纪大学没有固定校舍，主要借用市政厅和教堂。教授的工资主要来自学生的学费。大学主要培养当时教会所需要的牧师和社会所需要的律师、医生等。由此看来，中世纪大学与城市有着天然的联系，二者自发结合，形成了相互依赖的关系。近代以来，随着科技的发展，欧洲高校与城市的关系日益多样化，高校与城市的联系更加密切。高校不仅延续了中世纪大学自治的传统，而且与城市化进程和社会需求密切结合，例如，英国建立了一批主要服务于城市经济发展的城市大学。这种互动模式既有深厚的历史传统，强调学术自治，大学拥有更多学术权力，也结合城市不同历史时期的需要，增加高校类型，调整人才培养目标，使其更符合城市化的需要，从而自发形成了融学术自治与市场机制为一体的互动模式。

二、市场需求型

市场需求型指在高校与城市的互动中，政府不发挥主导作用，主要由市场需求影响二者的关系，市场机制发挥主导作用。这种模式主要体现在美国。

除了少数几所高校，美国的许多高校都建立在城市的边缘或者乡村小镇，高校校园相对孤立，最初和城市或市镇的联系较少。这使得美国高校与城市最初处于分离状态。但随着美国城市化的推进以及高校与社会联系的日益加强，原来位于乡村的高校也成为城市或者城镇的一部分，高校与城市的联系逐渐密切。今天，美国许多规模一般的城市或市镇都是因高校而著名，甚至可以说高校本身就是一座城市。高校与城市已经形成良性互动的局面。这种互动主要不是政府推动的结果，也不是自发形成的，而是随着美国城市化的进行和经济社会的发展而逐渐形成的，在这一过程中，市场机制发挥了重要作用。无论是高校积极与地方工业、企业合作开展科研，或为周围社区开展教育培训或文化服务，甚至为地方政府和联邦政府的智囊团提供咨询服务,这些都离不开市场导向的作用以及美国注重实用的文化理念。美国市场经济发达,其高等教育发展的方方面面都体现着市场的核心作用,在高校与城市的互动中亦是如此。

三、政府主导型

政府主导型指在高校与城市的互动中,政府通过政策支持、布局规划、资金支持等方式发挥主导作用。城市中高校群落的形成在很大程度上依赖于政府规划而非自然形成。这种互动模式主要存在于中国和日本。

日本筑波大学城是日本政府为实现技术立国而主动建设的科学园区。20 世纪 60 年代,日本政府认识到科技对一个国家综合国力和国际竞争力的重要性,开始通过战略规划、政策支持、财政支持等方式支持建设筑波大学城。筑波大学城的管理采取国家统一领导、各部门分工负责的模式。筑波大学城的基础设施建设由政府统一规划并提供大部分资金,同时日本政府注意利用地区优势,对高校和周围城区的资源进行统筹协调。① 在筑波大学城的发展模式中,政府的主导作用非常突出。政府的规划、引导和政策支持,促进了高校与所在城市之间的互动,形成了高校与城市之间的政策支持机制和资源共享机制。我国的天津海河教育园区是在天津市委、市政府的统一部署下规划建设的,也是政府主导型互动机制。在高校与天津市的互动机制中,天津市规划局进行调研和总体规划设计,天津市政府无偿提供土地,高校和职业院校通过多种途径筹集资金进行建设,各种配套设施在园内共享,教师住房则通过市场机制来解决。在广州大学城,政府也是主要推动力量,例如政府设立开发基金为大学城募集资金,通过规划等政策引导投资,推进开发等。同时积极发挥市场的作用,在政府、市场的共同作用下,建立开放、共享的高校城市空间。

政府调节机制主要通过中央政府和地方政府的政策支持、税收优惠、法律规范、协同治理等方式为高校与城市的互动发展营造有利的政策环境。

---

① 《日本筑波科学城》,https://baike.baidu.com,2018 年 7 月 16 日。

这一机制在政府主导型互动模式中体现得最为明显。市场竞争机制通过自由竞争、供需调节、产学研互动等增强高校为社会服务的效率,使双方的互动充满活力。这一机制主要体现在市场需求型互动模式中。文化整合机制通过寻求文化认同和增强信任减少高校与城市各利益群体之间的对抗和冲突,增加互动的文化资本。这一机制在自然形成型互动模式中体现较为突出。以上三种互动机制并非完全对立,在同一种互动模式中,政府、市场、文化传统等多种因素往往共同发挥作用。例如,在高校与城市互动中,任何类型的互动都离不开政府作用,无论其作用大小。高等教育属于公共事业,任何高校,无论其拥有多么大的自主权力,都要在一定程度上受到政府的影响。同样,市场机制在各国各类型的高校与城市互动中也发挥着越来越重要的作用,尤其在高校与企业的互动中,市场机制决定二者互动的深度和效果。另外,无论是政府主导还是市场主导,文化传统都是影响高校与社区达成共识、建立信任、形成良性互动的重要因素。

第2节 中国高校与城市互动的困境与出路

一、我国高校与城市互动的困境

高校与城市之间的良性互动对于双方的发展具有积极意义,各国基于不同的高等教育发展历史、城市化发展历程以及政府、高校、企业、社区之间的互动关系,形成了各具特色的高校—城市互动模式和互动机制。我国正处于城市化发展的关键时期,城市化进程朝着城市群方向发展,区域经济发展越来越依赖高新技术和智能制造,高校在城市进步、区域一体化和区域创新发展中发挥着核心作用,这为我国高校与区域之间的互动提供了良好的机遇。同时,由于传统的影响、体制机制的限制和认识上的误区,高校与城市之间的互动仍面临一些困境。总体而言,这些困境主要表现在以下方面。

(一)高校与城市互动的政策和机制尚待完善

1. 政府的政策引导和激励措施不足

高校毕业生作为优秀的领军人才、创新创业人才、专业技术人才的重要来源，是城市的一大财富。城市能否留住当地高校的毕业生、能否为其提供良好的工作平台和工作环境决定着城市创新发展的程度。城市的人才政策作为吸引人才、集聚人才的重要手段，对高校毕业生的去向选择有较大影响。长期以来，除了一些发达城市对人才有较大吸引力外，普通城市对当地毕业生的吸引力远远不够。能否吸引和留住人才受多种因素影响，城市的发展规划、经济发展水平、福利待遇、落户政策、人才资助政策、文化传统和人文环境等都是毕业生考虑的重要内容。地方政府为吸引各类创新型科技人才、紧缺专门人才、技术技能型人才等需要在户籍、税收金融、创业扶持、科技创新、人才流动、公共服务等各方面进行政策引导，从而吸引高校优秀的人才为城市发展做贡献。

当前，户籍政策仍然是影响我国各城市引留毕业生的重要因素，是决定毕业生能否长期留下来的关键因素之一。在财税金融政策方面，一些地方政府在人才方面的投资仍然不足，尚未做到优先保证人才投资，因此给予各类人才的资助力度不足，难以吸引优秀毕业生。此外，政府在毕业生创业方面的金融投资和税收优惠方面缺乏有力的政策激励，导致毕业生创业积极性不高。上述问题表明，政府在吸引广大毕业生方面仍缺乏有力的政策引导和有效的激励措施。

2. 政府主导的互动模式制约了高校与城市之间的灵活性

我国高校与城市的互动以政府主导模式为主。在早期的高校与城市互动中这一模式发挥了积极作用，政府的规划和引导在一定程度上推动了高校与城市之间的合作。但随着计划经济体制向社会主义市场经济体制的转变，在整个高等教育领域，政府与高校之间的二元关系逐渐变成了政府、市场、高校三者之间的螺旋关系，高校与城市之间的互动模式也越来越受到市场力量的影响。一方面，高校是政策的被动接受者和执行者，在与城市互动中缺乏自主权；另一方面，高校依靠政府的政策和城市的资源发展，但其发展目标常常定位于高校的评价标准，较少考虑城市发展的需要，也较少利用城市的资源寻找新的生长点。因此，政府主导的互动模式在一定程度上限制了高校与城市的互动。

(二)高校与城市的发展定位不一致

我国大部分高校位于城市之中,进入21世纪后,高校与所在城市之间在资源上愈发彼此依赖,二者的互动日益增多,但高校与城市之间在战略定位、发展目标、发展规划等方面仍然存在诸多不一致,高校和城市之间缺乏广泛的沟通与协调,从而导致现实中的诸多矛盾。

1. 地方政府缺乏对高校的长远规划

我国大城市高校较为集中,例如北京、上海、广州等。尽管如此,由于历史传统的影响和城市与高校发展性质、发展目标的差异,二者在发展规划中缺乏相互考虑。就城市而言,其总体规划主要围绕城市未来发展、经济发展、空间布局、土地利用、基础设施建设等方面进行综合部署和统筹安排。政府根据规划内容有计划地推进各项目标实现。在此过程中,高校在城市发展中的地位和作用往往被忽视,或者规划论证不充分,留下一些问题。以新校区或大学城建设为例,政府从发展城市经济、提升城市文化水平的角度,希望通过支持建设新校区或大学城推动经济发展,因此为高校无偿或低价提供土地,但缺乏长期规划。

2. 高校办学定位趋同,缺乏主动服务区域的意识

尽管目前我国高校已经走出象牙塔,走向社会的中心,与社会建立了各种联系,但由于高校主要由政府提供经费支持,因此在服务对象定位上更注重国家层面的需求,即使是地方高校也以成为研究型大学为发展目标,因此,高校缺乏主动为所在城市和社区服务的理念和认识。

20世纪90年代后期,我国高校出现了"升格热",各类高校都朝着综合性大学迈进,形成了千校一面的局面。加之政府政策对综合性、研究型大学的支持,一些本该着眼于为地方经济发展服务的高校盲目跟风,一味追随综合大学的发展思路,忽视了特色发展,在专业建设和课程设置上忽略了城市发展和地方需求。这种情况导致这类高校培养的人才与城市经济社会发展需求不匹配。主要表现为一方面高素质技能型人才缺乏,另一方面大量毕业生就业困难。

不同类型的高校应从自己的办学目标和定位出发,综合考虑国家、区域和城市需求。对于研究型大学而言,应在服务国家需求的同时协调好为区

域服务的职能；对地方高校而言，在办学和人才培养目标上应主要着眼于地方需求，主动树立为区域、城市服务的理念，人才培养与地方经济发展相结合，了解人才需求情况，根据城市需求合理调整专业和课程设置，为城市经济发展提供高素质技能型人才，实现与城市的良性互动。

（三）高校与城市之间缺乏长效互动机制

1. 高校与企业之间缺乏深度合作机制

在高校与城市的互动中，高校和企业之间的深度合作是促进城市经济发展的关键。然而，现实中的高校与企业之间仍然存在"校热企冷"现象，高校希望与当地企业建立深入的联系，为教学实践和实习搭建多种平台；企业则从利益最大化原则出发，不愿意与高校深入合作，在参与高校教育教学工作和接受实习生方面积极性不高，从而导致高校与企业之间的合作仅限于实习实践、项目合作，在人才培养方案制定、课程设置、创业教育等方面缺少企业的全面介入。其中的原因一方面由于高校自身难以满足企业的用人需求，高校人才培养目标与企业岗位需求脱节；另一方面在于高校与企业之间缺乏深入的合作机制。高校与企业之间的深度合作需要政府、企业、高校共同发力，通过政策支持、法律法规约束、校企合作制度保障、专门机构管理等措施，确保校企合作贯穿高校人才培养的各个环节。

2. 高校科研成果转化机制不顺畅

科研成果转化是高校实现社会服务功能、促进经济社会发展的重要途径。第二次世界大战以后，随着科技创新在综合国力竞争中的作用日益凸显，许多国家越来越重视高校科研和科技创新的作用，也为科研成果的转化提供组织和制度保障。例如，许多美国高校在 20 世纪 40 年代成立了资助项目办公室（SPO）。1980 年美国通过了《拜杜法案》，为高校科研成果转化提供了法律和制度保障。此后，美国高校科研成果转化率大大提升。据美国专利商标局官方网站的数据，2008 年前，美国每年的高校专利许可数量从未达到 3 000 项，2008 年高达 3 818 项，到 2016 年为 4 149 项，2017 年达到 4 496 项。[①]

① 赵曦：《美国高校科技成果转化管理机制》，http://www.cssn.cn/zx/bwyc/201805/t20180507_4236788.shtml，2018 年 6 月 26 日。

目前,我国高校科研目标取向功利化、科研转化水平较低仍然是制约高校与城市长效互动的主要问题。高校的成果评价注重科研项目的申报、论文发表和成果获奖等,较少关注科研成果转化和应用情况。因此,高校大量的科研成果停留在理论层面,真正转化为现实生产力的不多。据《中国科学技术发展报告(2011 年)》显示,中国的大学科技成果转化率在 15% ~ 20%,而西方发达国家则达到 60% ~ 70%。[①] 高校科研成果转化水平较低的原因主要表现在以下方面:第一,政府关于高校科研成果转化的法律和制度不健全,高校科研成果的所有权、使用权等问题得不到很好的保障。第二,高校科研成果转化的组织和管理机制尚待完善。高校科研成果转化机构的作用未充分发挥,城市内缺乏为本地高校科研成果转化的公共服务平台,使高校科研成果与企业之间难以对接。此外,高校的科研主要以项目形式开展,以拨付经费为主,项目管理中的市场机制作用不充分。第三,科研成果转化的投资机制需要加强,政府用于高校科研成果转化的资金有限,难以激励高校师生在实践中转化和应用成果的积极性。第四,高校科研成果与企业现实需求之间存在差距。科研项目申请时缺乏调研支撑,项目研究过程中企业人员参与较少。因此,大部分科研成果与企业需求有差距,难以满足企业的现实需求,导致企业对高校的科研成果关注较少。

(四) 高校与城市在资源上存在不和谐竞争

当代的中国高校与城市是一种共生关系,二者在资源上相互依赖,互动发展。城市为高校提供土地、资金、基础设施、公共服务,高校则推动城市科技创新,提升城市文化品位,为城市带来青春活力。但是,随着高校规模的不断扩大和城市发展速度的加快,二者在资源上出现不和谐竞争现象。这种不和谐竞争主要表现在两方面。

第一,高校与城市竞争生存资源,并给城市带来一些不利影响。我国高校不同于国外高校,国内大多数高校都有围墙,妨碍了高校与社区之间的日常交往和资源共享。随着高校的规模不断扩大,师生的日常生活、交通出

---

① 《成果转化率低? 高校科研"短腿儿"怎么补?》,http://www.sohu.com/a/122780481_121294,2018 年 6 月 27 日。

行、医疗服务等占用了越来越多的城市公共资源，从而造成城市资源紧张。高校不仅不能为社区服务，而且占用了社区资源，增加了住房、交通、基础设施服务的压力，引起当地居民不满。另外，高校是城市的文化中心和科技创新基地，居民在心理上需要高校的文化资源和文化熏陶，但高校常常对校外人员使用体育馆、图书馆等资源设置了各种关卡和限制，人为地将高校与城市隔离，造成资源浪费。

第二，城市的不断扩张挤占高校空间，造成高校与城市之间的生态失衡。伴随着城市化的进行和高等教育规模的不断扩大，一些城市为了促进经济发展和获得眼前利益，忽视高等教育的发展规律和高校的历史传统，使位于城市中心地区的高校生存空间狭小，无法扩展。而且，地方政府看到了城市中心地区地块的价值，将位于市中心的高校通过政策和行政方式搬迁至郊区，把原有的老校区作为获取商业利益的地方。这样不仅增加了高校建设新校区的经济负担，更重要的是切断了高校的文化和历史传统，破坏了高校的文化生态。从长远来看，高校的发展受阻也会影响城市的发展动力和功能完善。因此，有学者指出，“这种不和谐的竞争，容易诱发大学与城市的生态无序，造成大学与城市之间的失衡、矛盾和对立，破坏大学与城市之间的平衡、和谐、稳定，造成大学与城市双方利益以及相关利益的损失。”①

（五）高校与城市之间协同创新的文化氛围相对缺失

高校除了承担人才培养、科学研究和社会服务职能外，还拥有独特的文化价值观和精神追求，这是高校在其漫长的历史发展过程中形成的独具特色的精神，包括创新精神、批判精神。同时，高校成员由来自不同地区、不同文化背景下的人组成，使高校内部文化具有明显的异质性、自由性。城市气质和精神具有鲜明的地域性、同一性特征，其价值追求多以经济发展、区域发展为目标，城市居民具有相似的文化背景和地域特征，缺乏包容性和多样性，因此在观念和心理上与高校存在抵触和对抗情绪，从而导致双方的互不理解和相互猜疑。

高校与城市在价值追求上的互异性以及二者之间的不理解、不信任直

---

① 李枭鹰：《大学与城市的生态关系范型》，《现代教育管理》2017 年第 9 期。

接影响着创新文化的形成。无论是高校和城市的领导者,还是共处于城市之中的高校师生和市民,很少将高校与城市看成是为了共同发展目标的共同体,而是将二者视为两种不同文化的代表。正是这种孤立看待两种文化的心态导致二者之间缺乏协同创新的意愿和动机,从而导致高校在管理实践中做出一些不利于其与城市之间的资源共享和协同创新的决策。

二、构建高校与城市良性互动机制

"十三五"时期是我国全面建成小康社会的决胜阶段,也是实施创新驱动发展战略、引领经济发展新常态,全面推进创新发展、协调发展、绿色发展、开放发展、共享发展的关键时期。"十三五"时期也是建设创新型城市、智慧城市和生态城市的关键时期,人工智能、智能制造、云计算等新兴产业将成为未来城市的主导产业。党的十九大提出"深化教育改革,加快教育现代化,办好人民满意的教育。"①高等教育已经进入新时代,面临着新使命。在新时代背景下,高校如何在城市创新和发展中发挥关键作用? 如何更好地与城市的主导产业对接并发挥引领作用? 高校与城市如何更深入地合作? 上述问题对构建高校与城市可持续的良性互动机制提出了迫切要求。

(一) 进一步完善政策引导机制,为高校与城市的良性互动保驾护航

高校是基础研究和科技成果发明创造方面的主要完成者,在城市创新中发挥着十分重要的作用。政府应充分认识高校在城市建设中的积极作用,将高校作为城市创新的主要推动者和引领者。

政策支持主要表现在城市政府为促进本市高等教育发展制定的土地政策、税收政策、财政支持政策、人才引进政策等。近年来,随着高校在引领城市科技创新和文化创新上的作用日益凸显,城市政府对高校重要性的认识加深,在国家政策推动下不断加大对高校的支持力度。以"双一流"建设为

① 习近平:《决胜全面建成小康社会 夺取新时代中国特色社会主义伟大胜利——在中国共产党第十九次全国代表大会上的报告》,人民出版社2017年版,第45页。

例，继国务院做出建设世界一流大学和一流学科的重大战略后，教育部、财政部与国家发展和改革委员会制定了《统筹推进世界一流大学和一流学科建设实施办法（暂行）》。为紧密对接国家的“双一流”建设，各省市牵头制定了统筹推进世界一流大学和一流学科建设的实施意见，这是地方政府主动对接国家战略、引导并全力支持本市高等教育发展的重要行动，为高校与城市的深入互动奠定了政策基础。

在推进“双一流”建设的过程中，地方政府协调各部门，结合当地发展目标和现实情况，制定了“双一流”建设目标，并提出了具体举措。以上海市为例，首先，上海市政府通过深化部市合作，安排地方配套资金，大力支持在沪高校开展“双一流”建设；其次，通过城市财政统筹安排和“一校一策”的方式大力支持地方高校开展“双一流”建设；最后，以《上海高等学校学科发展与优化布局规划（2014—2020 年）》为引领，实施高峰高原学科建设计划，夯实学科基础，构建与上海城市地位相匹配的现代化高等教育学科体系。①

人才是城市创新发展的原动力，决定未来城市竞争力的核心在于创新型人才。我国“十三五”规划纲要指出“把人才作为支撑发展的第一资源，加快推进人才发展体制和政策创新，构建有国际竞争力的人才制度优势，提高人才质量，优化人才结构，加快建设人才强国。”②可见，人才是实施创新驱动发展战略的关键。在城市创新和发展中，人才是实现高校与城市良性互动的动力因素，高端人才更是推动城市发展的核心所在。杜克大学布劳德海德指出：“对于大学的教育者来说，我们面临的挑战是如何培养通用型人才和推动思想创新，这样我们培养的人才在应对十年、二十年甚至是五十年以后出现的问题时仍然能游刃有余。”③因此，高校和城市应在人才培养和引进上重点把控，培育城市发展所需的通用型和创新型人才。

---

① 《〈关于本市统筹推进一流大学和一流学科建设实施意见〉政策解读》，http://www.shanghai.gov.cn/nw2/nw2314/nw2319/nw41893/nw42232/u21aw1297080.html，2018 年 6 月 26 日。

② 《中华人民共和国国民经济和社会发展第十三个五年规划纲要》，人民出版社 2016 年版，第 22 页。

③ 理查德·布劳德海德：《大学革新：全球化背景下的研究和教育》，http://www.tsinghua.edu.cn/publish/thunews/9662/2011/20110225231754906460615/20110225231754906460615_.html，2017 年 11 月 11 日。

最近几年，我国许多城市不断加快高层次人才引进步伐，纷纷推出各种人才引进政策，为留住和吸引高校优秀毕业生就业和创业提供各种优惠政策。北京、上海等一线城市将吸引海外人才作为重点，归国留学生申请北京户口不受逐年递减的落户指标的限制，上海则通过"浦江人才计划"资助留学归国人才工作和创业。其他城市则通过各种优厚的安家政策、科研启动经费、创业支持政策等吸引各类高层次人才。例如武汉的"百万大学生留汉创业就业工程"、成都的"蓉漂计划"、重庆的"黄金 10 条"、天津的"海河英才"计划等。这些计划为吸引优秀人才制定了各种支持政策，涉及落户、住房、科研启动金、薪酬待遇等，体现了城市政府对人才的现实需要，减少其后顾之忧，使其潜心于人才培养和科学创新，为引领城市创新做出更大贡献。

（二）制定高校与城市协同发展战略，做好高校与城市互动的顶层设计

国外高校与城市互动的经验表明，高校与城市的良性互动有赖于双方领导者在发展战略和顶层设计上的互联互通、统筹协调。无论是自然形成型、市场需求型的互动模式还是政府主导型的互动模式，在当前高校与城市深度融合的时代背景下，都需要高校和城市双方在战略上的协同。例如，美国最大的高科技园区——北卡罗来纳州三角研究园（依托杜克大学、北卡来罗纳大学教堂分校、北卡罗来纳州立大学三所建立）就是州政府明确发展定位，积极推动而建立的。为改变本地区的落后面貌，促进产业结构升级和经济发展，北卡罗来纳州政府将北卡罗来纳州三角研究园的建设作为一项经济发展计划，通过吸引高科技公司入驻来振兴本州经济。在北卡罗来纳州三角研究园的发展过程中，州政府通过资助研发经费、低息贷款等方式为高校和入驻企业提供大力支持。三所发起高校尽管均为著名的一流大学，但为地区做贡献、为社区服务一直是其办学理念的一部分。三所高校的学科优势和研究优势成为吸引企业寻求合作的重要根源。园区的支柱产业与三所高校的学科优势紧密结合，从而形成了高校与地方优势互补、互利共赢的局面。通过这一案例可以看出，高校与城市之间的良性互动首先需要双方在战略规划上做好设计，城市需要明确发展定位，发展支柱产业，对高校和当地企业给予支持；高校要在人才培养、学科建设、社会服务等方面与城市

的产业和经济发展相对接。

当前,我国正处于创新驱动发展的关键时期,"一带一路"倡议及京津冀协同发展、雄安新区建设等区域发展战略的出台,对新时代的城市发展与创新提出了新要求,新能源、新技术、新材料、高端制造业、信息技术等战略新兴产业成为推动城市和区域发展的支柱性产业。这对地方政府提出了新的要求,各地城市政府要根据新时代要求,对城市发展定位、支柱产业(产业群)作出整体设计和长期规划,明确发展重点,认识到高校在城市发展中的关键作用,并通过财政支持、政策倾斜、制度保障等多种方式促进高校与企业的深度合作。高校作为城市创新中的重要力量,无论处于哪个层次,都应该将为城市和社区发展服务作为自己的责任和使命,根据学校定位和发展目标,将促进社区发展、提升城市的创新能力和文化水平作为战略规划的一部分。此外,随着我国高等教育从规模发展向内涵式发展转变,高等教育的趋同模式已经有所改变,正如教育部高等教育司司长吴岩所说:"当一个国家高等教育发展到高级阶段,引领国家发展的一定是多样化的高等教育,而不是单一的'同构化'高等教育。"①这为不同类型的高校服务城市发展提供了新的契机。高校应在明确发展定位的前提下坚持特色发展,通过发展优势学科与城市的重点产业对接,为城市发展提供多样化服务。

(三)多措并举,创新高校与城市互动的体制机制

1. 完善管理体制,扩大高校办学自主权

在我国高校与城市长期的互动过程中,政府发挥着主导作用。随着社会主义市场经济的不断发展,市场的作用日益凸显。因此,高校与城市的互动需要建立以市场配置资源为主的管理体制,充分发挥市场机制的调节作用。首先,要通过市场的力量实现城市土地、资金、劳动力、人才等资源的配置,使城市的产业发展和人才结构体现市场需求;其次,转变政府职能,扩大高校办学自主权。政府从主导者转变为服务者和支持者,在健全相关法律和政策的基础上,通过引入市场标准引导高校自主调整人才培养标准,主动对接城市产业需求,利用市场竞争机制多渠道筹集资金,推动高校后勤社会

① 吴岩:《新时代高等教育面临新形势》,《光明日报》2017 年 12 月 19 日,第 13 版。

化改革,实现高校与城市资源共享。

2. 构建政产学研用一体化创新网络,探索校企深度合作机制

我国"十三五"规划纲要明确提出实施创新驱动发展战略,并特别提出在实施这一战略时要"明确各类创新主体功能定位,构建政产学研用一体的创新网络。"①高校与城市的协同创新需要高校、政府、企业、中介机构等联合协作,系统整合优势资源,构建政府—高校—企业—中介机构四位一体的互动网络,促进校企深度融合。第一,政府要为校企合作提供立法保障和政策支持。国家通过制定校企合作相关的法律法规,明确企业在校企合作中的权利和责任,地方政府通过税收减免、财政补助等政策支持企业积极参与高校人才培养,既调动企业参与高校人才培养的积极性,也为校企合作提供保障。第二,高校要积极对接企业需求,根据城市经济和产业发展重点及时调整专业建设和课程体系,培养企业所需的人才。另外,高校还要充分利用自身的科研优势,发展面向城市产业需求的新兴特色学科,成为城市科技创新的发源地和经济持续发展的发动机。第三,企业要主动关注科技前沿,为高校提供科研成果转化为现实生产力的机会。同时,企业要关注社会利益和长远发展,将参与校企合作作为一项社会责任。第四,积极发挥中介机构的作用,鼓励行业协会、第三方评价机构在人才培养标准制定、高等教育质量评价方面发挥主体作用,建立更加客观的质量评价机制。第五,搭建政府—高校—企业—中介机构信息交流平台,例如建立校企合作联络办公室,专门负责校企合作的联络、管理等具体事务;建立校企合作大数据中心,收集高校的科研成果、发明专利以及企业的研发项目、技术攻关难题、可以合作的领域等信息,并根据高校和企业的需求信息,推荐合作领域。

3. 完善高校科研成果转化机制

高校是开展基础研究、推动科技创新的主体。高校科研成果转化率低是目前制约我国城市创新发展的重要原因。为了促进高校与城市企业更好地合作,提高科研成果的转化率,需要政府、高校、企业共同努力,建立完善

① 《中华人民共和国国民经济和社会发展第十三个五年规划纲要》,人民出版社 2016 年版,第 18 页。

的科研成果转化机制。第一,完善国家和各级政府科技项目评审制度,加大成果转化和应用在整个项目评审中的比重,引导高校和科研工作者更加重视科研成果的转化和应用;第二,完善高校科研成果转化的法律法规,为科研成果转化提供法律保障;第三,加强对科研成果转化的资助力度,引导并鼓励高校教师将科研成果转化为现实的生产力,为师生创新创业提供资金保障;第四,加强组织管理,在高校内部建立负责科研成果转化的专门机构,为科研成果的转化提供服务和保障;第五,协调好高校、政府、企业之间的关系,确保科研成果转化机制顺畅。

(四) 优化资源配置,建立高校与城市资源共享机制

毗邻高校成为城市社区的一大优势,高校作为文化机构具有无形的文化资源,这种良好的文化环境是很多人所向往的。因此,高校的文化资产带动了周边房地产市场的发展和土地的升值。政府和高校要充分利用好这一优势,坚持开放办学、共同发展的理念,协调利用城市资源和高校资源,使城市居民和高校师生在生活、学习、休闲等方面实现资源共享,提高资源的利用效率,减少浪费,节约城市和高校的运行成本。

具体而言,高校与城市社区共享的资源主要包括:(1)校园公共空间共享。高校坚持开放办学,打破与社区之间的藩篱,允许市民在遵守校园规章制度的前提下进入校园,使其充分融入校园环境,感受高校的文化熏陶;(2)基础设施共享,包括生活设施、体育设施等。建议高校和城市政府在公共交通上达成合作,一方面,政府要考虑师生的需求,增加通往高校特别是新校区的公交线路,加快地铁建设,完善连接高校的各类交通设施,为师生出行提供便利。另一方面,高校要建立自己的校园公交系统,并将这些资源向市民开放。此外,还要在城市体育馆与高校体育馆之间建立联网系统,使市民和师生共享体育资源,等等;(3)文化资源的共享。高校管理者和城市管理者之间要加强磋商,通过高校师生的社区服务、文化咨询、图书馆互惠互利等方式实现文化资源共享。

(五) 营造互动创新的文化氛围,提升协同创新能力

互动创新的文化氛围是高校与城市实现良性互动的重要保障,也是高校与城市深度合作的基础。美国著名的 128 号公路、硅谷、北卡罗来纳州三

角研究园等之所以能够成为高校促进区域发展的典范，一方面源于高校和所在城市自身的优势和悠久历史，另一方面则基于高校与社区长期形成的服务意识、参与意识和信任文化。我国高校与地方社会之间长期处于相互孤立状态，校园与社区自成一体，高校参与社区事务、服务社区的意识不强，同时由于高校与企业缺乏相互理解和信任，高校与地方社会在文化上的互动往往被忽视。暨南大学原校长胡军认为，“大学对城市发展的推动不应仅仅局限于经济方面，其涵养城市文化的功能同样不能忽略。……文化是软实力，大学文化应该以特有的多样性、开放性在城市文化塑造过程中发挥引领作用。”①

在创新驱动发展战略下，我国高校与城市的协同创新离不开互动创新的文化氛围。第一，地方政府要从宣传、政策、平台等角度积极营造高校与城市协同创新的文化氛围，调动高校、企业、社区的积极性。第二，高校要加强服务意识和参与意识，利用自身优势，提升和引领城市文化建设。在人才培养目标上，着眼于城市发展的需要；在课程体系建设、师资队伍建设、实习实践等领域主动寻求与企业的深度合作；在与社区的关系上，主动参与社区事务，为社区提供多种文化服务，提升社区文化品位，赢得社区居民的信任。第三，企业界要充分认识到高校在城市创新发展中不可替代的作用，从长计议，制定长远战略目标，积极主动寻求与高校的合作，真正实现校企之间的深度合作和协同创新。总之，我国城市和高校要共同探讨城市文化与校园文化的融合共生问题，相互理解、相互信任，为高校和城市的协同创新奠定文化基础。

① 《大学与城市：共荣共生》，http://www.cssn.cn/zt/rwln/xwpl/201701/t20170101_3366252.shtml，2018 年 6 月 30 日。

参考文献

一、专著

[1] Blake Gumprecht. *The American College Town* [M]. Amherst: University of Massachusetts Press, 2009.

[2] Donatella Calabi and Stephen Turk Christensen (eds). *Cultural Exchange in Early Modern Europe, II* [M]. Cambridge: Cambridge University Press, 2007.

[3] Peter Collison. *Oxford Town and Gown* [M]. Hillingdon: Amberley Publishing, 2011.

[4] Richard C. Levin. *The Worth of the University* [M]. New Haven & London: Yale University Press, 2013.

[5] Wim Wiewel and David C. Perry (eds.). *Global Universities and Urban Development: Case Studies and Analysis* [M]. Cambridge: Lincoln Institute of Land Policy, 2008

[6] 曹鸿涛，储传享.当代中国的城市建设[M].北京:中国社会科学出版社,1990.

[7] 丹尼尔·布尔斯廷.美国人——建国的历程[M].谢延光，林勇军，朱明权等译,北京:生活·读书·新知三联书店,1993.

[8] 国家统计局城市社会经济调查司. 2013年中国城市统计年鉴[M].北京:中国统计出版社,2014.

[9] 何一民.中国城市史[M].武汉:武汉大学出版社,2012.

[10] 贺国庆，王保星，朱文富等.外国高等教育史[M].北京:人民教育出版社,2003.

[11] 亨利·埃茨科威兹. 三螺旋:大学、产业、政府三元一体的创新战略[M].周春彦译. 北京:东方出版社,2005.

[12] 黄福涛.外国高等教育史[M].上海:上海教育出版社,2003.

[13] 江波,史晓婷.日本城市与城市文化[M].北京:中国社会科学出版社,2011.

[14] 劳凯声.高等教育法规概论[M].北京:北京师范大学出版社,1999.

[15] 李峻峰, 米岩军, 姚士谋.大学城——我国城市化进程中的新型城市空间[M].合肥:中国科学技术大学出版社,2010.

[16] 刘传江.中国城市化的制度安排与创新[M].武汉:武汉大学出版社,1999.

[17] 毛礼锐, 沈灌群.中国教育通史(第五卷)[M].济南:山东教育出版社,1995.

[18] 毛礼锐, 沈灌群.中国教育通史(第一卷)[M].济南:山东教育出版社,1995.

[19] 皮耐安.走近大学城——上海松江大学校区的建设和管理[M].上海:华东理工大学出版社,2003.

[20] 孙叔林,韩铁英.列国志之日本[M].北京:社会科学文献出版社,2005.

[21] 王旭.美国城市发展模式:从城市化到大都市区化[M].北京:清华大学出版社,2006.

[22] 吴廷璆.日本史[M].天津:南开大学出版社,1994.

[23] 郄海霞.美国研究型大学与城市互动机制研究[M].北京:中国社会科学出版社,2009.

[24] 夏鲁惠,于今.中国高等教育区域发展报告[M].北京:国家行政学院出版社,2011.

[25] 谢尔顿·罗斯布莱特.现代大学及其图新——纽曼遗产在英国和美国的命运[M].别敦荣译,北京:北京大学出版社,2013.

[26] 杨汉清.比较教育学(第三版)[M].北京:人民教育出版社,2015.

[27] 张海生,黄利利,秦丹红,唐俊峰.中国大学城知识共享及其创新机

制研究[M].北京:中国纺织出版社,2012.

[28] 中国教育年鉴编辑部. 中国教育年鉴 2012[M].北京:人民教育出版社,2012.

[29] 中央教育科学研究所.中华人民共和国教育大事记[M].北京:教育科学出版社,1983.

二、期刊论文

[1] Kermit C. Parsons. A Truce in the War between Universities and Cities: A Prologue to the Study of City-University Renewal[J]. *The Journal of Higher Education*, 1963, 34(1):16-28.

[2] Kermit C. Parsons. Universities and Cities: The Terms of Truce between Them[J]. *The Journal of Higher Education*, 1963, 34(4):205-216.

[3] Laurence Brockliss. Gown and Town: The University and the City in Europe, 1200-2000[J]. *Minerva*,2000,38(2):147-170.

[4] 付有强.近代早期欧洲大学与城镇间的互动[J].黑龙江史志,2010(7).

[5] 甘永涛, 唐琼一.美国大学与城市的四种联动行为模式[J].高教探索,2011(4).

[6] 高珮义.世界城市化的一般规划与中国的城市化[J].中国社会科学,1990(5).

[7] 谷贤林.一流大学之路:加州大学伯克利分校发展研究[J].清华大学教育研究,2005(4).

[8] 郭婧. 知识城市模式下伦敦高等教育的发展与特点研究[J].比较教育研究,2014(7).

[9] 郭秋平.大学办学定位分析:资源依赖的视角[J].教育发展研究,2013(1).

[10] 洪成文,伍宸.耶鲁大学的当代辉煌与查理·莱文校长办学思想研究[J].教育研究,2014(7).

[11] 黄全乐,李涛.大学与城市:法国大学校园变迁的启示[J]. 新建筑,2004(5).

[12] 霍丽娟.资源依赖理论视角下校企合作关系的分析[J].中国职业技术教育(理论版),2008(27).

[13] 纪照华,郄海霞.美国高校与区域协同创新的路径探析——以耶鲁大学与纽黑文市为例[J].高教探索,2015(10).

[14] 贾建国.试论中美公共财政资助民办(私立)高校的比较制度分析[J].教育与职业,2013(23).

[15] 姜光辉.美国社区学院的七大特色分析[J].中国农业教育,2009(4).

[16] 李红宇.探析"985工程"建设中政府与大学的关系——基于资源依赖理论视角[J].当代教育科学,2010(19).

[17] 李靖华、朱文娟、毛俊杰.制造商—客户关系对制造商服务化进程的影响:基于资源依赖理论[J].商业研究,2013(10).

[18] 理查德·列文,刘凡丰.大学与城市:从纽黑文谈起 在凯斯西部保留地大学校长就职典礼暨学术讨论会上的演讲[J].复旦公共行政评论,2005(1).

[19] 刘宝存.大学对地方社会经济发展的贡献——加州大学伯克利分校的个案研究[J].清华大学教育研究,2005(6).

[20] 刘文龙,罗平峰.近代拉美与美国城市化的不同进程与经济职能[J].拉丁美洲研究,2000(5).

[21] 马先标、燕安.世界城市化历程回顾——兼述英国城市化的特征与启示[J].中国名城,2014(11).

[22] 马迎贤.组织间关系——资源依赖理论的历史演进[J].社会,2004(7).

[23] 马迎贤.组织间关系:资源依赖视角的研究综述[J].管理评论,2005(2).

[24] 邱艳萍.英国大学推运动兴起的原因及意义[J].知识经济,2010(9).

[25] 邱泽奇.在工厂化和网络化的背后——组织理论的发展与困境[J].社会学研究,1999(4).

[26] 饶燕婷.美国研究型大学的教育改革与创新——以杜克大学为例[J].比较教育研究,2008(9).

[27] 单皓.二战后美国城市的发展[J].城市规划,2003(6).

[28] 唐国华,曾艳英,罗捷凌.基于资源依赖理论的高职教育校企合作研究[J].高等工程教育研究,2014(4).

[29] 王琳,王新援.加快我国高校科技成果转化的对策分析[J].产业与科技论坛,2013(12).

[30] 王贤,李枭鹰.中国高等教育经费来源的变化趋势[J].现代教育管理,2014(9).

[31] 吴结. 英国新大学运动时期大学与政府关系的研究[J].高教探索,2012(4).

[32] 郄海霞.美国高校与社区关系——冲突与合作[J].比较教育研究,2009(4).

[33] 肖湘愚.我国研究型大学学科发展中应处理的两对关系[J].现代大学教育,2006(6).

[34] 阎光才. 牛津大学与牛津城——传统大学与社区间互动的一个经典个案分析[J].比较教育研究,2004(4).

[35] 杨光富.赠地学院对美国高等教育的影响[J].河北师范大学学报(教育科学版),2008(10).

[36] 姚晓东,王刚.美国城市群的发展经验及借鉴[J].天津经济,2013(12).

[37] 尹余生,曹斌,勾海林.英国大学科技园运作模式及对我国的启示[J]. 广东科技,2003(12).

[38] 袁传明. 英国大学章程的世纪演变——《1900 年伦敦大学章程》与《2008 年伦敦大学章程》之比较[J].比较教育研究,2014(7).

[39] 张咏梅.政府—企业关系中的权力、依赖与动态均衡——基于资源依赖理论的分析[J].兰州学刊,2013(7).

[40] 张臻汉,赵世奎.英国大学与城市的互动关系研究[J],江苏高教,2014(3).

[41] 中国科技论文统计与分析课题组.2012年中国科技论文统计与分析简报[J].中国科技期刊研究,2014(1).

[42] 周毅.城市化理论的发展与演变[J].城市问题,2009(11).

[43] 朱国仁.20世纪的历程——欧洲高等教育百年回眸[J].清华大学教育研究,2000(1).

三、学位论文

[1] 曹玉杰.探寻大学、城市之源与缘——西欧中世纪大学与城市关系探究[D].华东师范大学硕士学位论文,2009.

[2] 何志扬.城市化道路国际比较研究[D].武汉大学博士学位论文,2009.

[3] 王立新.城市化道路选择与可持续发展[D].厦门大学硕士学位论文,2007.

[4] 严大龙.大学城管理模式研究——以松江大学城为例[D].华东师范大学硕士学位论文,2007.

[5] 郑微.耶鲁大学雷文校长的大学理念与治校方略研究[D].沈阳师范大学硕士学位论文,2011.

四、网上资料

[1] About History[EB/OL]. http://www.yale.edu/about/history.html.

[2] Access Resources and Equipment from the University of Oxford[EB/OL]. http://partnership. ox. ac. uk/resources-and-facilities/access-medical-sciences-resources/#.VK0PM8mSyJ0.

[3] Admissions[EB/OL]. http://www.yale.edu/admissions/index.html.

[4] Arnold P. Appleby. Milestones in the Legislative History of U.S. Land-Grant Universities[EB/OL]. 2007. Appendix No.1. http://cropandsoil.oregonstate.edu/system/files/u1473/land-grant.pdf

[5] Business Immersion Week: London Business School[EB/OL]. http://www. london. edu/education-and-development/masters-courses/masters-in-management/programme-content/business-immersion-week#.VK5IfMmSyJ1.

[6] City Manager[EB/OL]. http://www.ci.berkeley.ca.us/City_Manager/

Home/AB_What_We_Do.aspx.

[7] Continuing Education: University of Oxford[EB/OL]. http://www.ox.ac.uk/local-community/Outreach-and-education/Continuing-education.

[8] Corporate Support for Faculty and Research: London Business School [EB/OL]. http://www.london.edu/about/support-the-school/corporate-support-for-faculty-and-research#.VK5FUMmSyJ0.

[9] Corporate Support for Scholarship: London Business School[EB/OL]. http://www.london.edu/about/support-the-school/corporate-support-for-scholarships#.VK49KsmSyJ0.

[10] Economic Assessment: Oxfordshire County Council [EB/OL]. https://www.oxfordshire.gov.uk/cms/sites/default/files/folders/documents/aboutoxfordshire/economy/OEAPartOne.pdf.

[11] Economic Impact[EB/OL]. http://www.ox.ac.uk/local-community/our-impact/Economic-impact.

[12] Environment Impact: University of Oxford[EB/OL]. http://www.ox.ac.uk/local-community/our-impact/Environmental-impact.

[13] Federal Governmental Relations[EB/OL]. http://www.ucop.edu/federal-governmental-relations/federal-budget/index.html.

[14] Finance and Funding [EB/OL]. http://www.ox.ac.uk/about/organisation/finance-and-funding.

[15] History of UC Berkeley[EB/OL]. http://berkeley.edu/about/hist/.

[16] History: About the University of Oxford[EB/OL]. http://www.ox.ac.uk/about/organisation/history.

[17] Innovation and Partnership[EB/OL]. http://partnership.ox.ac.uk/partnerships/collaborate-on-a-research-project/#.VK0P0cmSyJ0.

[18] Laiden University. Freedom to Excell[R/OL]. http://media.leidenuniv.nl/legacy/institutional-plan-2015-2020-proef-2.pdf.

[19] OECD (2016). Main Science and Technology Indicators (MSTI) Database[EB/OL]. www.oecd.org/sti/msti.htm. Data extracted from IPP. [2016-

07-25]. https://www.innovationpolicyplatform.org/content/statistics-ipp.

[20] OECD (2016). OECD R&D Statistics(RDS) Database[EB/OL]. www.oecd.org/sti/rds; Data extracted from IPP. [2016-07-25]. https://www.innovationpolicyplatform.org/content/statistics-ipp.

[21] OECD. Science, Technology and Innovation Outlook 2016. Summery [EB/OL]. www.oecd-ilibrary.org/docserver/download/1561b1fo-zh.pdf.

[22] Office of New Haven and State Affairs[EB/OL]. http://onhsa.yale.edu/economic-growth-and-fiscal-impact.

[23] Office of the Chancellor[EB/OL]. http://chancellor.berkeley.edu/gcr/local-community/partnerships.

[24] Office of the Chancellor[EB/OL]. http://chancellor.berkeley.edu/gcr/local-community.

[25] Office of the Chancellor[EB/OL]. http://chancellor.berkeley.edu/gcr/local-community/advocacy-engagement.

[26] Office of the Chancellor[EB/OL]. http://chancellor. berkeley.edu/gcr.

[27] Office of Undergraduate Admissions[EB/OL]. http://admissions.berkeley.edu/colleges.

[28] Student Volunteers: University of Oxford[EB/OL]. http://www.ox.ac.uk/local-community/Student-volunteers.

[29] The OECD Innovation Strategy-2015revision[EB/OL]. http://www.oecd.org/sti/innovation-imperative.htm.

[30] Tokyo Institute of Technology. Industry Outreach and Collaboration [EB/OL].http://www.titech.ac.jp/english/company/industry/index.html.

[31] Tokyo Institute of Technology. The Guide of Industry Liaison Membership(2010) [EB/OL]. http://www.sangaku.titech.ac.jp/english/system/pdf/member_2010.pdf

[32] University of London: About us[EB/OL]. http://www.london.ac.uk/aboutus.html.

[33] University of London: Corprate Social Responsibility[EB/OL]. http://www.london.ac.uk/5634.html.

[34] University of London: History[EB/OL]. http://www.london.ac.uk/history.html.

[35] University of Tokyo. Research Income & Intellectual Property [EB/OL].http://www.u-tokyo.ac.jp/en/ about/data/finances.html#ResearchIncome.

[36] Will Risks Derail the Modest Recovery? Financial Vulnerabilities and Policy Risks[EB/OL].http://www.oecd.org/eco/outlook/Will-risks-derail-the-modest-recovery-OECD-Interim-Economic-Outlook-March-2017.pdf.

[37] Yale and New Haven[EB/OL]. http://www.yale.edu/newhaven/index.html.

[38] Yale School of Public Health[EB/OL]. http://publichealth.yale.edu/news/archive/article.aspx? id=5686.

[39] Yale News [EB/OL]. http://news.yale.edu/2014/12/04/yale-expands-programs-ready-students-college-part-white-house-initiative.

[40] Yoshinao Mishima. President's Message to Industry and Researchers [EB/OL]. http://www.titech.ac.jp/english/company/message/index.html.

[41] 必须把科技创新摆在国家发展全局的核心位置[EB/OL]. http://theory.people.com.cn/n/2012/1213/c352852-19882761.html.

[42] 财富网. 500强情报(德国)[R/OL]. http://www.fortunechina.com/search/company/country/德国.

[43] 财富中文网. 2014年财富世界500强排行榜[EB/OL]. http://www.fortunechina.com/fortune500/c/2014-07/07/content_212535.htm.

[44] 大阪大学产学合作本部.产学合作体制[EB/OL]. http://www.uic.osaka-u.ac.jp/system/index.html.

[45] 东京大学.学部毕业生及就业去向统计(平成15年-平成23年)[EB/OL]. http://www.u-tokyo.ac.jp/stu04/e09_01_j.html.

[46] 东京都厅.统计资料[EB/OL]. http://www.metro.tokyo.jp/CHINESE/ABOUT/APPENDIX/appendix05.htm.

[47] 东京都厅产业劳动局. Industry and Employment in TOKYO-A Graphic Overview-2014 [EB/OL]. http://www. sangyo-rodo. metro. tokyo. jp/monthly/sangyo/graphic/2014nen/pdf/2014Total.pdf.

[48] 広島大学. 広島大学の概要[EB/OL]. http://www.hiroshima-u.ac.jp/top/intro/gaiyou/index.html.

[49] 広島大学. 広島大学の歴史[EB/OL]. http://www.hiroshima-u.ac.jp/top/intro/rekishi/enkaku/p_0d7600.html.

[50] 広島大学. 協定締結状況一覧[EB/OL]. http://www.hiroshima-u.ac.jp/top/syakai/kyotei/index.html.

[51] 広島市役所.広島の歴史[EB/OL]. http://www.city.hiroshima.lg.jp/www/contents/1111373388687/index.html.

[52] 国家统计局.按登记注册类型分企业法人单位数[EB/OL]. http://data.stats.gov.cn/easyquery.htm? cn=C01.

[53] 国家统计局.按控股情况分企业法人单位数[EB/OL]. http://data.stats.gov.cn/easyquery.htm? cn=C01.

[54] 国家统计局.分机构类型法人单位数[EB/OL]. http://data.stats.gov.cn/easyquery.htm? cn=C01.

[55] 国家统计局:劳动力结构变化直接推动经济结构调整[EB/OL]. http://news.xinhuanet.com/live/2014-10/21/c_1112911135.htm.

[56] 国务院关于加快发展生产性服务业 促进产业结构调整升级的指导意见[EB/OL]. http://www.mof.gov.cn/zhengwuxinxi/zhengcefabu/201408/t20140807_1123641.htm.

[57] 国务院关于印发统筹推进世界一流大学和一流学科建设总体方案的通知[EB/OL]. http://www.gov.cn/zhengce/content/2015-11/05/content_10269.htm.

[58] 贺祖斌.2013年中国高等教育十大事件盘点——“2013年高等教育大事”学术沙龙[EB/OL].[2013-12-22].http://www.hie.edu.cn/ztyj_detail.php? id=4787.

[59] 横滨国立大学. 共同研究講座の実績[EB/OL]. http://www.crd.

ynu.ac.jp/? cat=86.

[60] 横滨国立大学. 横浜国大との共同研究[EB/OL]. http://www.crd.ynu.ac.jp/? cat=3.

[61] 横滨国立大学.大学の沿革[EB/OL]. http://www.ynu.ac.jp/about/ynu/history/ynu.html.

[62] 横滨国立大学.协定企业一览[EB/OL]. http://www.crd.ynu.ac.jp/? cat=62.

[63] 横滨国立大学.役員・教職員数・学生数[EB/OL]. http://www.ynu.ac.jp/about/ynu/persons/index.html.

[64] 横滨市役所. 横浜市のあゆみ[EB/OL]. http://www.city.yokohama.lg.jp/somu/org/housei/ sisi/chronological-table.html.

[65] 教育部.大连理工大学聚焦社区共建,创新党建工作[EB/OL]. http:// www. moe. gov. cn/publicfiles/business/htmlfiles/moe/s160/201501/183412.html.

[66] 教育部.合肥工业大学推进"志愿助残阳光行动"常态化[EB/OL]. http://www. moe. gov. cn/publicfiles/business/htmlfiles/moe/s190/201501/183527.html.

[67] 教育部.中南大学"区校共建"完善学生志愿服务体系[EB/OL]. http://www. moe. gov. cn/publicfiles/business/htmlfiles/moe/s205/201503/184543.html.

[68] 教育部 2014 年工作要点[EB/OL].[2014-02-26]. http://www.teacherclub.com.cn/2014/guojia_0226/34.html.

[69] 静冈县厅.静冈概况[EB/OL]. http://www.shizuoka.tw/about/industry.html.

[70] 聚焦国外创新政策与法规[EB/OL]. http://www.cas.cn/xw/kjsm/gjdt/200601/t20060109_1010714.shtml.

[71] 理查德·布劳德海德. 大学革新:全球化背景下的研究和教育[EB/OL]. http://www. tsinghua. edu. cn/publish/thunews/9662/2011/20110225231754906460615/20110225231754906460615_.html.

[72] 刘延东.深化高等教育改革 走以提高质量为核心的内涵式发展道路[EB/OL].http://www.moe.edu.cn/publicfiles/business/htmlfiles/moe/moe_176/201205/135808.html.

[73] 名古屋大学.建立基于产学合作和利用区域资源的国际科技创新中心的课题提案入选[EB/OL].http://cn.nagoya-u.ac.jp/news/adoption/2013-03-08.html.

[74] 名古屋大学产学官合作推进部.イベント[EB/OL].http://www.aip.nagoya-u.ac.jp/event/index.html.

[75] 名古屋大学产学合作中心.2013 财年名古屋大学的多样化和个性化社会愿景入选文部科学省革新的创新计划(COI STREAM)基地[EB/OL].http://cn.nagoya-u.ac.jp/news/20131030.html.

[76] 名古屋大学产学合作中心.名古屋大学社会创新设计中心与幸田町达成合作协议[EB/OL].http://cn.nagoya-u.ac.jp/news/post_1.html.

[77] 欧盟推出高教改革新战略[EB/OL].http://www.chinamission.be/chn/zogx/jyjl/t870260.htm/2011-10-24.

[78] 秋田大学.バックナンバー[EB/OL].http://www.akita-u.ac.jp/honbu/general/back.html.

[79] 日本总务省 2015 年《日本统计年鉴》[EB/OL].http://www.stat.go.jp/english/data/nenkan/1431-02.htm.

[80] 十大劳动力大国劳动力结构一览:中国劳动人口最多[EB/OL].http://world.chinadaily.com.cn/2014-09/24/content_18654994.htm/2014-09-24.

[81] 室兰工业大学.合同企業セミナー日程表[EB/OL].http://www.muroran-it.ac.jp/saisin/event/150304seminar.pdf.

[82] 室兰工业大学地域合作推进本部.外部資金の獲得状況[EB/OL].http://www.muroran-it.ac.jp/guidance/r_so/ciulg_rc/outside_fund.html.

[83] 天津大学新校区建设大事记(2008 ~ 2014 年)[EB/OL].http://www.tju.edu.cn/newscenter/headline/201406/t20140619_242919.htm/.

[84] 文部省.statistics[EB/OL].http://www.mext.go.jp/english/

statistics/index.htm.

[85] 小樽商科大学.財務省北海道財務局との包括連携協定を締結しました[EB/OL]. http://www.otaru-uc.ac.jp/news/2015/02/post-196.html.

[86] 小樽商业大学. 市民等との意見交換会:一日教授会[EB/OL]. http://www.otaru-uc.ac.jp/contr/ichinichi/.

[87] 中国教育年鉴编辑部:中国教育年鉴 2001[EB/OL]. http://www.moe.gov.cn/publicfiles/business/htmlfiles/moe/moe_375/200411/4483.html.

[88] 中华人民共和国国家统计局:中国统计年鉴(1996)[EB/OL]. http://www.stats.gov.cn/tjsj/ndsj/information/zh1/r221a.

[89] 中华人民共和国国民经济和社会发展第十三个五年规划纲要(2016-03-18)[EB/OL]. http://www.miit.gov.cn/n1146290/n1146392/c4676365/content.html.

[90] 中华人民共和国教育部:2013 年教育统计数据[EB/OL]. http://www.moe.gov.cn/publicfiles/business/htmlfiles/moe/s8493/index.html.

[91] 筑波大学. 筑波大学与筑波研究学园都市[EB/OL]. http://www.tsukuba.ac.jp/chinese/about/tsukuba.html.

[92] 筑波大学.历史沿革[EB/OL]. http://www.tsukuba.ac.jp/chinese/about/history.html.

[93] 筑波大学产学合作和共同研究中心.イベント情報のご紹介[EB/OL]. http://www.ilc.tsukuba.ac.jp/news_event.

[94] 筑波大学国际产学合作本部. 筑波大学産学官連携実績の推移[EB/OL]. http://www.sanrenhonbu.tsukuba.ac.jp/about/statistics.

[95] 筑波市役所.常住人口[EB/OL]. http://www.city.tsukuba.ibaraki.jp.

[96] 筑波市役所主编. TSUKUBA FACT BOOK[EB/OL]. http://www.city.tsukuba.ibaraki.jp/dbps_data/_material_/_files/000/000/008/865/TSUKUBA_FACT_BOOK_pdf.pdf.

索　引

（页码为该词条第一次在正文中出现时的页码）

人名索引

机构索引

名词索引

后　记

随着城市化进程的不断加快和高等教育规模的迅速扩大，高校与城市的联系越来越紧密。无论是在中世纪以城市为中心的欧洲大学，还是早期青睐乡村小镇的美国高校，抑或集中在大城市或省会城市的中国校园，在当今社会都与所在城市有千丝万缕的联系。它们或者在科技创新上互利合作，或者在人才培养上相互支持，或者在区域发展中资源共享，但也存在利益博弈、文化冲突。总之，今日的高校与所在城市之间形成了“你中有我，我中有你”的现状，高校已经成为城市的特殊名片和亮丽风景。

本书是在教育部人文社科一般项目“城市化进程中高校与城市互动机制比较研究”的研究成果基础上修改而成的。项目以国际比较的视野，对欧洲、美国、日本、中国的高校与城市的互动进行研究和比较，希望对新时代我国高等教育的内涵式发展和高校的“双一流”建设有所启示，也希望为我国的城市化建设提供不同的研究视角，为区域发展和国家创新有所贡献。距离项目结题已经过去两年多，本书在初稿基础上，结合我国“十三五”时期新的国家发展战略，以及高等教育和城市建设面临的新形势和新任务，又对书稿内容做了进一步完善和补充。由于时间、精力和能力有限，加之异国调研困难，书中还有不少遗憾和疏漏之处，敬请各位专家、同行和其他读者批评指正。

本书的完成离不开很多人的支持。感谢我尊敬的导师王英杰教授，没有他当初的宽容和支持，我可能不会将这个主题深入研究下去。毕业多年，他始终关心着我的成长，不仅在我遇到学术难题时点播和启发我，而且在生活中如慈父般关心着我和我的家人，让人感动且温暖。感谢我的工作单位——天津大学教育学院，领导和同事给予我很多工作上的支持和帮助，使我顺利成长，让我始终心怀感恩。感谢美国密西根大学教育学院高等教育研究中心主任、我的合作导师迈克尔·巴斯特多（Michael Bastedo）教授，以及给予我很多帮助的珍妮特·劳伦斯（Janet Lawrence）教授、梅琳达（Melinda）女士，在美国做富布莱特访问学者期间，他们为我提供各种便利，接受我的访谈，并与我分享研究资料和自己的观点。感谢我的学生牛司凤、周慧疑、沈忱、纪照华，他们不辞辛苦，帮我查找了许多资料和案例，丰富了本书的内容。感谢我所引用文献的作者，他们的真知灼见为我带来了很多启发。感谢我的家人，他们的理解与支持、关心与鼓励是我不断前进的源泉。谢谢你们！

此外，还要感谢高等教育出版社，特别要感谢王玉衡博士和张召博士为书稿出版付出的努力。

郄海霞

2018年7月

郑重声明

高等教育出版社依法对本书享有专有出版权。任何未经许可的复制、销售行为均违反《中华人民共和国著作权法》，其行为人将承担相应的民事责任和行政责任；构成犯罪的，将被依法追究刑事责任。为了维护市场秩序，保护读者的合法权益，避免读者误用盗版书造成不良后果，我社将配合行政执法部门和司法机关对违法犯罪的单位和个人进行严厉打击。社会各界人士如发现上述侵权行为，希望及时举报，本社将奖励举报有功人员。

反盗版举报电话　(010)58581999　58582371　58582488

反盗版举报传真　(010)82086060

反盗版举报邮箱　dd@ hep.com.cn

通信地址　北京市西城区德外大街 4 号

高等教育出版社法律事务与版权管理部

邮政编码　100120